KRAFTQUELL GEDANKE

Gedankenkraft schafft Lebenskraft
Hans Höting

Hans Höting

KRAFTQUELL GEDANKE

Gedankenkraft schafft Lebenskraft

LAREDO VERLAG MÜNCHEN

Welschstraße 7 * D-8000 München 81

1. Auflage 1991

Umschlaggestaltung: Herbert A. Thelesklaf, München

Zeichnungen: Franz Kossek, Kirchheim

Druck und Herstellung: Greiserdruck, Rastatt

Gedruckt auf chlorfrei gebleichtem Papier

Printed in Germany

ISBN 3-927518-10-7

Unsere Kinder zu lieben heißt, der Schöpfung zu dienen. Mit dieser Liebe schreiben wir auch unser Vermächtnis, das in unseren Kindern lebendig bleibt. Dieses Buch ist in diesem Sinne meinem Sohn Andreas und meiner Tochter Manuela gewidmet.

Inhaltsverzeichnis

Vorwort 7
Der hohe Pfad zum Glücklichsein 13
Du bist Dein Schicksal – durch Gedankenkraft 18
Geistheilung – die Heilung aus dem Selbst oder die Rolle des inneren Arztes 22
Das magische Dreieck der Gedanken 44
Haben Sie Mut, negativ zu denken 55
Geistheilen kann jeder 76
Krankheiten ganzheitlich gesehen 97
Auf den Flügeln der Gedanken 117
Der hohe Pfad zu einem besseren Bewußtsein 138
Zeig mir die Hand und ich sage Dir, wie Du denkst 159
Gedanken zum Abschluß 191
Nachsatz und Danksagung 198

Vorwort

Der Zeitbegriff hat verschiedene Gesichter. Da ist die objektive Zeit, gemessen in Minuten und Tagen und Jahren als absolutes Zeitmaß. Wie lang oder kurz man eine Stunde empfindet, ist sicherlich von Situation zu Situation und von Mensch zu Mensch verschieden und stellt das andere Gesicht der Zeit dar. Ich möchte sie als individuelle Zeit bezeichnen. Im Augenblick der Bedrohung scheint eine Minute niemals enden zu wollen. Dagegen ist ein angenehm verbrachter Zeitabschnitt wie im Fluge dahin. Denken Sie an den Urlaub. Zurückgeblickt ist ein Jahr nichts, vorausgeblickt scheint dieser Zeitabschnitt unendlich lang. In der Jugend hat man unendlich viel Zeit. Im Alter wird einem bewußt, wie kostbar die Zeit ist. Begleitumstände und persönlichkeitsbezogene Momente bestimmen also unseren Zeitbegriff und prägen das, was wir unter Zeitqualität und Zeitquantität verstehen. Je bewußter man mit der Zeit umgeht, weil einem z. B. im Alter klar wird, daß unser Erdendasein begrenzt ist, um so kürzer erscheint sie. Im Überfluß der Jugend geht man sorglos mit ihr um. Und sie scheint nie enden zu wollen. Vergessen wir jedoch nie, verschenkte Zeit ist nicht gelebtes Leben. Verschenken kann ich Zeit dadurch, indem ich sie achtlos, unbewußt vergehen lasse oder noch schlimmer, indem ich sie totschlage. Verlieren kann ich die Zeit auch, indem ich von ihr abhängig werde und versuche, durch neurotische Geschäftigkeit mir das Gefühl zu geben, ich hätte sie genutzt. Herrscher seines Lebens ist nur jener, der aus der Zeit lernt, sie sinnvoll gestaltet und die Erfahrungen aus allem im Leben umsetzt. Wer so handelt, für den wird abends das Schlummerkissen zu einem sanften Ruhekissen durch das Bewußtsein, die Zeit des Tages lebensrichtig und sinnvoll genutzt zu haben.

Am schlimmsten ist es jedoch, auf dem Sterbekissen erkennen zu müssen, daß man seine Lebenszeit vergeudete. Einen Tag nutzlos vertan zu haben, mag einen unruhigen Schlaf bedeuten. Zu erkennen, ein Leben vergeudet zu haben, bringt einen qualvollen Tod. Deswegen nutzen wir jeden Tag weise, denn so, wie unser Leben war, wird unser Abgang aus dem Leben sein. Die Konsequenzen unseres Tuns werden uns treffen, und keiner soll glauben, er entginge dem Gesetz. Es gilt im Diesseits und im Jenseits. Unser Leben wird so sein, wie wir die Zeit mit Gedanken und Taten

ausfüllen. Wir mögen aus einer Sekunde einen Alptraum fürs Leben machen, aus einer Stunde einen Schatz schöner Erinnerungen, die uns für immer ein Quell der Glückseligkeit sind.
Wir vermögen, im Augenblick der Einkehr uns von der Zeit zu lösen und die Grenzenlosigkeit der Ewigkeit zu empfinden. Den Schöpfungsgeist dieser Ewigkeit können wir aber auch in dem kurzen Augenblick spüren, in dem wir die Schönheit einer Blume erkennen. Solche Augenblicke scheinen die Zeit zu verlängern. Und in der Stille dieser Einkehr offenbaren sich uns viele Geheimnisse, die unser Leben reicher machen. Stille werden heißt aber nicht Weltabgeschiedenheit. Wir sollten über aller Meditation nicht vergessen, daß wir Erdenbürger sind mit der Aufgabe, uns im praktischen Leben zu verwirklichen. Für mich ist Zwiesprache mit der Stille Hinwendung zum Leben und nicht Abkehr von der Welt und eintauchen in ein Schneckenhaus, in Frömmelei und überhebliche Menschenfeindlichkeit.
Die Stille zu erfahren schließt auch die Weisheit des Humors, die Fröhlichkeit des Herzens und des Singens ein. „Wo man singt, da laß Dich ruhig nieder, böse Menschen haben keine Lieder". Fröhlichkeit und Humor sind ein Teil des Lebens. Und deswegen wird in diesem Buch ganz bewußt Weisheit mit Witz, Nachdenkliches mit Humor vereint. Die Kraft der Stille vermag genauso zu heilen, wie das befreiende Lachen. Wer wirklich ganz sein will, das Leben erfahren möchte, braucht die Stille der Einkehr und die herzerfrischende Fröhlichkeit. Beides, Freude und Stille sind Nahrung für Seele und Geist. Wenn es an der Fähigkeit zu einem davon mangelt, dann liegt hier eine geistige Fehlernährung vor. Und es gilt, schnellstens zu handeln. Seien Sie ehrlich, möchten Sie jeden Tag aus der Küche der Gourmets speisen? Wer das tut, verlangt wieder nach kräftiger Hausmannskost. Genauso verlangt die Weisheit der Stille auch wieder einmal den Lärm der Fröhlichkeit. Aber wer sich daran stört, sollte sich fragen, wo er seinen Humor verlor.
Es ist ein altes esoterisches Gesetz, daß das, was wir in Gedanken und Gefühlen aussenden, in unserer Umgebung eine Resonanz schafft, die mit gleicher Qualität wieder zu uns zurückkehrt. *„Wie Du in den Wald hineinrufst, so schallt es zurück"*. Wenn man um diese Dinge weiß, die letzten Endes wieder auf die in diesem Buch abgehandelten hermetischen Gesetze zurückgehen, dann kann man einfach nicht mehr mit einem säuerlichen Gesicht durch die Gegend schleichen. Man weiß doch, wenn ich Säuerliches hinausgebe, wird meine Umgebung Säuerliches wieder an mich zurückgeben. *„Ein lustiges Lied macht ein fröhliches Gemüt"*. So drückt es ein Sprichwort aus. Wer so richtig von Herzen singen kann, der

meistert auch den traurigen Tag. Seine Gedanken werden Musik. Denn ein Leben ohne Gesang, das ist wie ein Tag ohne Sonne.
Gedanken sind eine gewaltige Macht. Wir können unsere Gedanken verändern durch unser Mienenspiel. Versuchen Sie einmal, mit einem brummigen Gesicht fröhlich zu sein oder mit fröhlichem Gemüt ein brummiges Gesicht zu machen. Beides kommt nicht zusammen. Wir können unser Mienenspiel auch prägen durch unsere Gedanken. Gesang aber ist eine wirksame Waffe gegen düstere Gedanken. *„Es schwinden jeden Kummers Falten, so lang des Liedes Zauber walten"* (Schiller: Macht des Gesanges). Die Therapeuten haben dies erkannt. Und deswegen gibt es die Gesangs- und Musiktherapie. Ja, es gibt sogar die Therapie des Lachens, indem man sich lustige Filme ansieht oder Witze liest. Lachen, Singen, Fröhlichsein sind mächtige Bundesgenossen, um uns wieder auf die Beine zu helfen, seelisch und körperlich.
Körperlich hat es der Arzt Norman Cousin bewiesen. Er beschreibt es in seinem Buch „Der Arzt in uns". Er wurde gesund von einem schweren Leiden, indem er das Lachen als Therapie einsetzte. Und gibt es viele Fälle, die es mit Gesang schafften. *„Der Mensch kann ohne Gesang ebenso wenig auskommen, wie ohne Brot"* (Rolland: „Die Vorboten"). *„Ich mag Lieder, in denen man das Herz singen hört"*.
Früher hat man sehr viel gesungen am Spinnrad, abends am flackernden Herdfeuer. War das vielleicht der Grund, daß es soviel weniger depressive und angstgeplagte Menschen gab? Obwohl das Leben wesentlich schwerer und unsicherer war.
"Musik in ihrer schönsten Form" sagt Wagner *„ist die Sprache der Liebe, die alles heilen kann..."*. Und Beethoven sagt es noch schöner, wenn er Musik als eine *„höhere Offenbarung als alle Weisheit und Philosophie"* bezeichnet. Musik weckt heilende Gedanken und trägt Gedanken, ob wir nun Musik hören oder selbst praktizieren, wozu auch das Singen gehört. Gesang und Musik sind Zauberkraft, die uns seelisch harmonisieren, körperlich stimulieren und heilen und geistig inspirieren. Damit wären wir wieder beim Kraftquell Gedanke.
Eine ähnliche Wirkung hat auch der Humor. Humor ist nicht nur das, was uns trotzdem lachen läßt, weil Humor, um mit Jean Paul zu sprechen, keine Gabe des Geistes ist, es ist eine Gabe des Herzens. Humor kommt aus dem Herzen und geht zum Herzen. Humor baut Brücken. Daran sollen die Witze dieses Buches erinnern, gleichzeitig Aufforderung zum Humor sein. Denn Humor ist eine starke Waffe, wie Pelzer es sagt: *„Wenn das Schicksal hart zufaßt, dann vermögen wir es mit dem Humor sanft abzuschütteln"*. Damit ertragen sich schwarze Tage besser. Denn sie

sind immer nur so schwarz, wie unsere innere Einstellung sie prägt. Vor allen Dingen aber bestimmt diese innere Einstellung, ob sie bleiben, diese schwarzen Tage. Wir brauchen sie auf der einen Seite sogar in unserem Leben, denn aus den schwarzen Tagen lernen wir am meisten fürs Leben. Die Gelassenheit des Alters entsteht doch gerade durch Meisterung dieser schwarzen Tage und Schicksalsschläge. Ohne sie würden wir niemals die Gelassenheit, die Souveränität erreichen. Heißt es doch schon in einem Sprichwort: *„Das Schicksal setzt den Hobel an und hobelt alle gleich"*. Seien wir doch dankbar für die schwarzen Stunden solcher Tage. Es kann gerade an dem schwärzesten Tag nur wieder heller werden. Nur handeln müssen wir, so, wie es mir dereinst ein Patient sagte: „Ich habe die schwersten Stunden meines Lebens dadurch gemeistert, daß ich einfach anfing, das zu tun, was man von mir erwartete, meine Pflicht". Es hat doch noch nie jemandem eine Lösung gebracht, sich hinzusetzen und zu jammern. Nur zu handeln, führt uns hinaus. Indem ich aktiv werde, bestimme ich wieder das Gesetz des Handelns. Zudem haben wissenschaftliche Versuche gezeigt, daß ich durch Änderung meiner Körperhaltung eine Änderung meiner seelischen Haltung erreichen kann. Wenn Sie traurig sind, stellen Sie sich vor einen Spiegel und lächeln Sie. Es ist unmöglich, mit einem lächelnden Gesicht weiterhin traurig zu sein. Haltung und Stimmung korrelieren.

Und damit sind wir wieder beim „Kraftquell Gedanke". Zumindest für den Augenblick kann ich schon dadurch etwas erreichen. Aber um mich grundlegend gegen negative Einflüsse zu wappnen, muß ich bei den Glaubenssätzen und bei dem Gedanken anfangen. Ich muß die Macht der Gedanken bewußt einsetzen. Und dann habe ich einen mächtigen Verbündeten zur Erhaltung meiner Gesundheit und zur Heilung von Krankheiten. Ihnen Techniken und Grundlagen dazu zu vermitteln, ist Ziel dieses Buches. Solch eine Technik ist auch, es bei trüben Stimmungen nicht zuzulassen, daß die Schultern durchhängen. Straffen Sie die Schultern. Und Ihre aufrechte Haltung wird auch bald die Gedanken wieder aufrichten. Machen Sie ein fröhliches Gesicht, singen Sie ein Lied, treten Sie den Menschen offenen Blickes und mit einem kräftigen Handschlag entgegen, strahlen Sie Zuversicht und positive Einstellung aus. Und aus Ihrer Umwelt wird Ihnen Gleiches zufließen. Sie wissen doch, so, wie man in den Wald hineinruft, so schallt es heraus. So, wie Sie morgens aufstehen, wird der ganze Tag sein. Wer mit einer mißmutigen Einstellung anfängt, wird auch sehr wahrscheinlich mit einem Mißklang enden.

Glauben Sie nicht an das dumme Geschwätz, daß der Vogel, der am Morgen früh singt, am Abend von der Katze gefangen wird. Umgekehrt ist es. Wer morgens mißmutig brummelnd durch die Gegend schleicht, den packen am Abend die Krallen. *„Immer nur lächeln, immer vergnügt – doch was dahinter steckt, zeigen wir nicht"* (Puccini: Madame Butterfly). Denken Sie daran und laden Sie Ihren Kummer und Ihre Beschwerden nicht bei anderen ab. Jeder hat sein Päckchen zu tragen. Meistern Sie selbst Ihre Aufgaben nach dem Motto: Bist Du Gottes Sohn, so hilf Dir selber.

Wer all dies erkannt hat, wird von nun an bewußter mit seinem Denken und Tun umgehen. Er wird den Kraftquell Gedanke für sich nutzen, Krankheiten im Vorfeld abblocken, Probleme lösen, und Schwierigkeiten systematisch bewältigen können. Dieses Buch soll Ihnen helfen, schon in einer einzigen Sekunde die Macht der Ewigkeit für mehr Klarheit im Leben zu nutzen und die Rolle des Geistigen in Form von Gedankenkraft zu erkennen. So erschließen Sie sich die Vielfältigkeit und Schönheit des Lebens. Das Leben ist so wunderbar. Wir müssen es nur erkennen und dementsprechend handeln.

Lassen Sie mich schließen mit einigen Zitaten, die in diese Richtung zielen.

Rousseau sagte: *„Leben heißt nicht atmen, sondern handeln"*. Damit sagt Rousseau, wir sollen uns unserer Organe, unserer Sinne, unserer Fähigkeiten bedienen, wenn Handlungsbedarf besteht. Wir sollen uns nicht mit der Sklavenrolle begnügen, sondern die von Gott gegebenen Fähigkeiten nutzen.

Nicht der Mensch hat am meisten gelebt, der die höchsten Jahre zählt, sondern der, der das Leben am tiefsten empfunden hat. Und am tiefsten empfindet der sein Leben, der in der Lage ist, sich über jedes Mißgeschick, das ihm zustößt, zu freuen als eine Gelegenheit, daraus fürs Leben zu lernen, statt die Opferrolle eines vom Unglück Getroffenen zu spielen. So wird aller Ausgang erfreulich sein.

Dale Carnegie rät in seinem Buch „Sorge Dich nicht, lebe" dazu, *„aus einer sauren Zitrone eine Limonade zu machen"*. Dazu bedarf es auch der Gabe des Humors, der Fähigkeit, aus der Stille Kraft zu schöpfen, aus dem Quell der Gedanken sich zu laben und den Zucker des Lebens nicht zu vergessen. So wird es möglich, den Ausgang des Leidens und der Probleme für sich zu entscheiden. Das zu beherrschen läßt uns zu jenen fröhlichen Menschen gehören, von denen Karl Julius Weber sagt, daß fröhliche Menschen nicht nur glückliche Menschen sind, sondern in der Regel auch gute und gesunde Menschen. Ob Sie es sind, bestimmen nicht die äußeren Umstände, sondern Ihre innere Einstellung, die Qualität Ihres Kraftquells Gedanke. Arbeiten Sie daran. Der Quell wartet darauf, zu sprudeln.

Lachen ist gesund und ein Quell der Kraft!

Als die berühmte Sängerin vom Maestro immer wieder kritisiert wurde, rief sie ärgerlich aus: „Das lasse ich mir nicht länger gefallen. Schließlich bin ich eine begabte Künstlerin." Worauf sich der Maestro verbeugte und erwiderte: „Sie dürfen sich auf meine absolute Diskretion verlassen. Ich werde es niemandem verraten."

Es unterhalten sich zwei Gänse am 1. Adventsonntag. Fragt die eine: „Ehrlich, glaubst Du an ein Leben nach Weihnachten?"

Zwei schwarze Katzen sitzen auf dem Dach. „Scheußlich langweilig heute" meint die eine. „Mmh" schnurrt die andere gedehnt, "komm laß uns runtergehen und ein bißchen Unglück bringen."

„Wer ist denn das?", will ein Passagier vom Kapitän wissen, als das Schiff an einer kleinen Insel vorbeifährt, auf der ein völlig zerlumpter, bärtiger Mann wie verrückt hin- und herrennt und mit den Armen in der Luft rudert. „Ich weiß es auch nicht. Aber er freut sich immer so, wenn wir hier vorbeikommen".

Eine Schrifttafel in einer Kleiderfabrik: „Kleider machen, Leute!"

Richter; „Sind Sie vorher schon einmal bestraft worden?"
Angeklagter: „Nein, immer erst hinterher".

Fragt der Professor den Kandidaten; „Nennen Sie mir ein praktisches Beispiel für den Tatbestand des Betrugs".
Kandidat: „Wenn Sie mich durchfallen lassen".
„Wieso das?"
„Laut Strafgesetzbuch ist Betrug dann gegeben, wenn man die Unwissenheit eines anderen zu dessen Nachteil ausnutzt".

Der hohe Pfad zum Glücklichsein

Hoffe nicht auf das Glück, hole es Dir mit der Gedankenkraft.

Unbekannter Verfasser

Es gibt nirgendwo ein größeres Mißverhältnis zwischen dem Aufwand des Wollens und dem Ergebnis des Erreichten, wenn es um das angestrebte Ziel des Glücklichseins geht. Es werden auch nirgendwo mehr Fehler gemacht als auf diesem Weg zu dem Ziel, glücklich zu werden. Das ist eigentlich unverständlich. Denn jeder Mensch träumt davon, glücklich zu sein. Und doch erreichen es nur ganz wenige, dieses Glück. Ganze Leben werden damit verschwendet, dem Phantom Glück nachzujagen. Aber nachjagen führt uns nicht unbedingt zum Glück, allenfalls eine klare Vorstellung von dem, was eigentlich Glück für uns bedeutet, führt uns ihm zumindest näher.

"Der Mensch weiß nie recht, was er will. Und wenn er einmal hat, was er gewollt hat, so sieht er, daß es das nicht war". (Lichtenberg)

So geht bei vielen das Bestreben ins Ungewisse, ins Unendliche und Leere. *„Wir sind nie groß und glücklich, außer wenn wir uns selbst überwinden".* Oh Plato, Du hattest recht. Von ihm stammen diese Worte.

"Wir sind gefangene Gottheiten. Wohl dem, der seinen Kerker bald durchbrochen" (Wilhelm Heinse).

Es lohnt sich, einmal über diese Aussprüche nachzudenken. Denn sie sagen etwas sehr wesentliches aus. Wie oft ergeht es uns so, daß wir einem Ziel nachjagen. Wie oft sitzen wir in einem selbstgemachten Kerker. All das, weil es in unseren Vorstellungen nur ein nebelhaftes Ziel vom Glück gibt. Wenn wir es endlich besitzen, dieses Glück, bedeutet es uns nichts mehr. Wir sind dem Ziel des Glücks um keinen Schritt näher gekommen. Denn das ist schon einmal ein Kardinalfehler, den viele begehen, indem sie Glück mit Besitztum gleichsetzen. Zu nehmen und Besitz zu mehren, bedeutet keineswegs automatisch Glück. Glück ist etwas, das in unserem Inneren wächst, dort ganz allein können wir das Glück finden. Glück entsteht nur aus unserer inneren Einstellung. Glück ist selbstlos, Glück hat kein Ziel. Glück ist seiner selbst willen, hängt nicht an irgendwelchen Äußerlichkeiten.

Ich werde nicht dadurch glücklich, daß ich mir ein neues, schöneres Auto kaufe. Auch kostbarer Schmuck kann mich allenfalls kurzzeitig oberflächlich glücklich machen. Ich werde auch nicht unbedingt dadurch glücklich, daß ich die Frau oder den Mann meiner Träume besitze. Wenn Du zum Besitz des neuen Autos oder des Schmucks nicht die Dankbarkeit zählst, die Gewißheit, daß es nicht selbstverständlich ist, es oder ihn zu haben, wenn ich mein eigenes Ich daran verliere, indem ich versuche, damit zu glänzen, zu imponieren, wenn ich die Partnerschaft nicht ständig durch neue Impulse der Hingabe, des Lobes, des Gemeinsamen, des Gebens pflege, dann wird das Glücksgefühl des Besitzens bald verschwinden. Das Glück einer Partnerschaft stirbt langsam aber stetig, wenn ich aufhöre, aus meinem Selbst heraus, in sie zu investieren.
"Wir sind nie groß und glücklich, außer, wenn wir uns selbst überwinden" – hieß es in dem Zitat von Heinse.
Das ist ein ganz wesentlicher Punkt. Wir sollen uns nicht zum Mittelpunkt machen. Unser Ego darf nicht im Vordergrund stehen. All unser Denken und unser Tun soll nicht darauf ausgerichtet sein, diesem Ego auf Kosten anderer das Leben angenehm zu machen und durch Besitz zu erhöhen. All das hat nichts mit Glück zu tun.
Glück anzuziehen heißt, zentrifugal zu wirken, nach außen hin, sich dem Du zuzuwenden, weg vom Ich. Die gedankliche Fixierung auf uns selbst ist jener Kerker, von dem Heinse spricht und von dem er sagt: *„Wohl dem, der seinen Kerker bald durchbrechen kann"*. Wir müssen die Mauern unserer Selbstsucht durchbrechen. Wir müssen die Grenzen unseres Kerkers überwinden. Der Kerker ist das Streben nach Macht und Anerkennung mit all seinen Zeptern und bunten Gewändern. Der Weg zum Glück heißt, den Glanz und die Selbsttäuschung des Besitztums zu überwinden. Dieser Glanz wird uns letztendlich blenden. Und darin steckt das Wort „blind sein".
"Wer ist der Mann, der ein glückliches Leben begehrt und gern gute Tage sähe. Der hüte seine Zunge vor dem Bösen und seine Lippen vor trügerischem Gerede, der meide das Böse und tue das Gute. Suche den Frieden und jage ihm nach". (Psalm 34, Vers 13–15)
"Wer falschen Herzens ist, findet kein Glück" (Sprichwort).
Das ist es. Ehrlichen Herzens das Gute wollen und dem anderen dienen. Daraus allein erwächst das Glück. Das Glück erwächst insofern aus uns selbst. In unserer Einstellung zu uns selbst, zu unseren Mitmenschen, zu unserem Leben schlechthin schaffen wir die Voraussetzungen, das Glück zu finden. Nicht draußen in der Welt ist das Glück. Alles Jagen, alles Mühen, Glück und Besitz gleichzusetzen, alles rastlose Streben, es durch

Äußerlichkeiten aufzubauen, wird Stückwerk bleiben müssen. Glück läßt sich nicht erzwingen, Glück muß man sich erdienen.
So, wie es Puschkin sagt, sollten wir es halten: *„Ich hört es wohl, daß weder Ruhm, noch Ehre, noch Gold und Reichtum Glück und Wonne gibt und daß nur jener glücklich ist, der glücklich liebt".*
Ich meine hier das wirkliche Glück, das uns aus unserem Herzen erwächst. Und allein das hat Bestand. Nicht das flüchtige Glück eines Lottogewinns, einer Erbschaft ist von Dauer. Wie trügerisch diese Dinge sind, zeigt sich an der Geschichte jenes Lottomillionärs, die vor langer Zeit einmal durch die Presse ging. Dieser Lottomillionär war ein einfacher Mann gewesen, ein Straßenhändler, der mit seinem Karren über Land zog. Von heute auf morgen gewann er einen Riesenbetrag und konnte sich alle Wünsche erfüllen. Er wurde zum unglücklichsten Menschen der Welt. Seine Ehe zerbrach. Er verlor seine Freunde, seinen Frieden. Er fand ihn erst wieder, als alles Geld verschwunden war. Er hatte es mit vollen Händen ausgegeben. Heute zieht er wieder als Händler durch die Lande mit seinem Karren. Und er ist glücklich dabei, so sagte er in einem Interview.
Sind jene Kinder glücklicher, die die teuersten Spielzeuge bekommen als jenes Kind, das still vergnügt mit ein paar Bauklötzen vor sich hinspielt? Sind wir heute glücklicher mit all den Segnungen der Technik als unsere Vorfahren, die im Schweiße ihres Angesichts die Wäsche mit der Hand waschen mußten, den Garten mit einer Schaufel umgruben und abends vor dem flackernden Herdfeuer noch die Strümpfe selbst strickten? Die steigende Zahl der Scheidungen, die stetig wachsende Selbstmordrate, das Ansteigen der Kriminalität, der wachsende Umsatz an Psychopharmaka müssen doch zu denken geben. All diese Zahlen beweisen das Gegenteil. Die Erhöhung des Lebensstandards, unsere größere Freizügigkeit zu reisen, wohin wir möchten, um die Welt zu sehen, hat eines nicht vermocht: uns glücklicher zu machen.
In einem Gespräch sagte der Dalai Lama dereinst, daß der Mensch deshalb nicht glücklich sei, weil aller Besitz das Körperliche überbetone auf Kosten des Geistigen. Über diesen Spruch des geistigen Führers der Tibeter habe ich lange nachgedacht. Ist nicht der Anstieg des Alkoholkonsums, des Drogenkonsums ein Ausdruck des Verlustes der Mitte, der Verlust des Geistigen? Ist es nicht ein Ausdruck der Hilflosigkeit, mit all den Segnungen unseres modernen Lebens nicht fertig zu werden? Weil wir es geistig nicht bewältigt haben?
Ich glaube, daß Glück und geistige Einstellung sehr viel miteinander gemeinsam haben. Wenn es uns gelingt, Übereinstimmung zwischen unserer

Einstellung und den geistigen Gesetzen des Kosmos zu erreichen, dann werden wir wieder dem Glück nahekommen. Erst wenn wir wieder lernen, zu handeln und das Ende dabei zu bedenken, erst wenn wir wieder bereit sind, die Verantwortung für unser Leben und für unsere Taten zu übernehmen, erst wenn wir uns wieder der Verantwortung gegenüber der Gemeinschaft bewußt werden, erst wenn wir bei all dem, was wir tun, nicht nur an uns denken, sondern daran, ob es der Gemeinschaft nutzt, dann finden wir wieder Ruhe, und aus dieser Ruhe heraus kann das Glück sich entwickeln.

Der Mensch hat die Welt erobert. Es reicht ihm nicht. Er greift zum Kosmos. Das erinnert mich an die Geschichte jenes Mannes, der auszog, die Welt zu ordnen. Nur in seiner eigenen kleinen Welt hatte er nicht mal Ordnung schaffen können. Der Mensch greift zum Kosmos und besitzt nicht einmal sein eigenes Selbst.

"Willst Du immer weiter schweifen, sieh, das Gute liegt so nah. Lerne nur das Glück ergreifen, denn das Glück ist immer da" (Goethe).

"Denn das Glück, geliebt zu werden, ist das höchste Glück auf Erden" (Herder).

Hierin kommt der Sinn des Glücks zum Ausdruck. Denn geliebt werde ich nur, wenn ich selbst liebe und liebend gebe. Glück bekomme ich nicht durch Nehmen, sondern dadurch, daß ich freudigen Herzens gebe. Das ist eine sehr wichtige Erkenntnis.

Und die zweite Erkenntnis ist, daß es auch nicht jedem gegeben ist, Glück anzunehmen, wie es aus einer selbstverfaßten Grabschrift des Dichters Franz Diengel hervorgeht, der auf seinen Grabstein schreiben ließ in weiser Erkenntnis: *„Er hat im Leben viel Glück gehabt und ist doch niemals glücklich gewesen".*

Mit dem Glück ist es genauso, wie mit der japanischen Naguna–Blüte. Ein japanischer Dichter aus dem 18. Jahrh. schrieb darüber: *„Sieh genau hin, dann entdeckst Du die Naguna–Blüte unter der Hecke".* Viele Menschen sehen nur die Hecke aber nicht die Blüte darunter. Wie können sie, wenn sie nur die Hecke sehen, erkennen, daß die schönste Blüte in ihnen selbst blüht. Die Naguna–Blüte ist eine unscheinbare, wilde Pflanze, die in Japan wächst. Selbst wenn sie blüht, ist sie kaum wahrzunehmen, denn sie ist ohne auffallende Schönheit. Doch wenn ihre Zeit kommt, blüht sie und erfüllt damit, was ihr von Anfang der Schöpfung an bestimmt war, sie kommt unmittelbar von Gott, wie jede andere Daseinsform auch. Ihre bescheidene Pracht übersteigt jede menschliche Kunstfertigkeit. Wir gehen gewöhnlich an ihr vorbei, an den vielen Naguna–Blüten unseres Lebens, weil all diese Blüten unter den

dicht wuchernden Hecken unseres Egos gedeihen, so, wie das Glück oft im Verborgenen blüht. Nur wer dies erkennt, wer seine Augen öffnet, und wer unerschütterlich und fest daran glaubt, dem wird die Naguna-Blüte des Glücks unter der Hecke sich offenbaren. Er wird sie sehen, sich daran erfreuen. Er wird sie erreichen und in den Händen halten können.
Ich hoffe, daß viele dies erkennen. Denn wir alle haben es in der Reichweite unserer Hand, dieses Glück. Die meisten wissen es nur nicht oder sind zu lethargisch, es zu ergreifen. Wir legen damit auch die Grundlagen unseres Schicksals, wie Sie im nächsten Kapitel sehen werden.
Denken Sie einmal darüber nach, wenn Sie die Aphorismen dieses Buches lesen. Vielleicht finden Sie in diesen Kurzgedanken einige Parallelen zu dem hier Gesagten.

Aphorismen

Sieh die Welt mit den Augen der Liebe, und sie wird Dich lieben.

Keine Nacht ist ewig. Schon in der Dunkelheit wächst das Licht des neuen Tages.

Auch im Alltäglichen schlummern die Geheimnisse der Schöpfung.

Wahrheit offenbart sich uns nur, wenn wir in unserem Herzen bereit sind, sie anzunehmen.

Güte in Worten erzeugt Vertrauen.
Güte beim Denken erzeugt Tiefe.
Güte beim Verschenken erzeugt Liebe. Laotse

Ein kritischer Geist schafft mehr für die Welt, als ein ganzes Heer von Gutgläubigen.

Du bist dein Schicksal – durch Gedankenkraft

In den unterschiedlichen Kapiteln dieses Buches geht es darum, an vielen Versionen die Ursache und Wirkung der Gedankenkraft zu verdeutlichen und hineinzustellen in die Lebensumstände. Hier nun die Gedanken aus der Sicht eines Heilers.

Ein Erlebnis aus der Kindheit hat sich tief bei mir eingeprägt. Ich lernte damals Fahrradfahren und saß noch recht unsicher im Sattel. Der berühmte Schubs vom Vater ließ das Fahrrad anfangen zu rollen. Der Griff an die Lenkstange beim Zurückkommen beendete das Experiment. Auf- und Absteigen klappten also noch nicht. So lange kein Hindernis da war, ging auch alles gut. Nur ganz plötzlich sah ich auf meinem Wege einen Laternenpfahl vor mir und hatte nur einen ängstlichen, schrecklichen Gedanken: „ja nicht dagegenfahren". Genau das aber passierte. Durch die Angst zog mich dieser Laternenpfahl geradezu magisch an, lähmte meine Kräfte, meine Initiative, zu handeln. Prompt knallte ich dagegen. Ich fiel zu Boden.

Dieses Erlebnis war für mich eine Botschaft. Ich erkannte, daß gerade das, wovor wir Angst haben und worauf wir unsere Gedanken fixieren, ängstlich immer wieder richten, eine negative Erwartenshaltung in uns schafft, die genau das anzieht, was wir vermeiden wollen.

So ist es auch mit der Krankheit. 80 % aller chronischen Erkrankungen haben einen psychischen Hintergrund. 90 % aller Patienten beschäftigen sich mit den Aussichten und dem Zustand ihrer Erkrankung aber wenig mit dem, was sie eigentlich erreichen wollen, nämlich Gesundheit. Wie widernatürlich! Wenn wir eine Reise machen wollen, dann richten wir unsere Gedanken ja auch nicht darauf, wo wir sind, sondern unsere Phantasie und unser Denken malen sich das Reiseziel aus. Wenn ich also krank bin, muß ich mich ja nicht damit beschäftigen, was ich jetzt bin. Das bin ich ja sowieso. Ich muß mich damit beschäftigen, was ich werden will. Und das ist gesund. Wenn ich mir immer wieder vorstelle, wie jetzt mein schmerzendes Knie aussieht, daß ich es zur Zeit nicht bewegen kann, wenn ich Angst davor habe, daß es schlimmer werden könnte, dann blockiere ich den inneren Arzt, der allein helfen kann, dieses Knie zu heilen. Es sind Fälle bekannt, wo schwerste Deformationen von Gelenken beschwerdefrei dadurch wurden, indem man Suggestionsmethoden anwandte, Heilmethoden, die die Vorstellung des Gesundseins verstärken.

Obwohl sich röntgenologisch überhaupt nichts tat, ließen die Beschwerden nach.
Der amerikanische Krebsarzt Dr. Simonton berichtet in seinem Buch „Wieder gesund werden" von einem Patienten mit Krebs. Ihm hatten die Ärzte nur eine Heilungschance von 1 % gegeben. Die durchgeführte Chemotherapie brachte ihn fast um. Die Ärzte mußten die Chemotherapie absetzen. In diesem Zustand begann der Patient mit Visualisierungsübungen nach Simonton. Nach 2 Monaten war der Krebs verschwunden. Niemand erzähle mir hier von einer Spontanheilung. Dies ist die Macht des Geistes. Der Patient hatte sich in seiner inneren Einstellung um 180 Grad gedreht. Er beschäftigte sich nicht mehr mit trüben Gedanken über den Krebs, sondern richtete durch die Visualisierungsübungen seine Vorstellung voll auf den Gesundheitszustand. Er dachte an das, was er unternehmen wolle, wenn er erst gesund sei, und er dachte nur kreativ an den Weg, wie er es schaffen würde. Der Krebs hatte überhaupt keinen Platz mehr in diesen Überlegungen.
An einem zweiten Beispiel weist Simonton nach und berichtet darüber in seinem Buch „Wieder gesund werden", wie mächtig die Gedanken in uns sind. Ein Patient im Endstadium eines Krebses hörte von einem neuen Naturheilmittel. Er ließ sich diese Mittel spritzen, und sein Zustand wurde augenblicklich besser. Die Krebsmasse ging zurück. Dann setzte eine Pressekampagne gegen dieses Mittel ein. In diesen Artikeln wurde nachgewiesen, daß dieses Mittel vollkommen wirkungslos sei. Spontan verschlechterte sich der Zustand des Patienten. Sein Arzt wollte ihm helfen und erzählte ihm von einem neueren, noch besseren Mittel gegen Krebs. Er setzte dieses Mittel bei dem Patienten ein. Wieder ging es dem Patienten erheblich besser. Und wieder beendete eine neue Pressekampagne gegen dieses Mittel den Erfolg. Das war dann der Tod des Patienten. Von dieser Enttäuschung konnte er sich nicht wieder erholen. Er starb kurz danach.
Ein ähnliches Beispiel gibt Norman Cousins in seinem Buch „Der Arzt in uns selbst". Cousins war sehr schwer erkrankt. Man gab ihm keine Chance mehr, bis er sich entschloß, sein Schicksal selbst in die Hand zu nehmen. Er fing an, die Macht der Lebensfreude einzusetzen, indem er nur noch Bücher las, die ihn zum Lachen reizten, Filme ansah, die ihn zum Lachen brachten. Seine unerträglichen Schmerzen ließen nach, er konnte alle Medikamente absetzen und wurde völlig gesund.
Eine eigene Erfahrung konnte ich mit einer 24jährigen Patientin mit einem Dickdarm-Nieren- und Lungenkrebs machen. Diese Patientin war trotz der vielen Chemotherapien in einem erstaunlich guten Zustand. Für

sie war es nämlich absolut keine Frage, daß sie wieder gesund werden würde. Sie schmiedete Pläne für die Zukunft, suchte sich Sportwagen aus, die sie kaufen würde, wenn sie erst wieder Autofahren konnte. Sie plante Reisen, die sie mit ihren beiden Kindern machen würde, die damals 1 1/2 Jahre alt waren. Sie wußte, wie sie das Haus umbauen würde. All das plante sie, obwohl sie insgesamt 7 Chemotherapien hinter sich hatte, eine Tortur, die andere sicherlich nicht so gut überstanden hätten. Dann kam die verhängnisvolle 8. Chemotherapie. Die Ärzte hatten ihr erzählt, dies sei nun die letzte. Man würde ein ganz neues Mittel aus Amerika einsetzen. Bei der Kontrolluntersuchung nach dieser 8. Chemotherapie eröffneten ihr dann die Ärzte, daß alle Therapien vergeblich gewesen seien. Gerade die Wirkungslosigkeit dieses letzten Mittels habe gezeigt, daß es für sie keinerlei Hoffnung mehr gebe, sie möge ihre Sachen in Ordnung bringen, sie hätte höchstens noch 2 Monate zu leben. 10 Tage nach dieser Eröffnung, bei der die Patientin psychisch zusammenbrach, war der vorher normale Bauch stark angeschwollen und verhärtet. Sie hatte unerträgliche Schmerzen im Bereich der Wirbelsäule. Eine Woche danach lag sie im Koma und drei Wochen später war sie tot.
Man hatte ihr das Schlimmste getan, was man tun konnte, man hatte ihr die Hoffnung genommen, und damit die Ausrichtung ihrer inneren Einstellung auf Gesundheit. Fortan richtete sich ihre Vorstellung auf die Eröffnung, in 2 Monaten sei sie tot.
Diese Beispiele mögen zeigen, welch gewaltige Kraft uns im Geistigen gegeben ist. So, wie wir uns vernichten können mit dieser geistigen Kraft, so können wir uns auch wieder gesund machen. Wenn wir den Glauben an ein Ziel haben, dann kann uns nichts aufhalten, dieses Ziel auch zu erreichen. Aber mit dem Zweifel blockieren wir nicht nur unsere Kraft, sondern auch eben unsere Kreativität und unsere Aktivität. Unser Glaube und unser Denken schaffen die Realität unseres Lebens. Glaube und Gedanke sind Schicksal und Chance zugleich. In diesem Sinne sind wir Meister unseres Schicksals, Schöpfer und Vernichter gleichermaßen. Welch gewaltige Botschaft, wenn wir das begriffen haben.
John Milton drückte es anders aus: *„Der menschliche Geist hat seinen eigenen Raum. Er kann sich den Himmel zur Hölle und die Hölle zum Himmel machen."*
Auch das Zitat von Rückert finde ich recht gut. Er sagte: *„Der Teufel hat die Welt verlassen, weil er weiß, die Menschen machen sich selbst die Hölle einander heiß."*
Damit sagt Rückert nichts weiter als, daß wir die Gedankenkraft haben, uns das Leben zur Hölle zu machen. Die wenigsten leiden wirklich unter

den Umständen, sondern durch ihre eigene Phantasie, die einer Lupe gleich die Winzigkeit eines Problems zu einem Riesenproblem vergrößert. Die Hölle sind wir selbst, sagte Thomas Stearns Eliot. Wenn wir aber die Hölle sein können, dann können wir auch der Himmel sein, je nachdem, wohin wir unsere Gedankenkraft richten. Wir können uns zerstören oder wir können uns zum Herrscher über unser Leben aufbauen. Wir können uns krank machen oder mit Gedankenkraft heilen. Ich kann mir mit Gedankenkraft suggerieren, daß meine Schmerzen unerträglich sind oder sie nach der Coué-Methode jeden Tag besser und besser machen.
Ich kann mir mit meiner Phantasie eine Krebsangst anzüchten, die, meinem Beispiel am Anfang des Kapitels gleich, irgendwann den Baum beschert, gegen den ich knalle und mir die dicke Beule eines Krebsgeschwürs durch die Gedankenkraft erzeugen oder aber ich kann mich mit Gedankenkraft über diese Angst erheben, ja, wie es Simonton bewiesen hat, sogar Krebsgeschwülste durch Gedankenkraft beseitigen.
Unser Schöpfer legt uns beide Möglichkeiten in die Hand, überläßt es aber uns, welche Form der Gedankenkraft wir nutzen, zu zerstören oder zu heilen, darum geht es in den nächsten Kapiteln.

Aphorismen

Niemand ist allein, es sein denn, er verleugnet sich selbst. Und dann hilft auch nicht das Paradies zum Glücklichsein.

Unbequeme Wahrheiten gleichen dem Spiegel, in dem wir die Unwahrheit entdecken.

Fröhlichsein, Gutes tun und den Spatzen pfeifen lassen.

32 Zähne sind machtlos gegen eine einzige Zunge
(italienisches Sprichwort)

Jeder trägt seine Maske. Solange sie zum Gesicht paßt, ist sie ehrlich.

Gemeinsamkeit gleicht einer Blume. Sie wächst und blüht nur solange, wie wir sie pflegen und verdorrt, wenn wir sie uns nicht mehr um sie kümmern.

Geistheilung – die Heilung aus dem Selbst oder die Rolle des inneren Arztes

Mit dem hier Gesagten soll das in dem vorherigen Kapitel Ausgeführte vertieft werden.
Eigentlich ist es eine kühne Behauptung: Der Geist soll heilen, der Geist als innerer Arzt?
Was heißt eigentlich Geist? Das Wort führt zurück auf ein germanisches Urwort und heißt soviel wie *„Erregung"*. In diesem Wort *„Erregung"* steckt sicherlich schon sehr viel von dem, was der Begriff *„Geist"* aussagt. Können wir doch mit dem Geistigen etwas erregen, d. h. bewegen, z. B. im zwischenmenschlichen Bereich, im wissenschaftlichen Sinn und in Bezug auf den philosophischen Aspekt. Somit ist der Geist etwas Energetisches, etwas Dynamisches. Aber Geist ist auch das denkende, schöpferische und wollende Bewußtsein des Menschen, in den Gegensatz gestellt zum stofflichen, materiellen Sein. Wir stellen also einander gegenüber die Kraft, die im Nichtstofflichen zuhause ist und die Materialisation des Geistigen in Form von Stofflichem.
Schenken wir uns die philosophischen Aspekte des Begriffes Geist. Sie würden zu weit führen. Aus dem bisher Gesagten können wir jetzt zwei Dinge festhalten: 1. Das Geistige – der Geist als eine Form der Energie. Diese Feststellung halte ich für außerordentlich wichtig. 2. Das Geistige ist das gegensätzliche Prinzip des Stofflichen. Bei diesem Grundsatz muß ich noch etwas verweilen.
Zunächst einmal möchte ich an dieser Aussage etwas sehr Wesentliches verdeutlichen, das vielleicht im ersten Moment Widerspruch hervorruft. Es ist die Erkenntnis, daß es Gegensätze nicht gibt. Gegensätze sind zwei verschiedene Polaritäten einer Einheit. Wie könnte denn die Nacht existieren, wenn sie nicht im Gegensatz zum Tag stünde? Wie sollen wir wissen, was Freude ist, wenn wir nicht die Trauer kennen würden? Wie könnte jemand sterben, wenn er nicht geboren wäre? Um also die Kontinuität zu wahren, braucht man das Prinzip der Gegensätze. Die eine Polarität erwächst aus der anderen. Anders wären Zeit und Fortschritt sowie Leben, Sein und Werden nicht möglich. Dazu bedarf es eben dieser Polarität. So gesehen sind Materie und Geist zwar Gegensätze, das eine ist faßbar, das andere nicht. Jedoch in ihrem Gegensatz bilden sie wiederum eine Einheit. Es ist der Geist, der sich in der Materie manife-

stiert. Der Geist braucht die Materie um sich zu verdeutlichen, die Materie braucht den Geist, um sich fortentwickeln zu können. Durch die geistige Tätigkeit, durch Forschung, Erfindung schufen wir die Segnungen der Zivilisation. Das Haus, in dem wir wohnen, ist letztlich das geistige Werk einzelner Menschen. Ob Sie Kunst, Malerei, Musik nehmen, Theater, es ist die Umsetzung des Geistes, die Manifestation von Ideen, Gedanken und Erfindungen.
Umgekehrt wirkt das Materielle zurück auf das Geistige. Unsere durch Geist geschaffene Umwelt prägt uns wiederum geistig. Denken Sie z. B. an Kunstgegenstände. Sie wirkt auf das zurück, aus dem sie geschaffen worden ist. Ich möchte das eben Gesagte nocheinmal unterstreichen durch ein Wort von Novalis. Er sagte: *Der Geist ist der Führer der Seele. Die Seele ist der Lenker der Kraft. Die Kraft ist der Beweger der Materie.*
Also ist doch der Geist diejenige Kraft, die die Materie schafft, prägt und gestaltet. Wenn dem aber so ist, daß der Geist das Wesen alles Stofflichen ist und der Geist eine Form der Energie, dann verfügen wir über ein gewaltiges Potential, nämlich durch die Kraft unseres Geistes. Da sich Geist äußert in Gedanken und Worten, setzen wir diese Kraft mit genau diesen Gedanken und Worten um. Gedanken und ihre materialisierte Form des Wortes sind die Kraftfelder. Deswegen seien wir vorsichtig mit unseren Gedanken, seien wir vorsichtig mit den Worten in dem Bewußtsein, daß wir in dem Augenblick, da wir das Wort aussprechen, oder in dem Augenblick, wo wir den Gedanken prägen, eine Kraft bewegen und sie hinausschicken in die Umgebung. Dort bewirken wir eine Resonanz in der uns umgebenden Energie, dem sogenannten Feld. Darauf komme ich gleich zurück.
Ich kann in diesem Zusammenhang auch die Bibel nicht unerwähnt lassen. Dort finden wir viele Aussagen, die heute in der modernen Wissenschaft ihre Bestätigung finden. Überhaupt finden erstaunlich viele Aussagen der Mystik, durch die Erkenntnis der Atomphysik ihre Bestätigung. In der Bibel steht: *„Am Anfang war das Wort, und das Wort ward Fleisch"*. Das heißt doch nichts anderes als daß, der Geist die Quelle allen Lebens ist und sich umsetzt im Stofflichen. Der Geist, das Wort, ward stofflich und wandelte sich, bildlich gesprochen, zum Fleisch. Wenn dem aber so ist, dann muß auch im Geistigen die Lösung aller Probleme liegen. Am Anfang stand das Wort. Und das Wort ward Fleisch. Also wohnt in allem der Geist und der Schöpfer aller Dinge. Somit ist der Geist sozusagen die Ursubstanz aller Dinge, die in allen Dingen des Kosmos und damit der Erde vorhanden ist und uns alle eint. Durch die Manipulation dieser Ursubstanz, dieser Grundsubstanz, muß das Prinzip

der Ordnung wieder herstellbar sein. Wenn wir hier Geist = Energie setzen, dann haben wir es bei allen Vorgängen mit Energie zu tun. So möchte ich deswegen gleich auf das Prinzip Nr. 1 kommen: Heilung ist in erster Linie ein geistiger Vorgang. Deswegen heißt es, unvollständigen Dienst am Kranken zu leisten, wollte man den Weg der Heilung nur mit physikalischen Maßnahmen und Medikamenten vornehmen. Heilung heißt immer Dienst am ganzen Menschen, also an Leib, Seele und Geist. So gesehen, gehört zur Betreuung durch den Behandler auch die geistig-seelische Führung des Kranken, das aktive Zuhören, das Bemühen um Verstehen, das richtige Wort zur richtigen Zeit. Das sind wesentliche Bestandteile einer Therapie. Sie richtet sich an den inneren Arzt, von dem in der Überschrift die Rede ist. Ohne die Mithilfe dieses inneren Arztes wäre alles therapeutische Tun letztendlich umsonst und nur Flickwerk.
Krankheit ist gestörte Energie. Daraus muß der Umkehrsatz folgen: Heilung ist Neuordnung der Energiestruktur. Das Ordnen muß im Sinne der göttlichen Ordnung erfolgen. Man mag zu dem Begriff Gott stehen, wie man will. Will man wirklich das Leben begreifen, will man wirklich Ordnung in seinem Leben erreichen, dann kommt man an Gott nicht vorbei. Das ist eine Lebenserfahrung, die ich über viele bittere Stationen und nach vielen Irrwegen machen mußte. Je länger man sich mit den Grundzügen des Lebens beschäftigt, um so bedeutender wird das Prinzip Gott.
Ich selbst stehe seit 1969 in meinem Beruf. All die Jahre waren eine stete Hinwendung zu Gott. Ich will hier keineswegs als Prediger auftreten. Jeder möge seine eigene Einstellung zu diesem Thema finden. Aber da Gott zum Angelpunkt meiner Arbeit am kranken Menschen geworden ist durch die Erlebnisse in all den Jahren, prägt diese Einstellung natürlich auch mein Denken und mein Leben.
Jedoch zurück zur Energie. Wie wichtig der Begriff der Energie im kosmischen und irdischen Geschehen ist, zeigen die Forschungen. Würde man die Schale eines Atoms öffnen, sähe man ein großes Nichts. Irgendwo in dieser Schale ist ein kleiner Kern, Materie, wie man annehmen sollte. Aber auch diese Materie erweist sich als großes Nichts, als eine Anhäufung von kleinen Teilen, die weder Energie noch Materie sind, wie die moderne Forschung beweist. Würde man ein Salzkorn als Atomkern annehmen, hätte das Atom die Größe des Empire-State-Buildings in Amerika (persönliche Seminarnotizen). Und dieses Gebäude ist 442 m hoch. Zwischen diesem Salzkorn und der Schale vom Empire-State-Building wäre ein großes Nichts, ausgefüllt mit Leere. Würde man die Atomkerne eines 75 kg schweren Menschen zusammenpressen,

bekäme man einen Stecknadelkopf. Und dieser Stecknadelkopf würde eben diese 75 kg wiegen. Soviel Nichts ist in uns. Dieses Nichts ist ausgefüllt mit Leere, Leere, die Energie ist. Das ist genau das, was die alten Mystiker immer gesagt haben. Sie sprechen von dem physischen Leib und dem Ätherleib, Physis und Pneuma, dieser Ätherleib, der ein Bindeglied ist zwischen Energie und Leib.

Wir können bis heute nicht den Beweis antreten für die Existenz des Ätherischen. Aber selbst Einstein bekannte doch 1920 in Leiden, Holland, daß gemäß der allgemeinen Relativitätstheorie ein Raum ohne Äther nicht vorstellbar sei. Einstein sagte weiter: „*Ich glaube an einen Gott, der sich in der wohlgeordneten Harmonie all dessen offenbart, was existiert*". Gleicher Auffassung waren so bekannte Physiker wie Maxwell, Michelsen, Arrhenius, Compton, Lenard u. a.

Die Kernforscher in der CERN und DESY wären bei der Deutung ihrer Meßergebnisse völlig hilflos, wenn es nicht die Theorie von d'Irac gäbe über ein alles durchdringendes Energiemeer. Für den Astronauten Mitchell wurde die Reise ins All eine Reise zu Gott. Ich zitiere seine Worte und habe diese Worte dem Kursmaterial von Psychotraining aus dem Ritter-Verlag entnommen. „*Das erste, was mir durch den Kopf ging, als ich von unserem Raumschiff aus die Erde betrachtete, war die unglaubliche Schönheit unseres Heimatplaneten. Da überkam es mich wie eine Erleuchtung, die Gegenwart des Göttlichen war plötzlich für mich spürbar. Ich wußte schlagartig, daß das Leben auf der Erde nicht nur auf einem Zufall beruht, gewissermaßen als Abfallprodukt irgendwelcher kosmischen Prozesse entstanden war. Dieses kam wie eine Eingebung über mich .... Ich gewann es durch subjektive Wahrnehmung ... Dieses Wissen vermittelten mir nicht die Sinnesorgane. Trotzdem war es für mich deshalb nicht weniger wirklich. In diesem Augenblick wußte ich, es gibt eine unsichtbare Dimension in unserer sichtbaren Welt. Sie erst haucht unserem Leben Intelligenz ein, gibt ihm erst einen Sinn.*"

Wir wissen seit 1948 durch experimentellen Beweis von dem sogenannten Kasimir-Effekt. Dieser Effekt besagt nichts anderes, als daß jedes Raumgebiet im All, das frei von Materie ist, von Temperaturstrahlungen mit flukturierender elektromagnetischer Energie ausgefüllt ist. Paul d'Irac wies 1930 nach, daß überall im Universum ein riesiges Energiemeer vorhanden ist. 1985 wurde dies durch die Forschungen des amerikanischen Physik-Professors Boyer von der City-University in New York bestätigt. Dieses Meer von Energie nützt man heute in Form von sogenannter Tachyonen-Energie, auch freie Energie genannt. Aber das nur am Rand. (Persönliche Notizen aus diversen Seminaren).

Diese Energie umgibt uns überall. Über die Kraft des Geistes können wir mit ihr in Verbindung treten. Geist heißt im Lateinischen spiritus, im Englischen spirit. Atmung heißt lateinisch spirare und enthält den Begriff Geist. Über die Atmung ist es uns möglich, sich in einen Zustand der Entrücktheit zu versetzen, einen Zustand der Entspannung, der Hinwendung zum Geistigen, so daß wir mit dem Geist, mit dem Spiritus des Alls in Verbindung treten können und überdies mit der gewaltigen geistigen Energie des Alls. Spiritus, spirit, spirare – eine geistige Einheit.

Auf einem Kongreß über alternative Medizin, 1986 in Monaco, ging es genau um diese Dinge, freie Energie aus dem All, Einwirkung auf den Menschen, Zusammenhänge zwischen Leben und Tod, Einflüsse aus dem Makrokosmos. Da war es für mich außerordentlich interessant zu hören, daß in den kleinsten Bauteilen des menschlichen Körpers, der DNS, Metalle wie Gold, Silber, Kupfer, Mangan eingebaut sind, die mit diesem Energiefeld des Alls reagieren. Hier könnte der Ansatzpunkt sein für Einflüsse durch Änderung des Feldes wie es z. B. bei Vollmond, bei Wetterveränderungen der Fall ist. Hier ist nach Ansicht des Referenten im Monacoer Kongreß die Einflußnahme des erdmagnetischen Feldes, der sogenannten Erdstrahlen. Hier kommt es zur Veränderung der Metallbindungen. Und das kann Ausgangspunkt von Krankheit sein. Die Metallbindungen zwischen DNS und RNS in der Doppelhelix, sie sollen es sein, womit diese Energien reagieren.

Verschiebungen sind krankmachende Verbindungen. Das ist genau das Wissen der alten Alchimisten, die mit ihren Metallen, den Mitteln der Alchimie, Krankheiten heilen wollten. Die Veränderungen dieser Metallzusammensetzungen, das konnte man experimentell beweisen, wirken sich auf die Ausschläge des Pendels aus. Übrigens: Heute weiß man, daß die DNS des menschlichen Körpers, dieser kleinste Baustein, eigenen Gesetzen gehorcht und als Staat im Staat *„Körper"* inzwischen angesehen wird, ein Mikrokosmos in uns, der subtilen Energieimpulsen folgt sowie universellen Gesetzen. Soviel noch als Nachtrag zu diesem Thema, weil ich es gerade auf einem wissenschaftlichen Kongreß erfuhr. Damit sind wir auch wieder bei den Energievorgängen. Bei diesem Kongreß in Monaco ging es auch um Geistheilung und die Kraft des Gebetes, um positives Denken und die Auswirkung des Positiven Denkens auf den menschlichen Körper.

Wir wissen heute, was im Körper vor sich geht, wenn man wütend ist, wenn man Angst hat, wenn an uns der Kummer nagt. Wir wissen heute, daß die „Wut über den verlorenen Groschen", um es klassisch auszudrükken, Energie verschwendet, mit der man zwei Tage lang eine 60 Watt-

Birne brennen lassen könnte. (Persönliche Notizen aus diversen wissenschaftlichen Kongressen.) So verschwenderisch gehen wir um mit unserer Energie während eines Wutanfalls. Wir wissen, daß ein negativ eingestellter Mensch eine andere Schweißzusammensetzung hat als ein Mensch, der in Gleichmut, in Zufriedenheit, im Glück lebt. Unsere Gedanken, unsere innere Einstellung prägen unseren biochemischen Haushalt.

Man hat in Amerika ein interessantes Experiment gemacht. Ein Geistheiler hatte eine Pflanze, die er besonders liebte. Er war befreundet mit dem Erfinder des sogenannten Lügendetektors. Nun machte man ein Experiment und schloß die Pflanze an den Lügendetektor an und schrieb Kurven. Man machte biochemische Messungen und setzte sie in Form von meßbaren Kurven um. Diese Kurven gaben ein ganz bestimmtes Muster, wenn der Geistheiler in der Nähe war. Dann verreiste dieser Geistheiler, und prompt veränderten sich die Kurven. Jetzt machte man folgendes Experiment: Man verabredete einen ganz bestimmten Zeitpunkt, zu dem sich der Geistheiler mental auf seine Pflanzen einstellte und mit liebevollen Gedanken an seine Pflanzen dachte. Mit dem Schlag der Verabredung veränderten sich wieder die Meßkurven in Richtung jener Charakteristik, die sie hatten, als der Geistheiler im Raum war. Keiner erzähle mir, daß hier ein Gerät in subjektiver Weise reagierte. Diese objektiven Meßergebnisse sind die Kraft der Gedanken, die auf unerklärliche Weise die Pflanzen erreichte. Und die Pflanze spürte es. (Kursnotizen aus dem Kongreß für alternative Medizin, Monaco 1986.)

In Rußland entwickelte man ein Verfahren, um den Schrei der Gerstenkörner hörbar zu machen. Dieses Gerstenkorn schrie, als man heißes Wasser auf seine Wurzeln schüttete. Die seelenlose Pflanze um uns herum ist nicht seelenlos. Es ist ein Wesen, das mehr empfindet als wir glauben wollen. (Kursnotizen aus dem Kongreß für alternative Medizin, Monaco 1986.)

Haben wir deswegen Ehrfurcht vor allen Wesen der Natur, ob sie reden können oder nicht. Sie sind Geschöpfe im selben Geist. Der Geist, der in uns wirkt, wirkt auch in ihnen, und sei es nur in einem stummen Stein. Sie kennen Franz von Assisi, der mit den Vögeln in den Bäumen und den Steinen des Weges redete. Klammern wir uns nicht an das Wort *„reden"*. Er konnte sicherlich nicht mit ihnen reden im Sinne eines Dialogs. Aber er konnte in geistigem Sinne, in stummer Weise, doch mit ihnen Kontakt aufnehmen als Geschöpf desselben Schöpfers, als ein Geschöpf desselben Geistes, aus dem alle Dinge des Kosmos gemacht sind.

Auch durch die Kirlian-Fotografie kann man den Effekt negativer Gedanken und positiver Gedanken nachweisen. Die Ausstrahlung verändert sich, je nach Form der Gedanken. Ein Mensch, der Liebe zu geben vermag, hat eine kräftige blaue Strahlung, ein Mensch, der in Wut gerät, verändert seine Ausstrahlung zum Rot. (Kursnotizen, Monaco 1986) Indische Weise haben eine gewaltige goldene Strahlung. Wunder umgeben uns überall. Aber ist es verwunderlich, daß sich diese Strahlen ändern, daß je nach Gedanken sich auch die Gehirnwellen verändern. Wenn sich die Gehirnwellen verändern, dann ist es verständlich, daß sich auch die Strahlen ändern.

Ist es verwunderlich, daß sich die Neurotransmitter, jene Überträgerstoffe von Nervenimpulsen auf das Organ, je nach Stimmungslage verändern? Daß sich die Elektrolyte je nach Gedanken verschieben? Magnesium, Kalium und Calcium sind Elektrolyte in unserem Blut. Ich mußte diesen weiten Bogen spannen, um Ihnen klar zu machen, welche Rolle die Energie im Makrokosmos des Alls und im Mikrokosmos unseres Körpers spielt, welche Wechselbeziehungen zwischen beiden bestehen und wie intensiv die Zusammenhänge sind zwischen Leib, Seele und Geist.

Die moderne Medizin ist in einer Krise. Ich scheue mich nicht, das hier in aller Deutlichkeit zu sagen. Und ich weiß als Heilpraktiker, was ich hier sage. Sie ist eine seelenlose Medizin, weil sie den Körper als Maschine behandelt, ohne an die Seele zu denken. Man hört es oft. Sie hat einen gewaltigen Fehler gemacht, indem sie die Ganzheit des Körpers in Leib, Seele und Geist auseinanderdividierte und getrennt zu behandeln versuchte. Allmählich ändert sich das. Die Psychosomatik macht es möglich. Sie hat Körper, Geist und Seele als Zielpunkt ihrer Behandlung. Hier finden alle drei Elemente wieder zusammen, anders geht es einfach nicht. Man kann die Krankheit des Leibes nicht trennen von der Seele und die Krankheit der Seele nicht vom Geistigen.

Der Geist wird leiden, wenn der Körper oder die Seele krank sind und umgekehrt, da alle drei zusammenhängen, kann mit dem einen Einfluß genommen werden auf den anderen. *„Im gesunden Körper wohne ein gesunder Geist". „Und ein gesunder Geist schafft einen gesunden Kör-per"*, möchte ich vervollständigen. Auch hier wieder die Zusammen-hänge. Wenn ich seelisch krank bin, kann ich durch die Kraft meiner Gedanken hierauf Einfluß nehmen. Das wirkt besser als alles, was wir an Psychopharmaka auf dem Markt haben. Der Mensch ist, was er ißt. Der Mensch ist, was er denkt. In der Umkehrung könnte man Albert Schweitzer zitieren: *„Auf die Füße kommt unsere Welt erst wieder, wenn sie sich beibringen läßt, daß ihr Heil nicht in Maßnahmen, sondern in*

neuen Gesinnungen besteht" (Persönliche Notiz). Auch die Welt ist das, was die Menschen denken. Und da wundern wir uns nicht, daß es heute schlecht um diese Welt bestellt ist.
Vor einiger Zeit sah ich im Fernsehen einen absonderlichen Fall, den man nur auf dieser geistigen Ebene verstehen kann. Es ging um die Judenverfolgung im 3. Reich, ein düsteres Kapitel. Menschen jener Zeit schilderten ihr damaliges Schicksal. So kam auch eine ältere Frau zur Rede, eine Jüdin, die von Deutschen versteckt worden war in jener Zeit. Ein entsetzliches Los, wenn man bedenkt, wie sie in Kellerlöchern vegetierte. Eines Tages wurde sie eingeladen, eine andere Gruppe versteckter Juden zu besuchen. Sie freute sich auf diesen Tag und war tief traurig, als sie plötzlich erkrankte. Doch es war ihr Glück. Denn am Tag ihres Besuches wurden die, die sie eingeladen hatten, einschließlich aller Gäste, abtransportiert ins KZ. Es war Verrat gewesen. Zufall? Übersinnliche Kräfte, die sie gewarnt hatten, die sie krank werden ließen?
Ich habe erst schon davon gesprochen, daß mein Dienst am kranken Menschen ein kontinuierlicher Weg der Erkenntnis war, daß es eine höhere Macht gibt, die alles im Mikrokosmos und Makrokosmos führt, der wir alle unterliegen, ob wir wollen oder nicht. Diese höhere Macht ist geistiger Natur. Der Geist ist das alles Durchdringende und alles Bestimmende. Ich stehe mit dieser Ansicht nicht allein. Ich weiß mich darin einig mit allen Menschen, die versuchen, hinter das Wesen der Dinge zu kommen. Einer dieser Menschen war Max Planck, der Vater der Quantenmechanik und Teilchenphysik, einer der größten Physiker, die wir je gehabt haben. Er sagte: *„Es gibt keine Materie an sich. Nicht die sichtbare und vergängliche Materie ist das Reale, das Wirkliche, sondern der unsichtbare Geist. Da aber ein Geistwesen nicht aus sich selbst sein kann, sondern geschaffen worden sein muß, so scheue ich micht nicht, diesen geheimnisvollen Schöpfer so zu nennen, wie alle Kulturvölker der früheren Jahrtausende ihn genannt haben – GOTT!"* (persönliche Notiz im Kongreß Monaco 1986, Alternative Medizin).
Wenn dies aber das ordnende Prinzip zwischen Makrokosmos und Mikrokosmos ist, die ja beide miteinander verbunden sind, dann kommt man an diesem Faktor Gott, an diesem geistigen Faktor nicht vorbei, denn er wirkt ja auch in uns. Krankheit muß demnach Verlust der Mitte sein, etwas, was sich außerhalb dieses geistigen Ordnungsprinzips gestellt hat. Heilung ist demnach das Bemühen, die Mitte wiederzufinden. Mitte oder Ordnung – das bleibt gleich. Und somit sind wir beim Thema. Heilung ist in erster Linie ein geistiges Prinzip.

Der Angelpunkt der Heilung ist die Krankheit selbst. Um zu heilen, muß man sein Denken auf Gesundheit richten, nicht auf die Krankheit. Wer verreisen will, richtet ja auch seine Gedanken auf das Ziel, wo er hin will und nicht darauf, wo er jetzt ist. Wer Krankheit denkt, bleibt krank oder wird krank. Wer sich in seinen Gedanken damit beschäftigt, was er augenblicklich ist, bleibt es. Unsere Gedanken müssen sich auf das richten, was wir erreichen wollen. Wir müssen es visualisieren, uns mit aller Macht und aller Kraft vorstellen, was wir erreichen wollen. Dann wecken wir die Kräfte, die es ermöglichen, auch dort hinzukommen, daß aus den Gedanken Wirklichkeit wird, wie selbstverständlich auch oft die Entwicklung zur Krankheit durch Verstöße gegen dieses geistige Prinzip bedingt ist. Schon Paracelsus sagte es: *„Letztlich finden wir die Ursache aller Erkrankungen im Geistigen, nämlich im Verstoß gegen universelle, kosmische Lebensgesetze."*

Denken wir an die moderne Zeit. Jede Zeit hat ihre Krankheit gehabt. Der Verfall der Sitten und Moral und die Umweltbelastung haben sicherlich dazu beigetragen, uns die Immunschwäche Aids zu bescheren. Vielleicht wird es einmal die Seuche unserer Zeit. Ich las vor kurzem in einer Zeitung eine Hochrechnung, daß es in Amerika im Jahre 1995 49 Millionen Menschen geben wird, die an Aids zugrunde gehen. Ich wage zu behaupten, daß sich Aids nicht nur mit medizinisch-wissenschaftlichen Mitteln besiegen läßt. Um das Problem Aids zu lösen, müssen sich in erster Linie Menschen in sittlicher und moralischer Hinsicht ändern, und die Umweltsituation muß sich ändern. *„Auf die Füße kommt unsere Welt erst wieder, wenn sie sich beibringen läßt, daß ihr Heil nicht in Maßnahmen, sondern in einer neuen Gesinnung besteht"* (Albert Schweitzer).

Wir wissen heute um die psychologischen Zusammenhänge vieler Krankheiten. Wir wissen, daß ein Hautekzem oft eine psychische Ursache hat. Amerikanische Untersuchungen besagen ja, daß 80 % aller chronischen Krankheiten psychische Hintergründe haben. (Persönliche Notizen vom Kongreß für alternative Medizin, Monaco 1986). Wir wissen um den psychischen Faktor von Asthma. Denken Sie an die Redewendungen *„ihm blieb die Luft weg; er war sprachlos; mir fehlt die Luft zum Atmen"*. Eine Dickdarmentzündung kann psychisch bedingt sein. Wir kennen das streßbedingte Magengeschwür, wir kennen die sogenannte Krebspsyche. Es sind Menschen, die sich nicht durchsetzen können, die alles in sich hineinfressen, die verdrängen, Menschen, durch deren Leben sich Hoffnungslosigkeit wie ein roter Faden zieht. Es gibt sie, die charakteristischen Krebspsychen, deren Wesensmerkmale diese Hoffnungslosigkeit, diese Selbstaufgabe ist. Wissenschaftliche Untersuchungen haben es bewiesen. (Notiz vom Krebskongreß Heidelberg 1985.) Wir wissen, daß Angst, Ärger die Körperabwehr schädigen, daß eine negative Lebenseinstellung wie eine Blockade wirken kann. Sie blockiert das Abwehrsystem, blockiert die Drüsenfunktion, verengt die Gefäße, jagt den Blutdruck hoch.

Krankheit, darin liegt auch das Wort Kränkung. Ein Mensch, der mit sich und dem Leben nicht fertig wird, er fühlt sich gekränkt und leistet der Krankheit Vorschub. Yogananda, einer der größten indischen Yogis, hat es einmal sehr viel treffender ausgedrückt: *„Deine Gesundheit folgt den Schwingungen Deines Seelenlebens. Deine Gedanken sind Kraft. Rechte Gedanken öffnen das Tor zur Gesundheit".* Gesundheit denken heißt, sie schaffen, durch die Kraft rechter Gedanken. Dazu bedarf es einer positiven Einstellung zum Leben, der Bejahung des eigenen Ichs und das Bejahen der Lebensumstände, was nicht unbedingt heißen muß, daß man sich mit dem Zustand, der jetzt herrscht, auf immer abzufinden hat. Jene positive Unzufriedenheit muß es sein, die Kreativität weckt und nicht blockiert. Wir müssen die Unzufriedenheit haben. Aber die Unzufriedenheit darf uns nicht beherrschen. Das ist ein ganz wichtiger Unterschied zwischen einer destruktiven und einer kreativen Unzufriedenheit.

Es scheint mir ein wichtiger Punkt zu sein. Denn um etwas zu ändern, muß ich zunächst einmal Position beziehen. Eine Position zu beziehen heißt, Mut zeigen, Rückgrat zeigen. Beides fällt uns umso leichter, je positiver wir dem Leben gegenüber eingestellt sind. Deswegen ist sicherlich zwischen dem Wort Position und positiv ein Gleichklang. Man kann aus den Wortbildern soviel fürs Leben lernen. Wenn ich eine Position bezogen habe, muß ich auch eine Strategie entwickeln. Dazu muß ich die augenblickliche Situation bejahen. Aus einer totalen Verneinung heraus, aus einer inneren Ablehnung entsteht nur Wut, eine Aggression, aber keine Position, keine positive Einstellung. Das sind immer schlechte Karten, um etwas positiv zu ändern. Was nützt es denn, wenn ich im Moment jammere und wüte gegen die Krankheit, die ich habe. Ich werde nichts daran ändern, im Gegenteil, ich werde die Sache nur verschlimmern, indem diese Wut, diese Aggression, diese innere Ablehnung mein Immunsystem schwächt und damit wichtige Kräfte blockiert, die zur Heilung der Krankheit erforderlich sind. Jede Krankheit, die wir erleiden, hat ihren Sinn in unserem Leben. Da ist zunächst einmal der Sinn, daß jede Krankheit, die ausheilt, das Immunsystem stärkt. Jede Krankheit ist auch eine Besinnungsphase in unserem Leben, über unsere Zukunft nachzudenken und vielleicht neue Pläne zu schmieden. Unsere

Zeit ist eine Zeit des Materialismus, der scheinbar unbegrenzten Möglichkeiten, der Überheblichkeit. Da kann es auch positiv sein, wenn wir uns in der Krankheit der Endlichkeit des Lebens bewußt werden, der Begrenztheit unserer Kräfte und wieder Bescheidenheit und Demut lernen. Vielleicht gelingt es uns dabei, dem positiven Denken einen Schritt näher zu kommen.

Es hat eben alles zwei Seiten im Leben, eine gute und eine schlechte. So hat das Leid nicht nur eine negative, sondern auch eine positive Seite. *„Leid ist der schnellste Kutscher zur Vollkommenheit"* sagt der Mystiker Angelus Silesius. Ich zitiere hier wieder aus dem Trainingskurs des Ritterverlages. Silesius sagt weiter: *„Deine Krankheit, ob sie sich körperlich oder seelisch ausdrückt, will Dir etwas mitteilen". – „Dein Schmerz trägt die Kraft in sich, Dich aufzuwecken",* das sagen die Weisen Zen–Meister. Fragen Sie sich selbst, wie oft waren Sie bereit, die Botschaft Ihrer Krankheit anzunehmen?

Viele Menschen sind erst durch ihre Krankheit und ihre Leiden zu der Persönlichkeit geworden, die sie heute sind. Keine Krankheit ist ohne Sinn, wie im Leben nichts zufällig geschieht. Und in ganz besonderem Maße sind es die heute so häufigen Depressionen, die uns dazu verhelfen können, eine neue Einstellung zum Leben zu finden, seinen wahren Sinn zu erkennen. Wer eine Depression überwunden hat, ist durch die Hölle gegangen. Aber diese qualvolle Erfahrung hat ihn weise gemacht, wird ihn künftig abgeklärter sein lassen. Sie hat ihm eine andere Sicht der Welt beschert, die er ohne die Krankheit niemals erlangt hätte. Deshalb sollten wir unsere Depressionen und unsere Krankheiten, wie immer sie sich manifestieren mögen, dankbar annehmen. Sie sind gewissermaßen der Schmelzofen, in dem unsere Seele geläutert wird, damit wir dem Ziel unseres Lebens näherkommen, nämlich der Erkenntnis, daß wir unser ganzes Wohl und Wehe getrost einer höheren Kraft anvertrauen können, einer transzendenten Kraft, die sehr viel besser als wir Menschen weiß, was wirklich für uns gut und nützlich ist.

"Fang an, mehr nach innen zu schauen, Deine Bestimmung zu erkennen. Nimm Dein Schicksal an, und Du nimmst die Schöpfung an. Und plötzlich gibt es keine Depressionen, keine Ängste mehr. Denn Du weißt, der Sinn Deines Lebens ist nicht mehr und nicht weniger als das Leben auf dem Platz zu leben, auf den man Dich gestellt hat."

Dieses Zitat las ich irgendwo, die Quelle ist mir leider nicht mehr bekannt. Plötzlich gibt es keine Kraft mehr, die uns leiden läßt, aber eine neue Kraft, die uns hilft, zu wachsen, uns zu erkennen, wissender, stärker zu werden, weil wir einen anderen Blickwinkel bekommen und dieselben

Episoden in unserem Bewußtsein anders erleben. Merksatz: *„Die Dinge sind niemals so, wie sie sich darstellen, sondern immer so, wie wir sie zu sehen vermögen".*

Die Gesundheit, die wir wiedererlangen wollen, ist bereits in der Krankheit enthalten. Wir müssen dies nur entdecken, und diese Erkenntnis in Handlungen umsetzen. Wir müssen uns darauf einstellen, und deswegen hat Gesundheit in diesem Sinne sehr viel mit Gesinnung zu tun. Die rechte innere Einstellung kommt darin zum Ausdruck, die rechte Gesinntheit, sprich Gesinnung, schützt unsere Gesundheit, sie verhilft uns auch in der Krankheit wieder zur Gesundheit. Und in dem Wort Gesinnung, Gesinntheit steckt das Wort *„Besinntheit"*, sprich Besinnung. Dieses Wort mahnt uns, einmal darüber nachzudenken, was Gesundheit eigentlich heißt und was Krankheit im Leben bedeutet. Aus der Gesinntheit/Gesinnung der Besinnung entsteht wiederum Besonnenheit. Beide Worte stecken in dem Begriff Besonnenheit. Besonnenheit ist nötig, um in Ruhe und Zielstrebigkeit die Maßnahmen zu ergreifen, die nötig sind, um Gesundheit wieder zu erlangen.

Man kann diesen Vergleich noch etwas weitertreiben. Und dann sieht man, daß in dem Wort Besonnenheit das Wort Sonne steckt. Die Sonne als Symbol der Lebenskraft, Sonne als das Licht aller Lichter. Wo aber Licht ist, flieht die Dunkelheit. Sonne heißt im Ägyptischen Ra. Da ist es bestimmt nicht zufällig, daß in dem englischen Wort für Strahlen *„Ray"* das Ra enthalten ist. Wir sollten etwas ausstrahlen. Aber auch in dem Wort Arbeit ist Ra enthalten. Arbeit kann, so gesehen, nur etwas Positives, etwas Sonnenhaftes sein und uns zum Licht führen, wie z. B. Arbeit an uns selbst. Schauen Sie sich die Langzeitarbeitslosen an. Viele davon mögen zur Zeit der Beschäftigung über das Malochen geschimpft und sich Urlaub gewünscht haben. Heute, wo sie ihn haben, werden sie mit der vielen Freizeit nicht fertig, und es fehlt das Gefühl, etwas Nützliches zu tun. Wer nicht arbeitet, dessen Leben ist unbefriedigend. Faulheit macht nicht nur die Glieder schwach, sondern auch den Geist. Licht ist Leben, Leben braucht Licht, Kraft erzeugt Licht, Licht ist Kraft, eben das, was wir wiedererlangen wollen, die Gesundheit und damit Leben und Kraft. Gerade in der Krankheit ist es wichtig, sich dieser Zusammenhänge bewußt zu werden. Krankheit ist Ausdruck innerer Unordnung, der Dunkelheit, der Disharmonie im Sinne des gestörten Leib–Seele–Geist–Gleichgewichtes. Solange eine Krankheit nur ein Kranksein bleibt, so lange ist noch Hoffnung auf Gesundheit. Aber wenn die Krankheit sich zum Leiden wandelt, das heißt, wenn wir anfangen, unter dieser Krankheit zu leiden, weil wir der negativen Einstellung zur

Krankheit unterliegen, weil wir uns – noch schlimmer – aufgegeben und der Krankheit ausgeliefert haben, weil wir nicht mehr an die Gesundung glauben, dann erst wird sie zum tödlichen Problem. Hoffnungslosigkeit und Leiden sind Tür und Tor geöffnet. So wird das Leiden zur Belastung und irgendwann zur Last unter der der Kranke zusammenbricht.
Ist nicht auch eine Beleidigung ein Ausdruck negativen Denkens? Wer könnte mich beleidigen, wenn ich ihm nicht die Gelegenheit dazu bieten würde, indem ich dem anderen Macht über mich gebe. Mit der richtigen Einstellung hat niemand die Chance, mich zu beleidigen und mich damit innerlich zu treffen.
Genau wie bei der Krankheit. Wie kann die Krankheit zum Leiden werden, wenn ich das Positive einer Krankheit erkenne und nicht zulasse, daß sie mich geistig beherrscht. *„Ihr, die Ihr leidet, wisset, Ihr leidet durch Euch selbst. Niemand zwingt Euch dazu, auch Befreiung vom Leiden kommt nur durch Euch selbst".* Das sagte Buddha (persönliche Seminarnotizen). Und zu dieser Befreiung von dem Leiden und von der Krankheit gehört der Glaube, der Glaube an das Ziel der Gesundheit und der Glaube an unsere geistige Kraft. Matthäus 21 sagt: *„Um was ihr auch bittet, so ihr daran glaubet, werdet ihr auch empfangen".* Mathew, ein amerikanischer Arzt, hat ein Buch geschrieben über die Heilung durch den Glauben. (Ich habe es gelesen. Leider ist mir der Titel nicht mehr geläufig, aber die folgende Episode aus dem Buch, daran erinnere ich mich noch genau.) Er hat es etwas anders ausgedrückt: *„Glaube, Hoffnung, Vertrauen sind die stärksten Anregungen zum Gesundwerden".*
Er führte das Beispiel einer Schwester an, die in einem Neubau durch eine Luke gefallen war und sich dadurch einen schweren Schenkelhalsbruch und Beckenbruch zugezogen hatte. Normalerweise ist dafür ein wochenlanger, schmerzhafter, unbequemer Streckverband erforderlich. Es war die Bitte dieser Schwester, ihr dieses Los zu ersparen. Und sie verlangte, daß man sie aus dem Krankenhaus entließ. Nun passierte folgendes: Drei ihrer Mitschwestern legten die Hand auf ihre schmerzenden Stellen und sie beteten tagelang. Nach 14 Tagen war diese Schwester nicht nur schmerzfrei, nein, sie war gesund. Sie konnte wieder aufstehen. Und nach 6 Wochen nahm sie ihren Dienst wieder auf. Das war ein Wunder, möglich durch den Glauben an die höhere Macht, das Vertrauen auf Gott und die Hoffnung, daß er helfen würde.
Jesaja, Vers 30: *„Ich will Dich wieder gesund machen und Deine Wunden heilen".*
Jacobus 5, Vers 14: *„Das Gebet des Glaubens wird dem Kranken helfen".*

Das Göttliche wohnt in uns, uns zu dienen, wir erschließen es durch unseren Glauben. Dies will uns das Gleichnis lehren vom Gott Brahma. Brahma zürnte einst mit den Menschen und sprach: *„Ich werde den Menschen das Göttliche nehmen"*. Und so tat er. Und nun berieten sie, wohin sie es am sichersten verstecken könnten. Der Hilfsgott sagte: *„Tragen wir es hinauf auf den höchsten Berg"*. Aber Brahma sprach: *„Oh nein, der Mensch wird es auch dort suchen". So sprach ein anderer Hilfsgott: „Senken wir es hinab auf den tiefsten Meeresgrund"*. Aber Brahma schüttelte sein Haupt und sagte: *„Der Mensch wird es auch dort finden"*. Dann sprach ein dritter: *„Vergraben wir es in der Tiefe der Erde Schoß"*. Wiederum schüttelte Brahma den Kopf und sagte: *„Der ewig forschende Mensch, rastlos suchend, wird es auch dort aufspüren". „Nein"*, sprach Brahma, *„ich werde es versenken in das eigene Herz des Menschen. Dort wird er es in seiner Dummheit niemals suchen"*. (Notizen aus dem PET Seminar, PET–Seminar GmbH, Münster a. St.). Und so ist es. Wir jagen hinaus in die Welt. Wir schicken Raketen in das Weltall. Wir suchen das Glück überall und tragen es schon längst in uns. Es wartet nur darauf, gerufen zu werden.
Ein hervorragendes Beispiel für die Macht des inneren Arztes gibt auch die Krebstherapie nach Simonton. Simonton ist Arzt und Biologe, der intensiv eine psychosomatisch geprägte, ganzheitliche Krebsbehandlung durchführt. Er arbeitet mit seiner Frau, einer Psychotherapeutin, zusammen. Beide erkannten den Krebs nicht nur als ein körperliches, sondern als ein körperlich–seelisches Problem, das somit den ganzen Leib–Seele–Geist–Menschen betrifft. Wir wissen ja heute auch um die Zusammenhänge zwischen Krebs und Seele. Lawrence–Leshan stellte in umfangreichen Untersuchungen fest, daß der Krebspatient folgende Psyche hatte:
1. er fühlt sich isoliert
2. er fühlt sich vernachlässigt
3. er ist verzweifelt
4. er ist introvertiert
5. er hat Schwierigkeiten in seinen zwischenmenschlichen Beziehungen

(aus J. Achlerbergs „Die heilende Kraft der Imagination", Scherz–Verlag).
Es sind also Patienten mit negativer Lebenseinstellung, die mit dem sozialen Umfeld in Konflikt stehen. Die negative Lebenseinstellung sperrt uns in ein geistiges Gefängnis ein. Eine negative Lebenseinstellung mit all ihren Folgen, wie Konflikten, Problemen, ist eine der schlimmsten

Dauerstreßformen. Streß aber schädigt das Abwehrsystem des Körpers. Er blockiert den inneren Arzt. Aus dieser Erkenntnis heraus entwickelten die Simontons eine psychosomatische Krebstherapie. Sie bestand darin,

1. dem Patienten diese Zusammenhänge klarzumachen nach dem Motto, was man versteht, kann man als Lösung besser umsetzen,
2. den Glauben an sich und die Zukunft zu aktivieren. Denn sobald erst einmal das Gefühl der Hoffnung und der positiven Lebenseinstellung geweckt worden ist, setzt der Körper dies in biologische Vorgänge um, die das innere Gleichgewicht wieder herstellen und die Abwehr stärken. (Simonton „Wieder gesund werden", Rowohlt-Verlag).

Dies sind die Worte von Simonton. Die Haupttechnik aber besteht in der Entspannung mit dem Positiv-Training und der Visualisierung, so, wie ich sie noch schildere.

Nun sicherte man sich die Hilfe des inneren Arztes und das mit erstaunlichem Erfolg mit eben diesen Methoden. Die Überlebensrate der so behandelten Patienten war doppelt so hoch, wie in den besten Krebskliniken und dreimal so hoch, wie der nationale Durchschnitt in den USA. (Persönliche Notizen aus Vorträgen des Kongresses für biologische Krebstherapie, Heidelberg 1986)

Einen ähnlichen Weg geht Frau Dr. Rawal an. Sie leitet ein großes Krebsforschungsinstitut in Texas/USA. Hier werden ca. 50 000 Krebsfälle jedes Jahr therapiert. In einer Studie an 500 austherapierten und somit hoffnungslosen Fällen konnte sie mit sogenanntem Positiv-Bewußtseins-Training eine Heilungsrate von 34 % und eine Besserungsrate von 33 % erzielen. (Persönliche Notizen aus Vorträgen des Kongresses für biologische Krebstherapie, Heidelberg 1986.) Die Krebsmasse verkleinerte sich durch die Macht des inneren Arztes. Es heißt *„Glaube kann Berge versetzen"*. Der Glaube ist eine gewaltige Kraft und kann gewaltige Heilungskräfte mobilisieren, wie wir ja an dem Beispiel der Krankenschwester gesehen haben. Der Glaube schafft innere Ruhe, die wir nötig haben, um uns zu entspannen. Die Ergebnisse von Dr. Simonton und Dr. Rawal sind der Beweis für die Wirksamkeit einiger Techniken im Sinne der Aktivierung und Stärkung der Heilungskräfte.

Eine dieser Techniken ist die Visualisierung. Hierbei legt man sich bequem auf eine Couch oder aufs Bett, schließt die Augen. Man atmet ein zum Punkt Dantien, er liegt 1 1/2 Querfinger unter dem Bauchnabel. Nach chinesischer Darstellung liegt hier das Meer der Energie. Man stellt sich beim Einatmen vor, daß man Ruhe einatmet, daß der Atem einfach Ruhe ist, die jetzt in Form des Atems in uns hineinfließt zu diesem Punkt Dantien. So spricht man das Wort *„Ruhe"* und atmet ein, atmet wieder aus, ganz ruhig und entspannt. Dann schaltet man um auf das Wort *„Friede“*, stellt sich das Wort Friede vor, stellt sich den Atem als materialisierten Frieden vor und trägt ihn durch den Atemvorgang wieder hinab zum Punkt Dantien, dreimal ein und dreimal aus. Als drittes Wort verwendet man die *„Harmonie“* in gleicher Weise und wiederholt in der gleichen Weise den Atemzyklus mehrmals.

Beim nächsten Schritt stellt man sich eine lange Linie vor, die aus uns heraus bis zum Himmel aufsteigt, unendlich hoch. Darin liegt die Vorstellung des Erhöhens, des Aufsteigens aus der Niederung des Lebens zu den Höhen der Erlösung und der Befreiung. Auf dem höchsten Punkt dieser Linie stellt man sich die Zahl 12 vor, ganz plastisch muß man diese Zahl sehen. Und dann zählt man zur Zahl 0 zurück und stellt sich jede Zahl wieder plastisch vor. Man stellt sich vor, daß man, je weiter man hinabsteigt, umso mehr hinabsteigt in die Ruhe, in die absolute Stille, in die Harmonie bis zur Zahl 0, wo nichts mehr ist, wo alles sich aufgelöst hat, wo absolute Freiheit, absolute Stille und Leere ist. Aber Leere ist Fülle. In der Stille ist Offenbarung, sie ist voller Botschaften. Dies symbolisiert die Zahl „0“, deren Form Unendlichkeit zeigt. „0“, das ist auch im Mathematischen das Nichts. Hier verweilt man einen Augenblick und versucht, sich diese Stille, diese Leere, diese totale Befreiung vorzustellen, indem man tief, entspannt und ruhig gleichmäßig ein- und ausatmet und versucht, sich diese Leere, diese Stille auf allen Ebenen unseres Bewußtseins vorzustellen und zu empfinden, mit allen Sinnen zu empfinden. Man schmeckt sie, man hört sie, man sieht sie, man fühlt sie.

Jetzt kommt die Technik der Visualisierung. An dem Platz dieser Null, dieser absoluten Dunkelheit, stellt man sich eine makellose weiße Wand vor. Auf dieser weißen Wand projiziert man jetzt sein Problem. Nehmen wir z. B. an, Kopfschmerzen oder aber zwischenmenschliche Probleme mit seinem Lebenspartner. Man stellt sie sich ganz plastisch vor. Dann nimmt man einen gedachten Schwamm und wischt alles weg, dieses Bild des Negativen. Und jetzt stellt man sich umgekehrt vor, wie die Lösung aussehen könnte, beim Kopfschmerz, wie sich die Gefäße entspannen, wie das Gesicht sich aufhellt, wie man lacht, wie man fröhlich ist, wie man wieder teilhat am Leben. Man stellt sich seinen Lebenspartner vor, wie man zu ihm hingeht, wie dieser entgegenkommt, wie man sich umarmt, sich gegenseitig freut, daß man sich wiederhat, ganz intensiv und deutlich und plastisch muß man sich dies vorstellen, ohne an etwas anderes zu denken. Jetzt spielt man mit den Bildern.

Stellen Sie sich eine Fernsehmattscheibe vor. Auf dieser Mattscheibe sehen Sie sich mit Ihrem Problem. Links unten in die Ecke ganz klein projizieren Sie das Bild, so wie Sie es ändern möchten, so, wie Sie sein wollen, z. B. als gesunder, aktiver, erfolgreicher Mensch. Jetzt lassen Sie das negative Bild kleiner werden und lassen das kleine positive Bild von links unten immer größer werden, bis sich das Verhältnis umgekehrt hat. Das positive Bild füllt fast die ganze Mattscheibe des imaginären Fernsehgerätes und das negative Bild steht ganz klein unten links auf der Bildröhre. Das ganze machen Sie mehrmals blitzschnell. Zum Schluß lassen Sie das positive Bild stehen und noch einmal ganz plastisch auf sich einwirken. Und dann nimmt man wieder den Schwamm und wischt es weg. Und von nun an gilt nur noch dieses positive Bild.

Jetzt stellt man sich diese weiße Wand mit Farben vor, quer über die ganze Fläche verlaufen Streifen, Balken in Rot, darunter Gelb, darunter Grün, darunter Blau und darunter Violett. Rot und gelb sind die Farben der Aktivität, grün ist die ausgewogene neutrale Form, blau und violett sind Farben der Passivität. Diese Farben läßt man auf sich einwirken und stellt sie sich ganz plastisch vor. Dann wischt man sie wieder weg und stellt sich wieder diese Linie mit den 12 Zahlen vor und steigt von 0 bis 12 wieder auf.

Diese Spiegeltechnik arbeitet nach mentalem Gravitationsgesetz. Gravitation ist die Schwerkraft. Schwerkraft zieht an. Nach diesem mentalen Gravitationsgesetz zieht man jene positiven Gedanken an, die mit diesem Bild, mit dieser Visualisierung übereinstimmen, Gedanken der Heilung, Gedanken der Versöhnung, Gedanken der Verzeihung. Und es mobilisiert jetzt auch über das Unterbewußtsein im Körper jene Heilungsvorgänge, die Zuführung der Durchblutung, der Entspannung, die Zuführung von weißen Blutkörperchen, die die Entzündung auffressen, die richtigen Gedanken, um dem Lebenspartner entspannt gegenüberzutreten. Es produziert die biochemischen Vorgänge im Körper und seelischen Reaktionen, die nötig sind, um eine positive Wende zu erreichen, um die Heilung zu fördern und unsere Einstellung zu ändern. Und es löscht das negative Bild im Unterbewußtsein.

Sie kennen den Hypochonder, der die Krankheit förmlich herbeizieht, ein Beispiel für das mentale Gravitationsgesetz. Er denkt an die Krankheit und prägt sein Unterbewußtsein im Sinne der Krankheit. Umgekehrt ist der Weg.

Nicht, indem ich mich bejammere, komme ich aus dem Tal des Jammers heraus, sondern indem ich ein lustiges Lied pfeife und die Dinge anpacke. *„Was der Mensch denkt, das hat Gewalt über ihn, was die Seele auf-*

nimmt, das wirkt drin fort, zerstörend, lähmend oder aufbauend und schöpferisch" – das sagte Gustav Freytag.
Oder wie es Martens ausdrückt: *„Wer denkt, er kann, der kann es auch"*. Indem ich denke *„ich kann"* ziehe ich die Lösung des Problems an. Wenn man nicht kann was man will, so muß man wenigstens das ganz wollen, was man kann.
Dieses mentale Gravitationsgesetz geht eigentlich zurück auf die Reversionstechnik. Wir wissen, daß im Unterbewußtsein zu einer Zeit immer nur ein Gedanke bestimmen kann. Das sind bei 90 % aller Menschen negative Gedanken. 90 % aller Gedanken, das haben Untersuchungen ergeben, sind negativ, verehrter Leser, verehrte Leserin. Deswegen ist unsere Umgebung auch so negativ, denn die Energie dieser negativen Gedanken drängen ja hinaus und prägen das Umfeld. Welch ein gewaltiges Betätigungsfeld! Aber auch welch ein Einfluß, dem wir uns erwehren müssen! 90 % aller Gedanken fressen Kräfte, lähmen unsere Aktivität und unsere Kreativität. Sie sind negativ, zerstören unsere Vitalität, sie untergraben unsere Gesundheit. 90 % aller Menschen denken so. Das ist auch der Grund, weswegen wir jeden Tag wieder neu unsere positive Batterie aufladen müssen. Sie wird niemals geladen bleiben. Die Gruppe der 90 % negativ denkenden Menschen zapfen diese Batterie immer wieder an und leeren sie. Aber wie gesagt, es kann immer nur ein Gedanke zur Zeit uns beherrschen, eine Einstellung zur Zeit das Unterbewußtsein bestimmen. Aber sie bestimmen nicht nur, sie ziehen auch von außen gleichartige Gedanken an. Je öfter diese Gedankenimpulse das Unterbewußtsein prägen, um so stärker herrscht dieser Gedanke vor. Wenn Negativ-Gedanken Negatives anziehen, dann denkt dieser Mensch nicht nur negativ, sondern er bekommt von außen auch noch negative Impulse hinzu. Das kann sich aber, Gott sei Dank, ändern, wenn ich mich bemühe, jetzt positiv zu denken, die Positiv-Suggestionstechnik anwende, wie z. B. die von Coué ("Die Selbstbemeisterung durch bewußte Autosuggestion", Schwabe + Co. AG Verlag Basel/Stuttgart). Denn im selben Verhältnis, wie der positive Gedanke stärker wird durch bewußtes Training, läßt der negative Gedanke nach. Ich kann also mit einem positiven Impuls den negativen löschen, wie in der Mathematik Plus neutralisiert Minus. Und das mache ich im Grunde genommen mit der Coué-Technik, mit der Visualisierungstechnik, indem ich mir vorsage z. B. nach Coué: *„Meine Kopfschmerzen sind heute abend schon viel besser als gestern. Sie werden heute abend noch besser sein. Sie werden in diesem Moment immer besser, immer besser. Es wird mir morgen viel besser gehen als heute. Und es geht auch schon viel besser als vorher"*.

Es ist ein Gesetz, daß je häufiger ich einen Lehrsatz anwende, dieser um so mehr vom Unterbewußtsein als Wahrheit anerkannt wird und sich das Unterbewußtsein auf diese Wahrheit einrichtet. Aufgrund der psychosomatischen Bedingtheiten läßt dann z. B. das körperliche Leiden nach, oder ich ändere meine Einstellung zu den Dingen. Der Kranke denkt nur in Krankheit. Seine Gedanken auf Gesundheit zu richten heißt, den ersten Schritt zur Heilung zu tun.

Ich habe das selber einst praktiziert, als ich schwere Ischias- und Rückenschmerzen hatte. Da habe ich mit dieser Technik die Schmerzen zunächst mindern und später beherrschen können. Mit dieser Technik war es mir möglich, zunächst drei Schritte dann 10 Schritte, dann fünf Minuten, dann 20 Minuten gehen zu können, bis die Schmerzen dann ganz verschwanden.

Nichts anderes tut auch die Hypnose. Die Hypnose ist Manipulation über das Unterbewußtsein. Wie stark das Unterbewußtsein ist, das sehen Sie daran, daß man in der Hypnose einem Patienten einreden kann, er würde jetzt mit dem glühenden Eisen behandelt. Man legt ihm statt dessen ein kaltes Eisen auf und siehe da, es bilden sich trotzdem Brandblasen. Wenn dieser negative Effekt möglich ist, muß auch ein positiver Effekt produzierbar sein. Und in der Tat, so ist es. Wie gefährliche Gedanken Gift sein können für das Unterbewußtsein, drückt Shakespeare im folgenden Zitat aus: *„die kaum dem Gedanken widrig sind, jedoch nach kurzer Wirkung auf das Blut wie Schwefel brennen können"*. So können positive Gedanken heilend wirken. Je häufiger wir sie suggerieren, umso mehr schwindet die Krankheit. Ungesunde Gedanken schaffen Krankheit, gesunde Gedanken Gesundheit.

Wundmale und Stigmatisierung sind keine himmlischen Wunder, sondern Werke unseres Unterbewußtseins. Durch die mächtige bildliche Vorstellung der Kreuzigung Jesu im Unterbewußtsein, kommt es zu diesem Blutausschwitzen, kommt es zu den Wundmalen. Das ist die gewaltige Kraft des Unterbewußtseins, die wir einsetzen können, um Krankheiten zu heilen. Es sind keine paranormalen Fähigkeiten, sondern Fähigkeiten, die jeder hat. Wir nutzen sie viel zu wenig. Das steht schon bei Jeremias: *„Es ist umsonst, daß Du soviel Arznei ißt. Du wirst es doch nicht heilen, der innere Arzt heilt"*.

Wir sollten viel mehr diesen Glauben, die Macht des Unterbewußtseins, die positive Visualisierung einsetzen. Dazu rät schon Professor Jores, der da sagt: *„Krankheitsheilung erfolgt*

1. durch Erfahrung, d. h. mit medizinischen Methoden,

2. durch den Glauben,

3. durch die Psychotherapie (Notiz aus einem wissenschaftlichen Vortrag der Interbiologica 1983, Wiesbaden).

Der Mensch besteht aus Leib, Seele, Geist. Es ist falsch, nur den Leib zu behandeln. Die Heilkunst muß berücksichtigen, daß es diese drei Gliederungen des Menschen gibt, so, wie schon Sokrates sagte: *„Daß soviele Ärzte so wenig Heilerfolg haben, rührt daher, daß sie vergessen, daß der Mensch nicht nur aus Körper, sondern auch aus Seele und Geist besteht".* (Sournia, Poulet Martiny, Illustrierte Geschichte der Medizin, Androos-Verlag, Salzburg). Und Platon sagte: *„Wie kann man ein Heilkundiger sein, wenn diese Heilkunst einen Arzt für den Körper und einen Arzt für die Seele kennt."*

Heilung heißt also, Leib, Seele und Geist zu therapieren und hierfür die richtige innere Einstellung zu finden und das richtige Wort zu finden.

Das Wort ist ein sehr wichtiger Faktor. Das Wort schafft Vertrauen. Das Wort bringt Resonanz, das Wort ist die Vibration zwischen uns, das Wort ist der Träger des Geistigen, das Wort ist Manifestation der Gedanken und Worte wecken Gedanken. *„Auf daß ich nicht mit meiner Zunge sündige, hüte ich mich"* – heißt es in der Bibel. Das Wort ist eine gewaltige Macht. Rechtes Denken, positive Worte prägen unser Fluidum, prägen unsere Vibration. *„Nada Brahma – das Wort ist Klang"* heißt ein Buch von J. Berendt (rororo-Verlag). Sie müssen es einmal lesen. Dort sind diese Zusammenhänge gegeben. Das Wort *„WORT"* kommt von dem Urwort *„Vort"*. Im Hebräischen heißt es *„Veret"* und dieses Wort beinhaltet eigentlich zwei Begriffe, Rose und Knospe. Aus der Knospe entsteht die Rose, ein wunderbarer Vergleich. Aus dem Geist Knospe entsteht das Produkt Rose. Ein ganzer Schöpfungsvorgang wird hier mit einem Wort beschrieben. Sollte uns da nicht bewußt sein, welche gewaltige Macht in diesem Wort steckt? Welche Macht wir mit diesem Wort ausüben, welche Vibration wir im anderen Menschen damit erzeugen können? Wir können verletzen, wir können heilen mit der Kraft des Wortes. Wenn wir es mit Worten können, dann können wir es mit Gedanken gleichermaßen.

Der positive Gedanke, der bejahende Gedanke, setzt gewaltige Kräfte frei, der negative lähmt sie. Der positive Gedanke assoziiert sich mit Gesundheit, der negative mit Zerstörung und Lähmung und Krankheit. Wofür Sie sich entscheiden, das liegt ganz bei Ihnen. Deswegen liegen die Heilungshindernisse auch im falschen Denken, in der negativen Einstellung, im Widerstand, indem man sich abkapselt, aggressiv wird, Rache übt, seine Kräfte durch Neid, Haß verschwendet, im Streß, indem man sich von äußeren Dingen in Besitz nehmen läßt und sich damit dem

Streß unterwirft. Sie liegen in der Unkonzentriertheit, wenn man keine klare Zielrichtung hat, hierhin springt und dorthin springt im Egoismus. Der Egoismus ist immer etwas auf das Zentrum gerichtetes, etwas Verhärtendes, etwas Abkapselndes, zum Statischen Führendes. Ich muß eine innere Bejahung fühlen, ich muß überzeugt sein, ich muß glauben, vertrauen. Mißgefühle entstehen, indem man sich einredet, daß es einem schlecht geht, indem man bejammert, in Selbstvorwürfen sich ergeht, indem man sich immer wieder einredet, etwas falsch gemacht zu haben, den falschen Weg gegangen zu sein, die Mißgefühle entstehen im Unglauben, in der Ungeduld, in der Furcht vor der Zukunft. Ich muß warten können, ich muß Geduld haben, das mahnt uns auch die Krankheit. Und wahrlich, manches ginge schneller mit Geduld, was wir mit der Hektik der Ungeduld, mit Gewalt zum Ziel treiben wollen. Vergessen wir nicht, der Geist bestimmt die Lebensrichtung. Die innere Einstellung schafft die Lebensverhältnisse. Unsere Gedanken wollen sich nach ihrer Qualität verwirklichen. Positives schafft Positives, Negatives schafft Negatives. Krankmachende Gedanken schaffen Krankheit. Deswegen verlangt die Änderung äußerer Umstände die Änderung der inneren Umstände und umgekehrt. In dem Buch „Wissenschaft und Gesundheit" wurde der Fall einer Erblindung durch Tuberkulose geschildert, die durch 4jährige Behandlung mit den Methoden der Visualisierung, durch das Gebet, durch die Methode nach Coué, durch die Suggestion geheilt wurde. (Notiz im Schulungsmaterial)
Das sind Beispiele für die Macht des Geistes, der Heilung bewirkt. Wir haben diese Macht in unserem tiefsten Inneren. Wie wir sie nutzen, liegt allein bei uns. Wir können uns damit heilen oder zerstören. Wir erlangen mit ihr Erleuchtung oder das Dunkel der Verzweiflung und Unwissenheit. Satprem, ein indischer Weiser sagt über die Gedanken: *„Es ist wahrlich eine gewaltige Energiemasse, die keine anderen Grenzen anerkennt als diejenigen, die Ihr Euch selbst setzt. Mit ihr verwirklicht Ihr das Göttliche in Euch, mit ihr heilt Ihr Eure Leiden und macht möglich, was Euch vorher unmöglich erschien."*
Lassen Sie mich noch hinzufügen was Goethe zu dieser Kraft des Göttlichen in uns sagte: *„Das Göttliche zu verwirklichen ist unsere höchste Pflicht"* und gibt dem Leben einen Sinn.
Wir selbst und wir ganz allein haben es in der Hand, diesen Sinn zu finden oder krank, elend und leer zu bleiben. Mit dieser Kraft der Gedanken ist in uns Krankheit oder Gesundheit, mit dieser Kraft wird Schicksal nichts Endgültiges, sondern bleibt eine Herausforderung, etwas

Umkehrbares. Indem wir uns dem Schicksal *„Krankheit"* stellen, wird Krankheit zum Weg.

Aphorismen

Der Unverstand schlägt Wunden. Die Liebe heilt sie.

Das wichtigste Instrument für den Opportunisten ist die Wetterfahne.

Ein Diamant wird erst strahlen durch den Schliff, so. wie die Menschen erst reifen, wenn das Leben sie formt.

Wir schätzen erst das Posistive, wenn wir das Negative durchlitten haben.

Jede klare Aussage ist der Tod aller Gerüchte.

Was schert mich mein Geschwätz von gestern, wenn ich heute klüger bin.
Konrad Adenauer

Den Mut zu haben, sich selbst ins Gesicht zu schauen, ist eine Sache, sich im Spiegel zu erkennen, ist eine andere und sich zu seinem Konterfei zu bekennen, ist eine weitere.

Einen Menschen lieben heißt, um ihn herum den gesicherten Raum zu schaffen, in dem er er selbst sein kann.

Gewohnheiten sind Zwangsjacken, die man nicht bemerkt.

Den Sinn der Welt verwirklicht die von Weisheit erleuchtete und von Liebe erwärmte Tat des Menschen.

Nur Dummköpfe rächen sich, Diplomaten machen sich Notizen und warten auf ihre Stunde.

Oft liegt der Kern zum Großen in den kleinsten Dingen.

Jedes Geschöpf lebt nicht, um zu leben, sondern auf seine eigenen Weise ein Stück Schöpfung zu erfüllen.

Das magische Dreieck der Gedanken

Wenn jemand im Dreieck springt, so hat das bestimmt nichts mit einer positiven Einstellung zu tun. Hier treiben ihn die negativen Gedanken aber keine konstruktiven Gedanken. Und schon gar nichts hat dies mit dem magischen Dreieck zu tun, von dem hier die Rede sein soll.
Der bedauernswerte Mensch, der sich soweit hat reizen lassen, daß er im Dreieck springt, ist nicht mehr Herr seiner Situation. Insofern hat also *„im Dreieck springen"* auch gar nichts mit körperlichen, sportlichen Leistungen zu tun, eher mit einer geistigen Fehlhaltung. Es ist vielmehr eine negative Form sportlicher Leistung und Ausdruck eines falschen geistigen Standorts. Beides ist bestimmt nicht förderlich für den Herz-Kreislauf, weder für das Nervensystem, noch für das innere Gleichgewicht. Es ist wie bei der Wippe. Man muß sich auf den Mittelpunkt stellen, will man sie im Gleichgewicht halten. Tritt man aus dem Mittelpunkt heraus, schafft man ein Ungleichgewicht und kann stürzen dabei. In der Mitte liegt die Kraft. Sich aus dieser Mitte reißen zu lassen, ist nicht gut. Die Mitte bestimmt das Umfeld, bestimmt das Geschehen im Umfeld, so, wie für die Elektronen der Atomkern jenes Zentrum ist, von dem sie gelenkt werden, ihre Bahn vorgeschrieben wird. Nehmen Sie nur einmal ein sich drehendes Rad. Je weiter Sie sich zur Peripherie, d. h. zum Umfang des Rades begeben, je größer werden die auf Sie einwirkenden Fliehkräfte, die Sie aus der Mitte tragen. Je mehr Sie sich zum Mittelpunkt begeben, je geringer werden diese Kräfte. Und in dem Punkt der absoluten Mitte hören sie ganz auf, zu wirken. Es ist auch der Punkt absoluter Stille. Hier sind die infernalisch rasenden Punkte der Peripherie zum Stillstand gekommen.
Das ist vergleichbar dem Taifun. Der Taifun hat das sogenannte Auge. In diesem Bereich ist absolute Windstille. Wehe dem, der sich aus diesem *„Auge"* heraus begibt. Dann gerät er in die Turbulenzen des Taifuns. Das kann sehr oft tödlich sein. Sehen wir also darauf, daß wir unsere Mitte erhalten. Bleiben wir der Mittelpunkt der Radnabe und werden so zum Beweger des ganzen Rades. Dann bestimmen wir das Gesetz der Handlung und sind nicht eine Schachfigur, die hin- und hergeschoben wird. Es ist wie bei der rotierenden Scheibe auf dem Jahrmarkt. Solange man sich in der Mitte halten kann, bleibt man oben. Gerät man aus der Mitte, wird man unweigerlich von der rotierenden Scheibe geschleudert indem

man sich von der Zentralfigur zur Randfigur wandelt. Da hilft auch kein Festhalten an der Scheibe oder Anklammern am Bein eines Mitfahrenden. Man reißt ihn noch mit hinunter.
Die meisten von uns fahren irgendwo auf den Speichen eines Rades mit und müssen sich fest anklammern, damit sie von den Zentrifugalkräften nicht hinweggetragen werden. Solche Zentrifugalkräfte können auch falsche Gedanken sein. Je mehr uns diese Gedanken beherrschen, umso mehr gleichen die Gedanken den Zentrifugalkräften. Je mehr wir selbst die Gedanken formen, umso mehr sind es Gedanken der Mitte, heilend und ordnend.
Deswegen sollten wir uns bemühen, nicht der Fluß zu sein, sondern die Quelle, aus der dieser Fluß gespeist wird. Dann sind wir es, die wir dafür sorgen, daß dieser Fluß immer als lebensspendende Ader Nachschub bekommt. Lassen sie uns nicht Bewegter sein, sondern der Bewegende. Als Bewegter müssen wir den Kräften gehorchen, die auf uns einwirken, als Bewegende sind wir Schöpfer dieser Kräfte, die das Gesetz des Handelns bestimmen. Der Bewegende schafft etwas, der Bewegte paßt sich nur dem Umfeld an. Er hat nur die Chance zu einer Reaktion aber nicht Möglichkeiten der Aktion. Wer sein Leben gestalten will, muß sein Schicksal in die Hand nehmen. Wer sein Schicksal ändern will, muß die Gedanken entwickeln, die etwas bewegen. Das kann er nur, indem er Quelle wird, indem er Beweger bleibt, indem er Geist ist und nicht das Wort, das diesem Geist entspringt. Das Wort ist nur ein Geschöpf des Geistes. Aber der Geist ist der Schöpfer des Wortes.
Wie kann ich Meister meines Schicksals sein, wenn ich nur ein Geschöpf bin und von der Schöpferkraft abhängig bin. Wir müssen Stamm werden und nicht das Blatt an den Zweigen dieses Stammes, das von den Kräften abhängig ist, die dieser Stamm spendet. Das Blatt wird eines Tages zudem vom Wind hinweggetragen. Es ist ein hilfloses Etwas, das sich vom Wind den Weg vorschreiben läßt. Niemand erzähle mir, daß ich vom Blatt zum Stamm werden kann. Wohl kann der Stamm viele Blätter zeugen. Gott will nicht, daß wir Menschen als Blätter unser Dasein fristen. Gott hat uns die Wahl gelassen, ob wir dennoch zum Blatt werden wollen oder zum Stamm.
Wir sind vernunftbegabte Wesen. Das zeichnet uns vor allen anderen Geschöpfen aus. Jeder versteht es, wenn man ihm sagt, daß man *„vernünftig"* leben soll. Vernünftig heißt doch, seine Vernunft zu gebrauchen. *„Vernunft ist die sanfte Gewalt, die allen und selbst der Gewalt Grenzen und Maße setzt"* (Jaspers). *„Vernunft"* ist nach dem DTV-Lexikon *„Denkvermögen, Geist, Verstand, Einsicht und Besonnenheit"*.

Vernunft setzt also Verstehen voraus, die Möglichkeit, das Wesen der Dinge zu erkennen, hineinzusehen in die Zusammenhänge, sie aufzudecken, die Einsicht. Vernunft, das ist Besonnenheit, das heißt sonnenhaftes, lichthaftes Denken. Der Sonnengott im Ägyptischen ist Ra, also gotthaft denken, besonnen denken *„Ra"*tional denken! Besonnen denken kann ich nur, wenn ich in der göttlichen Mitte stehe, mir der göttlichen Verantwortung für mein Leben und für die Schöpfung bewußt bin, bereit bin, diese Verantwortung zu übernehmen und danach zu handeln. Deswegen gaben die Götter uns den Geist und den Verstand, diese Verantwortung zu erkennen und nach ihr zu handeln.
Vernunft – in ihr steckt das althochdeutsche *„zu vernehmen"*. Vernehmen heißt, etwas zu hören, unsere Sinne zu gebrauchen, die Dinge zu studieren, aus ihnen zu lernen.
Dort, wo Vernunft, Besonnenheit, Geist, Denkvermögen und Verstand, Einsicht herrschen, dort hat die Gewalt ihre Macht verloren. Das heißt aber auch, daß wir mit Vernunft Gewalten, die auf uns einwirken, und das ist nicht immer die Gewalt der Brutalität, sondern letzten Endes jede Kraft, die eine Wirkung auf uns ausübt, Grenzen setzen können. Wir bestimmen, ob sie Macht über uns erhalten sollen oder nicht. Vernunft zeigt uns die Lösung, die lebensgerechte Lösung, die gut für uns ist. Kraft dieser Vernunft sind wir Meister unseres Schicksals.
Das Wissen um all diese Dinge ist wichtig. Und so lassen Sie mich hier in diesem Zusammenhang auch Novalis zitieren. Er sagte: *„Vernunft und Phantasie sind Religion."* Und in dem Wort Religion steckt das Wort *„Religio"* – Glaube. Ich muß mein Leben führen mit einem Glauben. Ohne Glaube bin ich ein Schiff ohne Steuermann, ein Haus ohne Grundstein, eine Pflanze ohne Wurzeln. Der Glaube gibt uns Halt. Wie könnte ich sein, wenn ich nicht an mich glaube und an eine göttliche Führung. Vernunft und Phantasie sind Religion. Darin steckt auch das *„Religionis"* – rücksichtsvolle, gewissenhafte Beachtung von Heiligem und Gottesfurcht. Hierin liegt ja auch die Aufforderung zur Demut, zur Rücksicht gegenüber allem, was Kind dieser Schöpfung ist. Und das sind alle Dinge dieser Erde. Die Rücksichtslosigkeit, mit der die Erde ausgebeutet wird, das rücksichtslose Durchsetzen eigener Ziele macht nicht glücklich, sondern schafft Dissonanzen, Disharmonie. Die Beachtung der Rechte der anderen, die Toleranz gegenüber dem Andersartigen, der Schutz des Lebens, das alles sorgt für Einklang miteinander, mit uns selbst, für Frieden. Wenn Vernunft Religion ist und Religion religio enthält und zur rücksichtsvollen, gewissenhaften Beachtung von Heiligem mahnt, dann lehrt sie uns Gottesfurcht. Sie sagt uns nichts

anderes, als daß wir alle in Gottes Hand und Kinder eines einzigen Geistes sind, der in Gott ruht. Allein schon dieses Wissen sollte uns die Kraft und Zuversicht geben, unser Schicksal in die Hand zu nehmen. Denn Gott will uns nicht nur als vernunftbegabte Menschen sehen, die ihre Vernunft auch gebrauchen, sondern auch als glückliche Menschen. Deswegen gab er uns diese Vernunft, das zu erkennen. Der Geist der Vernunft allein ist es, der uns befähigt, den Kraftquell der Gedanken zu nutzen, uns vor falschen Wegen zu bewahren, uns von falschen Wegen wieder auf den richtigen zu führen, Leiden des Körpers zu verhindern, und dort, wo sie dennoch sind, diese wieder zu heilen.

Religion heißt gewissenhafte Beachtung von Heiligem. Dieses Wissen darum ist an sich schon heilig. Wehe dem, der sich dagegen versündigt, indem er sein Leben wegwirft. Das Leben ist heilig. Der, der als vernunftbegabtes Wesen geboren wurde, trägt auch die Verantwortung, diese Vernunft zu gebrauchen. Er ist gefordert, sie nicht dort beiseite zu stellen, wie einen Krückstock, wo er meint, ohne Vernunft zu größeren, persönlichen Vorteilen zu kommen. Seine Schuld wiegt umso größer, wenn er nicht nutzt, was er hat, und sei es auch noch so unbequem. Er kann nicht wegwerfen, sondern er hat die Verantwortung für sein Tun zu übernehmen. Verantwortung heißt, Antwort sich zu geben über das, was man getan hat, wie man sein Leben gestaltet. Die Heiligen Gesetze zu beachten, die von uns verlangen, daß wir Wahrheit und Liebe zum Mittelpunkt unseres Lebens machen, das heißt, gegen alle Widerstände und über alle Prüfungen hinweg hierzu zu stehen. Nur dann können wir auf einem guten Kissen des Gewissens friedlich schlummern.

Jedoch das Zitat von Novalis geht noch weiter. *„Vernunft und Phantasie ist Religion. Vernunft und Verstand ist Wissenschaft."* Zur Vernunft muß der Verstand kommen. Wir müssen verstehen lernen, was vernünftig ist. Nur der Verstand ermöglicht uns das. Umgekehrt muß die Vernunft den Verstand leiten. Dann kommen wir zur Wissenschaft. In Wissenschaft steckt das Wort *„wissen"*, das Wissen um das Wesen und den Zusammenhang aller Dinge. Bevor ich jedoch zum Wissen komme, muß ich manches tiefe Tal durchwandern, denn der Mensch lernt nicht in glücklichen Tagen, sondern in seinen schweren Tagen, sofern er überhaupt will. Die Götter geben uns die Chance, aus den Fehlern zu lernen oder gleich in den nächsten Fehler hineinzutreten mit noch größeren Konsequenzen. Sie geben uns den Lohn, aus dem tiefen Tal der Prüfung wissender hervorzugehen und dadurch gewappneter zu sein für die nächste Prüfung des Lebens oder aber unwissend dieses Tal wieder zu verlassen. In diesem tiefen Tal zwicken uns Verzweiflung, in der das

Wort Zweifel steckt, Zweifel an uns selbst, Zweifel an der Richtigkeit unseres Weges.
Aber Verzweiflung und Zweifel sind nichts weiter als eine Aufforderung, zur Klarheit zu gelangen, aus dem Zweifel des Gegensätzlichen zur Einheit zu kommen. Das ist der einzige Sinn, den ich in Verzweiflung und Zweifel sehe, sich Klarheit zu schaffen und damit der Wissenschaft, d. h. dem Wissen um die Dinge näherzukommen. Zu den Wissenden zu gelangen heißt, aufzusteigen aus der Dunkelheit des Unwissens zu den lichten Höhen der *„Wissen"*schaft. Der Vergleich gegensätzlicher Meinung, ist die Aufforderung, sich eine eigene Meinung durch Wissen zu bilden und nicht nur Worte kritiklos zu übernehmen, meint Novalis das, als er sagte: *„Vernunft und Verstand ist Wissenschaft"?*
So fragt man sich, was Herr Uhlenbruck gemeint haben könnte, als er sagte: *„Vernunft ist die Opposition des Verstandes"*. Blickt man in manche Parlamente und erlebt, wie sich Opposition und Regierung mit Häßlichkeiten, Gemeinheiten und geistlosen Repliken bekämpfen, so kann man oft darin nur die Aufhebung des Verstandes sehen. Die Opposition scheint das, was die Regierung will, als Dummheit hinstellen zu wollen, die man besser vergessen sollte. Wenn man diese Saalschlachten erlebt, so muß man einfach denken, daß diese Leute von dem Kraftquell Gedanke noch nie etwas gehört haben. Sie wissen anscheinend nicht, daß der geistige Inhalt dieser Worte unermeßlichen Schaden anrichten kann, daß der unausgesprochene Gedanke als Energie nach außen dringt und Gräben reißt, über die man sich nicht einigen kann. Aber ein Politiker kann wohl nicht anders, steckt doch in dem Begriff Politik die Polarität, das Gegensätzliche , das man bekämpft, dessen einer Pol man selbst ist, der es sich auf die Fahnen geschrieben hat, den anderen Pol sich untertan zu machen.
Aber nehmen wir einmal an, Herr Uhlenbruck meint es esoterisch. *„Vernunft ist die Opposition des Verstandes"*. Dann kann Vernunft als Opposition des Verstandes nur den Gegenpart, das Entgegengesetzte, das Gegenüberliegende, denn das heißt ja Opposition, bedeuten. Opposition kommt aus dem lateinischen *„oppositio"* und das heißt *„das Gegenüberliegende", „das Entgegengesetzte"*. Nach dem esoterischen Gesetz sind zwei Dinge, die sich gegensätzlich gegenüberstehen, immer Teil einer Ganzheit. So sagt Uhlenbruck in diesem Sinne genau das, was Novalis auch meinte, daß Vernunft zum Verstand kommen muß und erst dann eine Einheit bilden. Diese Einheit brauchen wir, um ganzheitlich zu sein. Und erst aus dieser Einheit kann der Kraftquell Gedanke Nützliches schaffen. Ohne diese Einheit geht es nicht.

Goethe bestätigt es, wenn er sagt: *„Verachtet nur nicht die Vernunft und Wissenschaft, des Menschen allerhöchste Kraft".* Auch hier haben wir wieder die Verquickung von Vernunft und Verstand. Der Träger der Wissenschaft ist also unsere allerhöchste Kraft. Wir haben sie alle, die Vernunft. Aber um mit Feucht in *„Das Leben"* zu sprechen: *„Vernunft hat jeder und wie wenige nutzen sie";* wie traurig ist es mit dieser Welt bestellt allein dadurch, daß die Menschen etwas nicht gebrauchen, das ihnen durch die Schöpfung gegeben wurde und sie auszeichnet vor allen anderen Geschöpfen, die diese Erde bevölkern.
Vernunft und Weltordnung sind konform. Sie müssen gleichen Ursprungs sein. Ordnung ohne Vernunft ist also keine Ordnung, auch nicht in unserem Leben. Der Kraftquell Gedanke ohne diese Vernunft kann nicht Ordnung schaffen. Und Ordnung in unserem Leben heißt, im Gleichgewicht zu sein, körperlich und seelisch gesund zu sein.
Umgekehrt gibt es ohne Ordnung aber auch keine Vernunft. Vernunft kann nur im Klima der Ordnung leben. Beide bedingen einander. Das eine hängt vom anderen ab. Wenn ich unwahr handle, dann kann ich nicht in der Wahrheit stehen. Und wenn ich nicht Wahrheit zum Licht in meinem Leben mache, dann wird mir auch die Liebe fehlen. Die Liebe ist die Kraft zur Wahrheit. Und wo Wahrheit waltet, da kann sich Liebe entfalten. Beide formen eine Ganzheit. Das Wahrhaftige gesellt sich nur zum Wahren, aber es flieht das Unwahre.

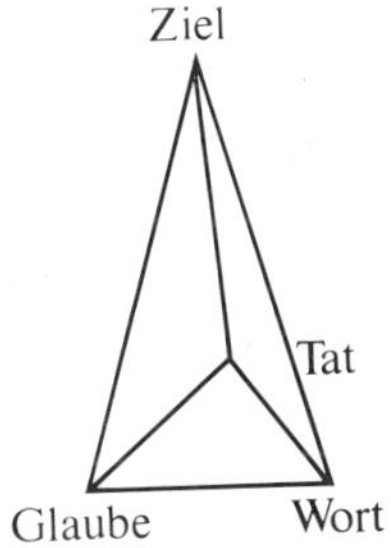

Abbildung Nr. 1

Ich sprach in der Überschrift von dem magischen Dreieck, Gedankendreieck. Was hat es zu bedeuten und warum soviel über Vernunft und so wenig über dieses magische Gedankendreieck. Dies sind Denkanstöße, Splitter, die an das Thema des magischen Dreiecks heranführen sollen, ein Dreieck, das eigentlich ein Prisma ist. Nehmen Sie ein Dreieck als Grundfläche und ziehen Sie von den drei Ecken dieser Grundfläche jeweils eine Linie zu einem Schnittpunkt oberhalb dieser dreieckigen Grundfläche. Bezeichnen Sie die drei Ecken der dreieckigen Grundfläche als Glaube, Wort und Tat. Und dort, wo die drei Senkrechten von der Grundfläche des Dreiecks sich schneiden, vermerken Sie das Wort *„Ziel"*. Mit dieser Figur des Prismas möchte ich Ihnen etwas verdeutlichen. Die Grundlage eines Ziels muß immer vom Glauben, Wort und der Tat getragen sein. Wir müssen so handeln und reden, wie wir glauben. Nur dann haben wir eine sichere Basis, die wir benötigen um überhaupt ein Ziel ansteuern zu können. Wir müssen wirklich glauben, was wir tun und denken. Nur dann stehen wir auf sicheren Füßen. Fehlt eines, fehlt ein Bein dieses Dreibeins, so es steht auf wackeligen Füßen. Hierin muß eine absolute Übereinstimmung bestehen. Dann erst ist Vernunft möglich. Dann erst können Kraftquell Gedanke und Verstand Vernünftiges schaffen.
In dem Sinne, wie es oben abgehandelt wurde, müssen sich Wort, Glaube und Tat auf ein Ziel richten, sonst sind sie leeres Stroh. Ein Glaube, der sich nicht umsetzt, eine Tat, die sich nicht auf ein Ziel richtet, ein Wort, das nicht zielorientiert ist, sind ohne Inhalt. Wenn wir mit unseren Worten das aussprechen, was wir denken und dieses Denken von dem Ziel bestimmt wird, an das wir glauben, dann haben wir Klarheit und Ganzheit in unserem Leben. So, wie ein Schiff auf den Weltmeeren genau nach der Seekarte fahren muß, um das Ziel zu erreichen, genauso muß unser Leben sein. Wir brauchen unsere Seekarte, wir brauchen eine Zielgerade. Wir brauchen einen Sextanten, der uns den Stand der Gestirne bestimmt. Die Sonne ist das göttliche Licht als trigonometrischer Punkt in unserem Leben. Wer könnte ein Leben ohne Gott, ohne das Licht des Göttlichen führen? Er wäre nicht fähig, für sein Schiff in der Weite des Lebens den Standort zu finden. Dieser trigonometrische Punkt in unserem Leben kann nur Gott sein. Nach ihm richten wir unsere Reise aus. Und ohne ihn wären wir verloren in dem Weltmeer des Seins.
Wenn ich nicht den Standort habe, dann kann ich mich auch nicht auf das Ziel ausrichten. Dann reicht es nicht, sich ein Ziel zu setzen. Ich muß wissen, von welchem Standpunkt/Standort ich ausgehe, welcher Zielgeraden ich folgen muß. Die Chinesen nennen die Sonne Taiyang. Tai

heißt *„das Höchste"*, yang ist *„das Helle"*. Richten wir unser Leben auf Taiyang, auf das Hellste, was wir haben, auf Gott. Gott ist die Energie, die aus dem Kraftquell Gedanken fließt und sich umsetzt. Lassen wir sein Licht in unser Leben hineinstrahlen, damit wir mit unseren Sextanten immer einen Punkt haben, nach dem wir uns ausrichten können, wenn es stürmt, wenn uns der Nebel die Sicht nimmt, wenn wir meinen, verloren zu sein oder uns die Elemente vom Kurs abgedrängt haben. Es gehört manchmal Mut dazu, sich auf ein Ziel festzulegen. Die meisten unserer Mitmenschen fürchten es, eine klare Aussage über das Ziel zu machen, um sich die Option eines Rücktritts offen zu halten, falls es die augenblickliche Situation geboten erscheinen läßt. Wer Plattdeutsch kennt, weiß vielleicht um die Redensart *„hei is as en open Büdelwuss"* – er gleicht einer offenen Beutelwurst. Eine Beutelwurst wurde in Norddeutschland bei der Hausschlachtung gemacht und war an zwei Seiten zugebunden. Wer an zwei Seiten offen ist, hat immer zwei Möglichkeiten auszuweichen, wenn er sich nicht für eine entscheiden kann. So meint der Volksmund hier einen wankelmütigen Menschen, wenn er sagt, er gleiche einer offenen Beutelwurst.
Diese Menschen sind wie das Blatt im Wind. Wenn der Wind es geboten erscheinen läßt, lassen sie sich hierhin wehen und im nächsten Moment, wenn sich der Wind dreht, lassen sie sich genau entgegengesetzt drehen und gehen wieder ihren Weg. Es gibt im Chinesischen eine Technik, die nennt sich das Affenboxen. Bei dieser Technik weicht der Gegner den Schlägen seines Kontrahenten einfach aus und macht ihn dadurch müde. Er schont seine Kräfte und wird im Endeffekt Sieger bleiben. Wenn ich merke, daß der Druck zu groß wird, ist es unklug, einen noch größeren Druck dem entgegenzusetzen, sondern ich sollte dem Druck ausweichen, meine Kräfte schonen und im nächsten Moment, wo der Augenblick günstig ist, diese Kraft einzusetzen, um die Position zu besetzen, die ich anstrebe.
Wo Unverständnis ist, hat es keinen Zweck, mit den besten Argumenten zu kämpfen. Es hieße, Perlen vor die Säue zu werfen, seine Kraft zu vergeuden. Manchmal bedeutet Nachgeben, weise zu handeln. Wer könnte sein Selbst finden, Sicherheit und Beständigkeit in seinem Leben, wenn er sich stets wehen ließe. Wir brauchen eine klare Richtung, die von einem deutlich fixierten und klar umschriebenen Ziel bestimmt ist. Das heißt jedoch nicht, daß ich stur diesem Ziel folge, sondern dort, wo es geboten erscheint, ist es klüger, auch einmal einen Umweg zu gehen. Nur darf ich dieses Ziel nie aus den Augen lassen. Dieses Ziel muß getragen werden von der Grundfläche des Glaubens, des Wortes und der Tat, wie

eben geschildert. Dann werden auch die Mitmenschen unseren Glauben achten, an uns glauben, weil wir verläßlich und beständig erscheinen. Das, was uns unüberschaubar macht, unberechenbar, das trennt uns vom Wahren, das trennt uns von unseren Mitmenschen, das trennt uns letzten Endes von uns selbst.

Simmel sagt: *„Niemand ist eine Insel".* Mit anderen Worten: niemand kann für sich selbst existieren, wir brauchen einander, wir brauchen auch unsere Mitmenschen. Deswegen sollten wir sie achten und nicht verachten, deswegen sollten wir nicht überheblich sein und voller Arroganz sie mißachten und rücksichtslos den eigenen Weg gehen, so als wären wir allein auf der Welt. Und wir müssen uns selbst trauen, an uns glauben. Wer kann das Vertrauen anderer erwarten, wenn er sich selbst nicht vertraut! Weil ihm die Grundlage *„Glaube"* an sich selbst, das Selbstvertrauen fehlt, dann müssen Worte und Taten in Disharmonie miteinander stehen.

Ich möchte in diesen geometrischen Exkurs noch eine mathematische Formel einbringen. Sie lautet:

$$\frac{\text{Zielvorstellung} + \text{Aktivität}}{\text{Widerstandsfaktor}} = \text{Erfolg}$$

Je deutlicher der Wert *„Zielvorstellung"* ist, je größer wird auch die Resultante *„Erfolg"*. Je fester das Ziel in mir verankert ist, indem es von Glaube, Wort und Tat getragen wird, je dynamischer ist die Tat, die auf diesen Erfolg hinarbeitet, weil wir von glühendem Verlangen, von ehrlichem Glauben getragen sind. Hier wird der Wert *„Tat"* aus der Grundfläche des Prismas mit der Dynamik der Aktivität getragen.

Je geringer der Widerstandsfaktor ist, der sich zusammensetzt aus Zweifel, Mangel an Überzeugung und Motivation, aus den zwangsläufig immer wieder auftretenden widrigen Umständen (die wir teilweise selbst sind, teilweise durch unsere negative Einstellung uns schaffen) durch die Hindernisse auf dem Wege, (die letzten Endes nur dazu da sind, um daran zu wachsen), je größer wird der Wert *„Erfolg"*. Nach den mathematischen Regeln könnte die Formel auch heißen:

$$\text{Zielvorstellung} + \text{Aktivität} = \text{Erfolg} \times \text{Widerstandsfaktor}$$

Das heißt, je größer der Widerstandsfaktor wird, je höher müßten Zielvorstellung und Aktivitäten im Wert werden, um den Wert links und rechts gleichbleiben zu lassen.

Es gibt eine Erfolgsformel, die heißt: *„Die Durchsetzungskraft ist ein wichtiger Faktor in meinem Leben".*
Diese Durchsetzungskraft besteht aus Glaube, Wollen und Verlangen. Glaube, Wollen und Verlangen sind Meister über alle Widerstände des Lebens. Ich bin stärker durch den Glauben, das Wollen und das Verlangen, was immer mich auch treffen wird. Doch die meisten Menschen erkennen dies nicht. Sie geben auf, sobald sie vor den ersten Schwierigkeiten stehen, statt zu wissen, danach zu handeln: die Schlacht ist erst dann verloren, wenn ich aufgebe. Niemals sind es die Umstände, die uns zu zwingen vermögen, sondern sie zwingen uns nur, weil wir es zulassen. Die Umstände sind immer so komplex, wie wir sie sehen, und so einfach und leicht, wie wir bereit sind, sie zu sehen. Die gleiche Situation kann gemäß unserem Blickwinkel heute hoffnungslos und morgen eine Chance sein.
So ist dieser Augenblick der Schwierigkeit immer wieder wie eine Offenbarung, indem uns klar werden soll, es sind nicht die Umstände, die uns zwingen, sondern wir selbst, die wir diesen Umständen freiwillig Macht über uns geben. Deswegen heißt es, nicht aufzugeben, sondern die Kraft zu verdoppeln. Und diese Kraft ist die Durchsetzungskraft. Sie sollte zu uns gehören, wie der Kopf zum Rumpf. So, wie der Rumpf nicht existieren kann ohne Kopf, und der Kopf nicht ohne Rumpf, so können wir nicht existieren, wenn wir diese Durchsetzungskraft nicht gebrauchen.
Verehrter Leser, das ist die Aktivität. Und die Größe *„Zielvorstellung"* können wir in jedem Augenblick unseres Lebens erhöhen. Wenn wir das tun, dann bleibt der Widerstandsfaktor eine zu vernachlässigende Größe in dieser Formel:

$$\frac{\text{Zielvorstellung + Aktivität}}{\text{Widerstandsfaktor}} = \text{Erfolg.}$$

Dann ist die Größe „Erfolg" niemals ein Minusfaktor, niemals der Faktor Null, sondern er wird immer ein Wert für uns bleiben, der höher ist als Null. Und es liegt ganz allein bei uns, wie groß wir diesen Wert *„Erfolg"* gestalten, durch unsere *„Zielvorstellung"*, durch unsere *„Aktivität"*. Hierfür haben wir den Kraftquell Gedanken. Der Kraftquell sprudelt aus dem Unterbewußtsein. Und dieses Unterbewußtsein wiederum wird geprägt durch Erfahrung. Wir können aber nur die Erfahrung machen, die wir bereit sind zu akzeptieren und durch die Brille des Glaubens bewerten. Der Glaube kann sich nur mit dem Gedanken artikulieren.

Denn Gedanken sind wiederum die Quelle unserer Handlungen. Die Idee wandelt sich zur Tat. Und Handlungen wiederum bringen uns Erfahrungen, die unser Unterbewußtsein prägen. Wird das Ergebnis obiger Formel jedoch negativ, d. h., sinkt es unter Null, weil Zielvorstellung und Aktivität kleiner als der Widerstandsfaktor sind, dann haben wir den Mißerfolg. Das heißt ganz klar, je mehr wir in Zielvorstellung und Aktivität nachlassen, diese sich gegen Nullinie richten, je mehr provozieren wir das Wachsen des Widerstandsfaktors und bewirken dadurch ein rechnerisch negatives Ergebnis. Und das aber heißt Mißerfolg.
Ich wollte Ihnen an diesem Beispiel klarmachen, wie alles zusammenwirkt und welche Größen letztendlich auf den Kraftquell Gedanken einwirken und wo wiederum der Ursprung dieser Quelle liegt. Nur, wenn wir diese Zusammenhänge erkennen, können wir anfangen, an uns zu arbeiten und unser Schicksal zu meistern durch einen kräftig sprudelnden Quell kreativer, aktiver, zielstrebiger Gedanken. Dann steht uns eine Quelle von unheimlicher Macht zur Verfügung. Das wußten schon die Essener, die Edmund Bordeaux Szekely in seinem Buch *„Das geheime Evangelium der Essener"* (Verlag: Bruno Martin, Südgellersen) zitiert. *„Wenn auch unsichtbar für die Augen des Körpers, hat doch jeder Gedanke große Macht, eine Macht, die den Himmel erzittern lassen kann. Denn keinem anderen Lebewesen im Reich der Erdenmutter wurde die Macht der Gedanken gegeben. Denn alle Tiere kriechen und alle Vögel fliegen. Sie leben nicht nach ihrem eigenen Denken, sondern nach einem Gesetz, das alles beherrscht. Nur der Mensch bekam die Macht der Gedanken. Aber denkt nicht, daß diese Macht machtlos ist, weil man sie nicht sieht. Wahrlich, ich sage Euch, der Blitz, der die mächtige Eiche zerteilt oder das Beben, das Risse in die Erde zieht, ist ein Kinderspiel, verglichen mit der Macht des Denkens."*
Aber manchmal muß man erst sehr tief hinabsteigen und negativ denken um das zu begreifen, wie es im Kapitel *„Mut zum negativen Denken"* beschrieben wird.

Aphorismen

Gift oder nicht Gift ist eine Frage der Menge, des Zeitpunkts, des Ortes. Gift in der richtigen Dosis, am richtigen Ort und zur richtigen Zeit wird zum Heilmittel.

Haben Sie Mut, negativ zu denken

Die Quelle zur Gedankenkraft ist die Erkenntnis der unabdingbaren Ordnung in uns. Um zur Ordnung zu kommen, muß man erst einmal das Wesen der Unordnung erkannt haben. Um zu einer kraftspendenden positiven Einstellung zu kommen, muß man erstmal das destruktive, negative Denken kennengelernt haben. Darum geht es in diesem Kapitel. Die Überschrift klingt sicherlich wie eine Provokation. Da wird immer wieder dazu geraten, sich das Leben durch positive Gedanken leichter zu machen. Hier fordert nun jemand zum negativen Denken auf. Das kann doch wohl nicht sein. Steinigen Sie mich nicht. Entkrampfen Sie Ihre Faust in der Tasche. Wahrheiten sind oft nicht vordergründig, sondern manchmal subtil. Man entdeckt sie erst beim zweiten Hinsehen.

Die Wahrheiten des Lebens wollen nicht empfangen werden, sie fallen uns nicht wie reife Früchte in den Schoß, nein, Wahrheiten wollen erarbeitet werden. Oft müssen wir sie uns erleiden. Nur selten erfahren wir sie mühelos. Es ist ein Kampf mit sich selbst, ein Ringen mit sich, mit den Konsequenzen, die sich aus unserer Beziehung zum Mitmenschen und zum Umfeld unseres Lebens ergeben. Wahrheit wird uns also nicht unbedingt geschenkt. Wenn man sagt, daß Wahrheit frei macht, so müssen wir, um frei zu werden, uns zur Wahrheit durchringen. Wer einmal mit sich selbst gerungen hat, weiß, wie schwer dieses Ringen sein kann. Und auf dem Wege unseres Ringens zur Wahrheit sind sicherlich viele Hürden, die wir überwinden müssen. Manchmal sind sie so groß, daß wir meinen, sie nicht meistern zu können. *„Wenn Ihr in meinem Wort bleibt, werdet Ihr die Wahrheit erkennen. Und die Wahrheit wird Euch frei machen."* (Joh. 8, Vers 31)

Im Wort zu bleiben, das ist eine sehr schwierige Sache. Manchmal möchte man sich die Haare raufen, wenn man ein Wort von sich gegeben hat, das dann irgendwann wieder vor uns steht, mit all seinen Konsequenzen. Dann muß man dazu stehen, will man sich selbst treu bleiben. *„Wenn Ihr in meinem Worte bleibt, werdet Ihr die Wahrheit erkennen und die Wahrheit wird Euch frei machen".* Erinnern Sie sich zur rechten Zeit daran.

Es ist eine große Sache, durch die Wahrheit frei zu werden, befreit zu werden von dem Schleier, der uns die Augen verbindet und uns von der Wahrheit trennt. Aber manchmal ist die Wahrheit so gewaltig, daß wir glauben, die Helligkeit nicht erdulden zu können. Wir gleichen dann jenem Eremiten, der jahrelang in der Höhle saß und nur ein kleines Stück des Himmels sehen konnte, bis ihn eines Tages jemand ans Licht holte. Für ihn war die Wahrheit Zwielicht, viel Dunkel und wenig Licht. Als er plötzlich die gewaltige Menge des Lichtes auf sich einstürzen sah, konnte er dieses Licht nicht ertragen, und er ging zurück in seine Höhle. Das ist sicherlich oft symbolhaft so. Viele kehren um vor der Wahrheit und ziehen sich wieder zurück in ihre dunkle Höhle, nur, um die Wahrheit nicht ertragen zu müssen.

Ist nicht gerade die sogenannte Lebenserfahrung des Alters solch ein Produkt des Kampfes mit der Dunkelheit? Ist sie nicht entstanden aus dem Ringen mit den Rückschlägen im Leben? Mit all den Enttäuschungen, die wir erleiden müssen, mit den Augenblicken, wo wir darniederliegen und manchmal glauben, nicht mehr die Kraft zu haben, aufstehen zu können? Gerade die Erfahrungen, die wir in solchen Momenten sammeln, sind es, die uns stark machen können, wenn wir nur bereit sind, sie aufzunehmen. Und Erfahrungen in solchen Augenblicken prägen für ein ganzes Leben und nicht nur die Erfahrungen leichter Stunden, die auch schnell wieder vergessen sind.

Wahrheit ist ein großes Wort, das wir oft gebrauchen, aber wenige wissen, was eigentlich die Wahrheit ist. Gibt es sie wirklich, die objektive Wahrheit? Ist Wahrheit für jeden nicht etwas anderes? Scheint für viele nicht die Lüge Wahrheit zu sein? Nur weil sie es so wollen? Oder ist Wahrheit wirklich das Gegenstück zur Lüge? Wenn ich gegen besseres Wissen eine falsche Information weitergebe, so ist das die Unwahrheit, die objektiv bewußte Unwahrheit. Demgegenüber gibt es aber auch die subjektive Unwahrheit. Sie hängt mit dem Grad unserer Erkenntnisfähigkeit zusammen. Vermögen wir doch die Dinge nur so zu sehen und zu empfinden, wie es unserem Erkenntnisstand, unserem Bewußtsein, unserer Reife entspricht. Lassen Sie mich das an einem Beispiel erklären. Ob es kalt oder warm ist, ob ich also die Information weitergebe, es ist kalt hier oder warm, das entspringt meiner körperlichen Wahrnehmung. Was jedoch dem einen als kalt gilt, empfindet der andere noch lange nicht als kalt. Was der eine als warm empfindet, bezeichnet der andere ganz anders. Das ist die sogenannte subjektive Unwahrheit. Jeder ist von dieser Wahrheit überzeugt, weil er sie als wahr empfindet.

Über die subjektive Wahrheit streiten ganze Völker. Der Kommunismus stellt sein Weltbild als erstrebenswert hin, das der Konservative für absolut falsch hält. Das, wofür der eine aus Überzeugung sterben würde, ist für den anderen verdammenswert.

Die Einstellung zum Leben, unsere Haltung gegenüber unseren Problemen, wird also durch unser Bewußtsein, durch unsere Erkenntnisfähigkeit geprägt. So, wie wir die Dinge sehen, so sind sie für uns in diesem Moment. Jeder möge sich selbst prüfen, wie es in diesem Moment für ihn ist, ob es gestern für ihn so war, vorgestern vielleicht oder vor einem Jahr. So, wie man heute zu den Dingen steht, wird man vielleicht vor 10 Jahren gar nicht gestanden haben. Was ist also objektive Wahrheit? Das, was wir vor 10 Jahren als wahr zu sein empfunden haben, ist heute, bei unserem jetzigen Erkenntnisstand unter Umständen ganz anders. Die Wahrheit des Heute wandelt sich morgen schon zum Gestern.
Die Summe unserer Erfahrungen gibt uns einen veränderten Blickwinkel und läßt uns die Dinge anders sehen und empfinden. Darüber nachzudenken lohnt sich, denn das heißt im Klartext doch, daß es nicht so sehr wichtig ist unser Wissen zu mehren, sondern um die geistige Einstellung zu ringen. Es heißt zwar, Wissen macht frei. Ich aber sage, das stimmt nur bedingt. Wissen macht nicht frei, wenn sich dieses Wissen, diese geistige Kapazität nicht mit der geistigen Einstellung paart. Wissen kommt aus dem Germanischen und heißt *„erkannt haben, gesehen haben"*. Wir haben aber vorher gehört, daß diese Erkenntnisfähigkeit, das „Sachsehen", abhängt von unserer inneren Einstellung. *„Das Besitzen von Kenntnissen und Erkenntnissen, das Innewerden einer spezifischen Gewißheit, kann sich gründen auf Erfahrung, Vernunft, Instinkt"* (DTV-Lexikon). Diese Dinge, Erfahrung, Vernunft sind aber abhängig von unserer inneren Einstellung und von dem Stand unseres Bewußtseins. Deswegen muß zum Wissen, zur geistigen Kapazität, die geistige Einstellung kommen, die letzten Endes das Wissen erst lebendig macht und uns in die Lage versetzt, es zu unserem und zum Nutzen unserer Welt einzusetzen.
Einstellung setzt auch schon deswegen eine klare, bewußte Haltung voraus, weil ich mich nur einstellen kann, wenn ich einen Zielpunkt setze. Einstellung ohne Bezugspunkt ist gar nichts, Einstellung ohne Bezugspunkt ist eine Allerweltssache, denn sie kann heute so und morgen so sein, je nachdem, wo ich gerade einen Aufhänger sehe. Einstellung setzt voraus, daß ich weiß, wo ich stehe, wo ich meine Stellung habe und wohin und worauf ich mich einstelle, das heißt, ich muß also ein Ziel haben. Einstellung mit Standpunkt und Ziel setzt auch den Weg voraus, der beides miteinander verbindet. Es ist die Gerade zwischen A und B. Wir reden zwar von dem A und O einer Sache, von Alpha und Omega, wo etwas beginnt und endet. In der Mathematik spricht man von der Geraden zwischen A und B. Das ist die Einstellung. Und über die

Bedeutung dieser Einstellung müssen wir uns im klaren sein. Viele meinen, eine Einstellung zu haben. Fragt man sie jedoch nach dem Ziel, so zucken sie die Achseln. Ihre Einstellung ist nicht Klarheit, sondern Aberglaube.

Was nützt – um wieder zurückzukommen zum Wissen – das Wissen, daß Stehlen strafbar ist. Alle die stehlen und morden wissen darum, aber es fehlt ihnen an ihrer inneren Einstellung, dieses Wissen in ihrem Denken und Handeln auch umzusetzen. Es fehlt ihnen die Konsequenz und Zielstrebigkeit, Erkenntnis umzusetzen zum Handeln. Ich bin davon überzeugt, die meisten Raucher wissen um die gesundheitlichen Schäden ihrer Sucht. Dennoch verdrängen sie das Wissen. Sie machen sich abhängig von ihrer Sucht und rauchen weiter. So lange ihnen die Unwürdigkeit einer Abhängigkeit, so lange ihnen ihr Sklavendasein unter der Herrschaft des Rauchens nicht bewußt ist und sich diese Bewußtheit nicht umsetzt zur Konsequenz einer Handlung, so lange nützt ihnen dieses Wissen überhaupt nichts. Zu wissen, daß ich mir durch Beleidigung, durch Drangsalieren andere zum Feind mache, das genügt nicht. Allein das Umsetzen der Erkenntnis, daß diese Beleidigung eines anderen nicht nur ihm Wunden reißt, sondern auch in mir selbst, nur das macht mich frei und hilft mir, es nicht zu tun. Die Erkenntnis ist der erste Schritt zur Wandlung. Das Wissen darum, daß immer mehr Waffen den Frieden nicht sicherer machen hilft nicht, daraus die Konsequenzen zu ziehen. Erst wenn die innere Einstellung des Menschen zum Wissen kommt und aus dem Wissen Handlung entsteht, dann erst kann es Frieden geben. Deswegen hat Albert Schweitzer auch gesagt: *„Das Wesen des Friedens ist in jedem einzelnen von uns. Deswegen müssen sich die Menschen ändern, um Frieden zu schaffen. Nur dann wird es Frieden geben".* Und da ist es auch immer wieder eine bequeme Ausrede, zu sagen, wenn ich mich ändere, nützt es gar nichts. Wenn alle so denken, passiert in der Tat nichts. Wenn aber ein einzelner sich aufmacht, den Anfang zu tun, ist die Chance, daß andere ihm folgen, durchaus gegeben.

Deswegen müssen wir in unserem Leben um die innere Einstellung kämpfen, ja noch mehr als um die Mehrung des Wissens, wollen wir innerlich frei werden. Und diese Freiheit sei in dem Sinne, daß wir uns selbst leben, leben unserem Wesen gemäß, leben in Übereinstimmung mit dem kosmischen Gesetz. Nur dann werden wir frei von äußeren Einflüssen, die täglich auf uns einstürmen und alle beherrschen, die schutzlos ihre Sklaven sind, nur weil es ihnen an dieser inneren Einstellung mangelt.

Das ist eine ganz wichtige Erkenntnis. Sie heißt nichts anderes als das, was der Volksmund sagt: *„Bist Du Gottes Sohn, so hilf Dir selbst"*. Gott hat uns alles gegeben, um diese Freiheit zu erlangen. Gott schafft in uns die Kraft, um uns selbst zu helfen. Wir müssen sie nur annehmen. Er gab uns die wunderbare Macht des Glaubens, nicht nur des Glaubens an Gott, sondern auch des Glaubens an uns selbst, des Glaubens an unsere Ziele, des Glaubens an die Fähigkeit, es tun zu können.

Warum gebrauchen wir diesen Glauben nicht? Weil wir uns nicht selbst vertrauen. SELBSTVERTRAUEN – dieses Wort beinhaltet alles. Wir müssen uns selbst vertrauen und uns selbst auch treu bleiben. Auf wen wollen wir denn bauen, wenn wir nicht auf uns selbst bauen können. Aber um uns selbst zu vertrauen, müssen wir unseren eigenen Standort finden. Dieser Standort findet sich nur, indem wir bereit sind, Herausforderungen anzunehmen und uns dem Leben zu stellen. Die meisten jedoch sind wie Richard Kimbel aus der amerikanischen TV-Serie, der ewig auf der Flucht war. Die meisten warten auf Godot, der in dem Theaterstück von S. Beckett niemals kommt. Sie fliehen vor sich selbst und vor jeder Herausforderung. Wenn wir nicht JA sagen zu uns selbst und zu den Forderungen, die das Leben stellt, werden wir niemals unseren Standpunkt finden. Er ist immer da. Aber wir sehen ihn nicht in unserer Verblendung. Die Unehrlichkeit gegenüber sich selbst führt zum Leiden. Wenn ich ablehne, wenn ich eine Rolle spiele, die mir nicht auf den Leib geschrieben ist, dann bin ich unehrlich mir gegenüber. Das aber muß Unglücklichsein bedeuten. Wenn ich anderen etwas vorspiele, so werde ich unsicher. Ich bin innerlich zerrissen. *„Es kann sein, daß nicht alles wahr ist, was ein Mensch dafür hält. Aber in allem, was er sagt und tut, muß er wahrhaftig sein"* (Kant). *„Das Los der Menschen scheint zu sein, nicht Wahrheit, sondern Ringen nach Wahrheit"* (Seume).

Und eben darum geht es doch, dieses Ringen um Wahrheit ist eine Aufgabe, die sich jeden Tag stellt. Sie wird uns nicht in den Schoß gelegt, diese Wahrheit. Wir müssen sie uns holen. Nur wer das begreift, daß Herausforderungen nicht dazu da sind, uns zu vernichten, sondern uns stärker zu machen, uns wissender sein zu lassen, der macht sich frei. Erst der hat den ersten Schritt aus dem Jammertal geistiger Unfreiheit getan, der diese Erkenntnis zu seinem geistigen Eigentum gemacht hat, indem er sie umsetzt. Er wird frei.

So lange wir aber – um mit Detlefsen zu sprechen ("Krankheit als Weg") – unseren Schatten verdrängen, ein Leben lang bemüht sind, ihn zu verstecken, so lange müssen wir leiden, so lange halten wir uns in den Ketten der Unfreiheit und tragen die Binde der Blindheit. Der Lohn der

konsequenten Umsetzung dessen, was man als wahr erkannt hat ist die Freiheit. Das Kreuz der Unwahrheit ist das Leiden, das jene nach Golgatha tragen, die sich der Unwahrheit verpfänden. Wir kreuzigen uns selbst, wenn wir uns bewußt der Unwahrheit anhängen.
Das Leiden vieler Menschen ist, sich nicht zu ihrem Schatten zu bekennen, sondern sie spielen ein Leben lang eine Rolle, ein Theater, um diesen Schatten vor ihren Mitmenschen zu verbergen. Ein Weiser wurde einmal von seinen Schülern gefragt: *„Meister, was muß ich tun, um ein Lehrer zu werden?"* Und der Weise antwortet ihm: *„Habe Mut, das Böse zu tun und akzeptiere das Böse als einen Teil dieser Welt, das nichts anderes will, als uns sehend zu machen."* Im ersten Moment ist es schockierend, wenn uns ein Weiser rät, das Böse zu akzeptieren.
Oder wie ein anderer Weiser, der auf die Frage, was der Sinn des Lebens sei, nur die Antwort gab: *„Die Blume blühet am Wege"*. Sicherlich würde sich manch einer nach dieser ernsthaften Frage beleidigt fühlen ob dieser Antwort. Aber in diesen Episoden liegt in subtiler Weise die Wahrheit verpackt. Erst indem ich das Böse in mir überwinde, indem ich mich zu ihm bekenne, kann ich daraus das Gute gewinnen. Solange ich frage und die Lösung von anderen erwarte, indem ich von anderen erwarte, daß sie mir sagen, welchen Weg ich gehen soll, solange bleibe ich in der geistigen Unfreiheit. Indem ich anfange zu frömmeln, den Frommen zu spielen, um gut zu erscheinen und es nur tue, um ja nicht dem Bösen anheim zu fallen, werde ich meinem Christus in mir niemals näherkommen. Solange ich mich an Worte klammere und mich nicht um dessen Sinn bemühe, solange bleibt für mich *„Die Blume blüht am Wege"* ein alberner Satz. Dieser Satz will mir doch nur sagen, in den Nichtigkeiten steckt die Wahrheit. Die Dinge, die scheinbar alltäglich sind, haben uns so viel zu sagen. Doch nur, wer zur Demut bereit ist, wer nicht auf geistigem Höhenflug den festen Boden unter den Füßen verliert, wird das erkennen.
Jene Pedanten, die die Ordnung bis zum i–Tüpfelchen pflegen, sind nicht ordentlich. Sie versuchen nur, die Unordnung in sich zu verstecken. Ihre Pedanterie ist eine Perversität der Ordnung, nichts anderes, nur eine Fassade. Wenn Menschen den ganzen Tag nichts anderes tun als ihre Gesundheit zu pflegen, züchten sie nur Krankheiten. Das Leben besteht aus Polaritäten. Indem ich mich sklavisch an eine Polarität klammere, löse ich nicht das Problem, erreiche ich nicht mein Ziel, sondern nur dadurch, daß ich mich mit beiden auseinandersetze. Um ehrlich zu sein, muß ich das Wesen der Unehrlichkeit begriffen haben. Um wahr zu bleiben, muß ich das Wesen und die Konsequenz der Unwahrheit erkannt haben,

erkannt in dem Sinne, daß ich mich mit ihm geistig auseinandergesetzt habe, nicht Lehrsätze auswendig gelernt habe, sondern zu eigenen Erkenntnissen gelangt bin. Ich kann Wahrheit nur über den Umweg der Unwahrheit erreichen. Das heißt, daß ich Glück nur ermessen kann, wenn ich vorher gelitten habe.

Dies ist der zentrale Gedanke fernöstlicher Mystik. Indem ich dieses Leid durch geistige Auseinandersetzung besiege, also die Initiative ergreife, aktiv werde, werde ich von dem Leid freigestellt, mache ich mich von dem Leiden frei. Das Wesen des Leidens ist in den *„Vier edlen Wahrheiten"* des Buddhismus beschrieben. Dort steht: *„Geburt ist Leiden"*. Wenn man es einmal vom Physischen her betrachtet, ist es in der Tat Leiden. Denn es ist eine elende Plackerei, sowohl für das neue Wesen, das ja die Welt erreichen will als auch für jenes Geschöpf, das diesem neuen Wesen das Leben gab. Und weiter heißt es dort: *„Altern ist Leiden"*. Altern ist in zweifacher Hinsicht Leiden, einmal körperlich, indem die Leistungsfähigkeit nachläßt, indem Krankheiten auftreten. Aber auch geistig kann es das sein, wenn wir darunter leiden, daß unsere Freunde sterben, daß unser Weg nunmehr kürzer wird, daß wir einsamer werden, weil wir immer abhängig waren von der Gesellschaft, die jetzt plötzlich nicht mehr da ist.

„Krankheit ist Leiden", sowohl körperlich als auch seelisch, durch eine falsche Einstellung zu dieser Krankheit. Kummer, Jammer, Schmerz, Trübsal und Verzweiflung, all das sind Leiden. Das nicht zu erlangen, was man begehrt, ist Leiden, kurz gesagt: Die fünf mit Abhängigkeit verbundenen Eigenschaften des Daseins sind Leiden.

Krankheit ist nur für denjenigen Unglück und ein Leiden, der nicht die Botschaft in der Krankheit erkannt hat, der nicht weiß, daß Krankheit Entwicklungsstufen zu einer höheren Form geistiger Freiheit sind.

„Sterben ist Leiden". Sterben kann nur Leiden sein für jemanden, der das Leben nicht loslassen will und der nicht weiß, daß Tod nichts anderes ist als eine andere Form des Lebens. Sterben ist nur Leiden für jemanden, der sein ganzes Leben nur damit vertan hat, zu leben, ohne den Sinn des Lebens zu erfahren, ohne die Wahrheit des Lebens je kennengelernt zu haben.

Bleiben wir doch ein wenig bei den buddhistischen Auslassungen über das Leiden und bei den sogenannten 4 Wahrheiten. Dort heißt es nämlich weiter über die Ursachen des Leidens, daß es das Begehren ist. Wenn wir Werkzeug, Spielball dieses Begehrens werden, dann müssen wir unzufrieden sein. Viele Menschen sind unzufrieden, weil sie sich das nicht leisten können, von dem sie meinen, daß gerade das, was sie haben möchten, ihnen das Glück bescheren könnte. Viele sind enttäuscht, wenn sie es endlich besitzen. In der Erfüllung des größten Wunsches liegt auch die Gefahr zur größten Ernüchterung. Der Besitztumsrausch, der Konsumrausch unserer Zeit hat uns nicht glücklicher gemacht, sondern wenn man das Ansteigen der Selbstmordrate betrachtet, das Ansteigen der Scheidungsrate, das Ansteigen der Kriminalitätsrate, das Ansteigen der Suchtkrankheiten, so kann doch das alles nur bedeuten, daß der Mensch unglücklich ist. Zu besitzen macht nicht frei, es macht nicht glücklich. Werden und Vergehen sind nach dem Buddhismus Quelle des Leidens, weil sie uns an den Daseinskreislauf binden, weil sie uns quälen mit der Angst vor dem Tod. Weil wir Angst davor haben, Zeit zu verlieren, etwas zu versäumen. Die sogenannte 4. Wahrheit aus den edlen Wahrheiten verweist auf den achtfachen Pfad zur Befreiung vom Leiden, den ich hier nur auszugsweise zitiere. Dort heißt es: *„Die vollkommene Erkenntnis zu erkennen heißt, den ersten Schritt zur Lösung zu tun."* Ich kann nicht blindlings loslaufen. Das tun viele, und sie erreichen ihr Ziel nie. Ich muß, um den jetzigen Zustand zu überwinden, wissen, wohin ich gehen will. Die Flucht in die Droge, in den Alkohol, das ist Flucht, blindes Loslaufen, das ist neurotischer Beschäftigungsdrang. Flucht ist Kapitulation und hat nichts mit Erkenntnis zu tun. Beschäftigungsdrang ist Selbstverleugnung. Erkenntnis anstreben heißt, darum ringen, indem wir täglich an uns arbeiten. Erkenntnis erlangen heißt, sich den Herausforderungen zu stellen, sie geistig zu verarbeiten, die nötigen Konsequenzen daraus zu ziehen und diese zu verwirklichen. Erkenntnis heißt, zu begreifen, daß in allem Negativen auch Positives steckt und daß jede Lebenssituation zwei Seiten hat, eine negative und eine positive. Es ist meine ureigenste Aufgabe, meine Chance, frei zu werden und mich zu dem zu entwickeln, was ich von Natur aus bin, ein göttliches Geschöpf, das sich für das eine oder das andere entscheidet. Gott gibt uns nicht die Lösung. Gott gibt uns die Chance, unsere Lösung zu suchen. Wir sind unseres Glückes Schmied, und niemand anders kann uns diese Arbeit abnehmen. Wir wählen unser Schicksal selbst.

Die zweite Maxime nach dem achtfachen Pfad ist der vollkommene Entschluß. Es gibt keinen Erfolg ohne eine vorhergetroffene Entscheidung. Viele drücken sich vor der Entscheidung, sind unglücklich, sie wundern sich, daß der Erfolg ausbleibt. Es ist das Qualitätszeichen, das Symbol aller erfolgreichen Menschen, daß sie verstehen, eine Entscheidung zu fällen. Jedoch die meisten laufen davon, um sich vor dieser Entscheidung zu drücken, weil sie Angst haben, die falsche Entscheidung zu treffen. Und diese Angst verfolgt sie ein Leben lang. Und deswegen

lernen sie nie richtig, sich zu entscheiden. Würden sie doch begreifen, daß es weder eine richtige noch eine falsche Entscheidung gibt. Jede Entscheidung, die von meiner Überzeugung getragen ist, ist die richtige. Aber sie wird immer soundsoviel Prozent Risiko enthalten und auch einige Gründe, die vielleicht gegen diese Entscheidung sprechen. Auf dem Wege zur Entscheidung habe ich die Möglichkeit, Einfluß zu nehmen auf diese widrigen Umstände und manche noch in meinem Sinne zu formen. Wenn ich die Entscheidung mit Überzeugung treffe, werde ich den Wagemut und die Kraft dazu besitzen. Aber wenn ich eine Entscheidung halbherzig treffe, voller Zweifel, so wird die Entscheidung mich formen. Sie wird mich dahin drängen, wohin ich vielleicht ganz und gar nicht will. Dann aber erscheint die Entscheidung nur oberflächlich falsch. In Wirklichkeit bin ich selbst der Grund für die negative Auswirkung dieser Entscheidung. Das Risiko, das jede Entscheidung beinhaltet, kann uns niemand abnehmen. Aber mit Sicherheit werden wir eine uns fremde Entscheidung akzeptieren müssen, wenn wir keine Entscheidung treffen. Irgendwann werden wir vor dem Kreuzweg stehen. Das Schicksal wird uns dorthin führen und schiebend werden wir vorangetragen auf einen Weg, der uns vielleicht fremd ist. Man wird uns diesen Weg aufzwingen. Genauso sicher ist es auch, daß eine Entscheidung, an die wir glauben und zu der wir stehen, eine Entscheidung, die wir gefällt haben nach den Gesetzen von pro und kontra, niemals falsch sein kann, wie ich oben bereits ausführte. Hier kommt es auch wieder auf die innere Einstellung an. Zu einer Entscheidung ist sicher ein Wissen um die Dinge sehr wichtig. Aber letzten Endes ist es die innere Einstellung, die den uns gemäßen Weg bestimmen wird und damit die richtige Entscheidung. Erst, indem wir unser Leben in die Hand nehmen und selbst entscheiden, werden wir wirklich frei. Und frei zu werden heißt, ein wenig Glück und ein wenig Licht in unser Leben zu holen.
Die vierte Maxime nach dem achtfachen Pfad ist die vollkommene Rede. Das heißt im Klartext, wir sollen nicht gegen die Wahrheit, wir sollen nicht gegen unser eigenes Wesen reden, nicht wider besseres Wissen, sondern das sagen, wovon wir überzeugt sind und was wir als richtig erkannt haben. Nicht dem anderen nach dem Mund reden bringt uns weiter, sondern das Vertreten der eigenen Meinung, auch wenn es einmal unbequem ist. Wir kommen nicht daran vorbei, zur Wahrheit zu stehen, wollen wir anerkannt werden und wollen wir nicht unter der Unehrlichkeit und unter der Ablehnung und Nichtanerkennung unserer Mitmenschen leiden.

Wenn man einmal erkannt hat, daß es im Leben nicht ohne Ziel geht, so wird man wie ein Geometer sein Zielfernrohr immer auf dieses Ziel ausrichten. Man wird seine Richtung kennen. Wenn man einmal erkannt hat, daß das Ziel etwas Wesentliches ist, so wird man auch wissen, daß das Ziel sich immer auf Wort und Tat gründen muß. Dann hat man das Wesen des Erfolges erfaßt. Wir müssen ein Ziel haben, und unsere Worte, unsere Taten und unser Glauben müssen mit diesem Ziel in Übereinstimmung sein. Ich kann nicht mit Überzeugung darüber reden, was ich nicht glaube. Wenn ich etwas anderes tue als meine Worte ausdrücken und meinem Glauben entspricht, dann werde ich ebenfalls unglaubwürdig. Und wenn meine Worte nicht das widerspiegeln, was ich tue und was ich glaube, dann muß ich in Konflikte hineingeraten. Also die rechte Rede ist sehr wichtig.

Eigentlich habe ich den nächsten Punkt aus dem achtfachen Pfad mit dem eben Gesagten schon vorweggenommen. Dort spricht man nämlich vom vollkommenen Handeln. Das nächste wäre vollkommener Lebenserwerb, im ersten Augenblick etwas unverständlich. Aber es besagt, ich muß im Einklang stehen mit den Gesetzen des Lebens, mit den kosmischen Gesetzen. Mein Tun muß dem Leben dienen. Ich kann nicht glücklich werden, wenn ich gegen dieses Gesetz des Lebens verstoße. Das Gesetz des Lebens ist die Achtung vor der Schöpfung, die Achtung vor dem Leben. Deswegen muß ich tun, was dem Leben dient. Dann diene ich auch der Schöpfung.

Gehen wir weiter. Die vollkommene Anstrengung ist das Nächste. Wie kann ich etwas erreichen, wenn ich mich nicht vollkommen darauf konzentriere und in jeder Minute des Tages diesem Ziel diene. All mein Sinnen und Trachten muß auf das angestrebte Ziel gerichtet sein, sei es das Ziel der eigenen Vervollkommnung oder sei es das Ziel, etwas im Leben zu erreichen. Ich muß mich hundertprozentig darauf einstellen. Ich muß es mit ganzem Herzen tun. Wenn ich Zweifel habe, dann bin ich blockiert. Wenn ich innere Ablehnung spüre, dann lenkt mich das ab und bindet Kräfte. Dann macht es mich unsicher. In diesem Sinne ist auch das Nächste zu verstehen, die vollkommene Achtsamkeit.

Bei der vollkommenen Achtsamkeit muß ich darauf achten, daß diese Grundbedingungen erfüllt werden.

Die vollkommene Sammlung als letztes wäre auch im Sinne der Konzentration auf das Wesentliche, der Konzentration auf die Grundwahrheiten des Lebens, die Beschränkung auf das Notwendige und die Trennung von allem, was uns nicht dienlich ist, gemeint; Trennung auch von allem, was lebensfeindlich ist.

Auch auf unserem Weg zum positiven Denken beachten wir unbewußt viele dieser Wahrheiten. Und vielleicht werden Sie jetzt mein Thema besser verstehen – Mut zum negativen Denken. Damit wollte ich sagen, der Weg zum positiven Denken führt nur über die Bewältigung des negativen Denkens. Erst wenn wir uns dieser Botschaft des negativen Denkens bewußt werden, können wir den Pfad des positiven Denkens beschreiten. Erst wenn wir begriffen haben, daß negatives Denken immer ein Teil unseres Lebens bleiben wird, dann erst nützt uns positives Denken. Positives Denken kann niemals ganz unser Leben erfüllen. Es würde in sich selbst unglaubwürdig. Es kann nur existieren, indem wir immer wieder bewußt das negative Denken hinterfragen und uns am negativen Denken das positive klarmachen.
Viele von uns sind eben dadurch auf den Pfad des positiven Denkens gekommen, daß sie die abhängige Rolle ihres Lebens vom negativen Denken erkannt haben. Viele waren ganz unten im Tal der Verzweiflung, als sie die Frage stellten: Gibt es denn nichts, was mich hier herausführen kann? Und erst da entdeckten sie die wunderbare Kraft des positiven Denkens, die Kraft des Glaubens und des Wollens, die Kraft des Verlangens. Viele mußten erst leiden, um die Chance des positiven Denkens zu erkennen. Im Leiden liegt die größte Chance zu geistiger Höherentwicklung. Leidenszeiten sind Erweckungszeiten. Nicht umsonst spricht man vom Feuer des Leidens, in dem wir härter werden. Stahl wird durch das Feuer härter, so wie wir härter werden, wenn wir bewußt leiden und nicht das Leiden uns diktiert.
Schwächen und Fehler sind notwendig, um sich zu entwickeln. Erst dadurch wird man stark, wenn man sie als Herausforderung annimmt und sie auf geistiger Ebene verarbeitet. Wie sagte Churchill einmal: *„Erfolgreich sein, heißt einmal mehr aufzustehen als hinzufallen"*. So wird man eine Persönlichkeit. Und wer weiß, daß Persönlichkeit das lateinische personare enthält, der weiß, daß dieses lateinische Wort heißt *„durch das es klingt"*. Um klingen zu können, muß ich Resonanz werden. Um klingen zu können, muß ich innerlich fest sein. Einen Mehlsack wird niemand mit einem Klöppel zum Klingen bringen.
Es gibt eine ganze Reihe von Beispielen in der Geschichte, die in geradezu klassischer Weise die These belegen, daß es erst eines Handikaps bedarf oder des negativen Denkens, um gewaltige Leistungen zu erbringen, mit anderen Worten, über sich selbst hinauszuwachsen. Aber die wichtigste Voraussetzung dafür, über sich selbst hinauszuwachsen und Großes zu schaffen, ist eben, dieses Handikap, diese negative Situation anzunehmen. Ich muß mich mit ihrer Existenz abfinden im

positiven Sinne und mich geistig mit ihnen auseinandersetzen. Ich muß akzeptieren, daß es in diesem Moment so ist und nicht anders, aber auch wissen, daß es morgen schon besser sein kann, indem ich handle. Indem man sein Schicksal bejammert, indem man es innerlich ablehnt, gegen es wütet, blockiert man sich nur. Man wird niemals aus dieser Einstellung heraus etwas Positives schaffen können.

Negative Aspekte, die zum Positiven sich umsetzen, sind Lebenshilfen. Wir erschließen sie uns, dank innerer Einstellung und der Leistung unseres Geistes.

Ich muß die Botschaft des Negativen erkennen, und die Botschaft des Negativen kann nur heißen, annehmen für den Augenblick und nach Lösungen für das Morgen suchen. Das ist der Weg aus dieser negativen Phase. Damit ist es doch eine direkte Konsequenz dieses negativen Zustandes, daß diese Lösung gefunden wurde. Indem wir zwar im Moment diesen negativen Zustand als existent betrachten, ihn aber nicht für die Zukunft akzeptieren, beschäftigen wir uns mit der Möglichkeit, ihn zu verändern. Warum sollte man in einem Zustand, da es einem schwerfällt, nach einer Besserung streben? Man zieht sich zurück in die Selbstgefälligkeit, in die Genügsamkeit mit der Folge geistiger und körperlicher Verkümmerung. Das können wir erleben an jenen Leuten, die alles haben, denen es an nichts mangelt. Glücklich sind sie damit nicht. Alles zu besitzen, kann ein Fluch sein. Nichts zu besitzen, die Chance, besitzend zu werden. Glücklich ist jener Mensch, der sich tagtäglich den Herausforderungen stellt und der abends feststellen kann, daß er diese Herausforderungen gemeistert hat. Wenn uns alle Schwierigkeiten genommen werden, wenn uns alle Sorgen genommen werden, wenn uns alle Herausforderungen geebnet werden, dann wird unser Leben fad, öd und leer. Der Mensch wird unzufrieden, er kommt sich überflüssig vor. Neurosen und Depressionen sind die Folge. Genau das wurde vor kurzem in einem Bericht einer Zeitung belegt. Dort hatte man eine Studie gebracht über die Kinder von reichen, erfolgreichen Familien. Das Ergebnis dieser Studie war erschütternd. Kinder, die sorglos aufwuchsen, denen die beste Ausbildung zuteil wurde, waren überdurchschnittlich todunglücklich, lebensuntüchtig, ja sogar erschreckend oft Versager. Wie sollte es auch anders werden? Sie haben sich nie bewähren müssen. Sie standen immer im Schatten ihrer erfolgreichen Eltern.

Aber nun zurück zu den geschichtlichen Beispielen. Demosthenes war ein solches Beispiel, sprachlich gehandikapt, wurde er dennoch einer der größten Redner der Geschichte. Er nahm sein Schicksal an. Er nahm Kieselsteine, stopfte sie sich in den Mund und schrie gegen das Rauschen

des Meeres an, solange, bis seine Sprechwerkzeuge so gestärkt waren, daß sie in der Lage waren, mit den flammendsten und packendsten Reden die Menge mitzureißen. Ohne dieses Handikap wäre Demosthenes nie der große Redner geworden. Es hätte auch passieren können,daß er vor seinem Schicksal resigniert hätte.
Uns stehen immer zwei Wege zur Verfügung, der Weg zum Erfolg und der Weg zum Mißerfolg. Demosthenes wählte den Weg des Erfolges. Wer hat nicht den erschütternden Film über Toulouse Lautrec gesehen, ein Mann, der körperlich gehandikapt war, der sich aber Anerkennung verschaffte durch seine hervorragenden Bilder. Wer weiß, wer Toulouse Lautrec geworden wäre ohne sein körperliches Gebrechen.
Simon Bolivar ist einer der größten südamerikanischen Nationalhelden und der Vater einiger südamerikanischer Staaten, z. B. Bolivien. Darin steckt das Wort „Bolivar". Columbien, Venezuela, Panama, Equador, Peru – Simon Bolivar hat diese Länder geprägt. Er war immer kränklich gewesen. Aber er hatte einen eisernen Willen und wollte beweisen, daß er etwas leisten konnte. Er hat nicht seiner Krankheit nachgegeben, sondern er hat das Manko seiner Krankheit umgesetzt in Leistung. Er hat die Herausforderung dieses Mankos angenommen und sie umgesetzt in geschichtliche Taten, die ihn noch heute einen großen Mann sein lassen. Oder nehmen Sie das Schicksal von Helen Keller, die nicht nur blind und taub war, sondern auch stumm. Gerade dieses Schicksal ist es gewesen, das sie herausforderte und in wunderbarer Weise kompensierte, indem sie studierte und sich als Professor habilitierte. Ich glaube, keiner kann so richtig ermessen, wie groß diese Leistung war. Aber der Professor-Titel war für sie eine sichtbare Bestätigung, daß sie ihr Leiden besiegt hatte, daß sie nicht zum Sklaven ihres Leidens wurde, ein Leiden, das sie ewig im Krüppeldasein gehalten hätte, wenn sie diesem Leid nachgegeben hätte. Das Beispiel von Helen Keller zeigt, wozu der Mensch fähig ist, wenn er sein Schicksal annimmt.
Ein Schicksal, das mich auch sehr beeindruckt hat, ist das von Burkhard Heim. Er ist einer der größten Wissenschaftler. Seine Aussagen stehen ebenbürtig neben Einstein. Wer weiß, ob er zu dieser bedeutenden Persönlichkeit der Wissenschaft geworden wäre, wäre er nicht fast blind und taub gewesen und hätte er zwei gesunde Arme gehabt. Er kann selbst keine wissenschaftlichen Werke lesen. Man muß sie ihm vorlesen. Er kann sich keine Notizen machen, das müssen andere für ihn tun. Dennoch schaffte er diesen beispiellosen Weg.
Das nächste Beispiel möge man mir verzeihen. Es entspingt der jüngeren Geschichte. Der Vertreter gehört nicht gerade zu den rühmlichsten

Männern der Geschichte. Ich meine Joseph Goebbels. Er war ein gewaltiger Redner, der es verstand, die Massen mitzureißen. Er holte sich so die Anerkennung, die er brauchte, um die Minderwertigkeitsgefühle aufgrund seines körperlichen Handikaps zu transformieren. Ich bin davon überzeugt, ohne diesen Klumpfuß, den er hatte, ohne diese Kleinwüchsigkeit, hätte er als normaler Mensch diese Rednergabe nicht entwickelt. Denn dann hätte er ja seine Anerkennung bekommen. So mußte er sie sich erkämpfen.
Mr. Coldin war ein Goldsucher, der im goldenen Wilden Westen schürfte. Und eines Tages stieß er auf eine riesige Goldader. Mit seinen primitiven Werkzeugen war er nicht nur in der Lage, diese Goldader zu heben, er glaubte sich am Ziel unendlichen Reichtums. Er war immer ein Mann gewesen, der viele Dinge anfing mit Elan, sie aber nie zu Ende führte. Er war leicht zu entmutigen. Jetzt aber war er voller Feuer und Flamme. Er fuhr in die Stadt, holte sich Maschinen und fing an zu graben. Fast hatte er seine Investitionen schon wieder heraus, da versiegte die Goldader plötzlich. So sehr er auch weitergrub, sie war am Ende. Entmutigt und voller Schulden zog er zurück in die Stadt und verkaufte vorher seinem Freund für ein paar Cent seine Goldgrube. Dieser Goldgräber ging anders vor. Er holte sich einen Geologen und ließ die Goldader neu berechnen. Der Geologe errechnete, daß zwei Meter weiter die Goldader ihre Fortsetzung hatte. Sie gruben und fanden die Bestätigung. Sie fanden damit eine der größten Goldadern, die je im Goldenen Westen entdeckt wurde. Mr. Coldin hörte davon. Er hätte jetzt toben können. Er hätte verbittert sein können. Man hätte es verstehen können. Aber genau das Gegenteil tat er. Er lernte daraus. Denn schlagartig war ihm klar, daß er immer im Leben die Chance verspielt hatte, indem er zu früh aufgab. Er fing an Versicherungen zu verkaufen und ließ fortan nicht mehr locker, bevor er nicht sein Ziel erreicht hatte. Mit dieser Methode baute er einer der größten Versicherungskonzerne auf und wurde zum mehrfachen Millionär. Eine negative Erfahrung brachte ihn zu unermeßlichem Reichtum.
In dem Buch: „Denke nach und werde reich" von Napoleon Hill las ich eine Geschichte eines taubstummen jungen Mannes, der dank der Hilfe seiner Eltern die Schule besuchen konnte. Er konnte studieren und tat all das von Jugend an mit dem festen Vorsatz, sich Kenntnisse anzueignen, die nötig waren, um die Taubheit zu besiegen. Er hat es geschafft und entwickelte den ersten Hörapparat. Er schaffte sich einen der größten Konzerne zur Herstellung von Hörapparaten. Durch sein Schicksal, taub

zu sein, durch seine negativen Lebensumstände, wurde er einer der reichsten Männer Amerikas.
Im Altertum wollte ein berühmter griechischer Feldherr ein feindliches Heer besiegen. Aber er hatte nur wenige Soldaten. So schiffte er sich mit diesen Soldaten an Bord eines Schiffes ein und segelte zum gegnerischen Land. Dort gingen sie an Land. Er gab den Männern ihre Waffen und den Befehl, das Schiff zu verbrennen. Dann sagte er zu den Männern: „*Wie Ihr seht, haben wir kein Schiff mehr, das heißt, wir können dieses Ufer nicht mehr verlassen und fliehen. Wir werden sterben, es sei denn, wir siegen. Wir haben nur die eine Wahl, zu siegen oder unterzugehen.*" Und sie siegten.
Wir müssen den Mut haben, das Alte hinter uns abzuschließen, wollen wir das Neue für uns vollkommen gewinnen.
Chicago wurde dereinst durch einen großen Brand eingeäschert. Die Geschäftsleute der State-Street standen zusammen und starrten in die Asche ihrer Magazine. Sie hatten alles verloren. Viele von ihnen verließen Chicago, um an einem anderen Ort wieder neu zu beginnen. Nur einer entschied sich anders. Auf den Ruinen seines abgebrannten Magazins baute er ein neues. Es war Field, der in dieser schwierigen Situation die Nerven behielt und sich nicht der Mehrheit anschloß. Und während dieser Mr. Field ein reicher Mann wurde, hatten alle anderen, die an anderer Stelle neu anfingen, schwere Rückschläge zu verwinden. Manche blieben arm.
Edison mußte mehr als tausend Versuche durchführen, bevor er die erste Glühbirne schaffte. Hätte er nur 999 Versuche gemacht, er wäre gescheitert. Ein anderer hätte die Glühbirne erfunden.
John Bunyan schrieb „Pilgrim's progress". Es wurde eines der Meisterwerke englischer Literatur. Er schrieb dieses Buch, als er wegen seiner religiösen Anschauung im Gefängnis saß. Nichts in dieser tristen Umgebung hatte ihm seine Überzeugung nehmen können. Im Gegenteil, sie beflügelte ihn zu diesem Meisterwerk.
Charles Dickens begann seine Laufbahn damit, daß er Etiketten auf Flaschen klebte. Er erlebte das Drama seiner ersten Liebe so intensiv, daß es zur Triebfeder für ihn wurde, den David Copperfield und noch weitere Meisterwerke zu schreiben. Sie machten ihn zu einem der größten Dichter des 19. Jahrhunderts.
Beethoven war im Alter taub, Milton war blind. Dennoch schrieben sie Meisterwerke, wie sie nur wenige erreichten, die im Vollbesitz ihrer Kräfte waren.

Das alles sind Beispiele, was Glaube und Verlangen vermögen. Und sie zeigen uns, was man erreichen kann, wenn man negative Voraussetzungen hat aber bereit ist, dieses Negative zu überwinden, indem man es annimmt. Es gehört Mut dazu, dieses Negative anzunehmen, wahrlich großer Mut. Es gehört Kreativität dazu, seine Möglichkeiten zu sondieren und eine Lösung mit ihnen zu schaffen. Aber das sollen diese Zeilen gerade klarmachen: niemals aufgeben. Es sind immer genügend positive Aspekte da, aus denen sich etwas machen läßt. Sehen wir das Negative nicht als etwas an, was uns vernichtet, sondern was uns auffordert zum *„Dennoch",* was uns auffordert, darüber nachzudenken, wie man es zu etwas Positivem umsetzen kann. Im Negativen liegt der Kern des Positiven, wie natürlich auch im Positiven der Kern des Negativen liegt. Es liegt ganz allein bei uns, wofür wir uns entscheiden, in jeder Weise und in jeder Phase des Lebens.
Wer hat denn nicht schon in seinem Leben erlebt, daß zwei Menschen, die sich einst liebten, zu einem glühenden Haß gegeneinander kamen. Liebe und Haß wohnen dicht beieinander. Man sollte es nicht glauben, wenn man es nicht selbst erlebt hätte. Aber wenn aus der Liebe der Haß entstehen kann, dann kann aus dem Haß, den man besiegt, auch wieder die Fähigkeit zur Liebe werden. Es ist zwar ein schönes Sprüchlein, das da sagt *„und wenn Du glaubst, es geht nicht mehr, kommt von irgendwo ein Lichtlein her".* Es kommt nicht von irgendwo ein Lichtlein her. Dieses Licht sind wir selbst. Es ist schon in uns. Nicht durch Abwarten zeigt es sich uns, sondern wir selbst müssen es holen. Nicht durch Resignation lösen wir unsere Probleme, sondern durch die Initiative. Manchmal brauchen wir dazu den Anstoß durch negative Aspekte.
Ich lernte vor längerer Zeit eine Dame kennen, die ihre Depressionen überwunden hatte. Ihre Geschichte war ein wunderbares Beispiel dafür, was Wille und Zielstrebigkeit, Glaube und Verlangen, vermögen. Nicht nur, daß wir unser eigenes Leben damit wieder aufhellen, sondern unser Beispiel mag andere motivieren.
Sie hat es bewiesen, wie aus dem tiefsten Leid, aus dem tiefsten Dunkel der Depressionen wieder Licht werden kann, wenn wir nur anfangen, uns selbst an die Hand zu nehmen. Das war ein lebendiger Beweis dafür, daß der Mut zum negativen Denken der erste Schritt zum Positiven ist. Wenn ich JA sage zu meinem Schicksal, JA sage zu meiner inneren Einstellung, tue ich den ersten Schritt, um mich daraus zu befreien. Druck erzeugt Gegendruck. Wenn ich versuche, diese negativen Einstellungen zu verdrängen, sie zu überdecken, dann kann ich mich niemals davon befreien. Indem ich darüber meditiere, indem ich darüber nachdenke,

indem ich hinterfrage, auf mein Inneres horche, indem ich darüber lese, mit anderen darüber rede, indem ich mich dazu bekenne, nur dadurch überwinde ich sie. Und dann kann aus dem Negativen etwas gewaltig Positives entstehen, ein Gewinn für mein Leben, eine reichhaltige Erfahrung. Nur solche selbst gemachten Erfahrungen nutzen uns, nur sie können uns formen. Nicht das, was man uns gibt, hilft uns, sondern das, was wir uns selbst geschaffen haben. Aus der geistigen Auseinandersetzung mit dem Negativen schöpfen wir für das Positive. Deswegen, haben wir Mut zum negativen Denken! Deswegen sind Haß, Neid, Rache nichts Schlimmes, solange wir ihnen nicht unterliegen, solange wir uns mit ihnen auseinandersetzen. Dann entsteht daraus die Liebe, die uns frei macht, die Vergebung, die uns befreit von dem Einfluß anderer. Denn wer vergeben hat, unterliegt nicht mehr seinen Gedanken, heimzuzahlen, läßt sich nicht mehr beherrschen von anderen. Wer vergeben hat und Vergebung denkt, wird eine ebensolche Resonanz irgendwann auch von seinem Widerpart erfahren.

Aus der Auseinandersetzung mit meiner eigenen Angst erkenne ich sie als Triebfeder für meine eigene Stärke. Die Angst vor dem Leben kann die erste Erkenntnis meiner eigenen Stärke sein, die mir hilft, aus diesem Jammertal hervorzutreten. Was bringen Vorwürfe? Wenn ich einmal erkannt habe, daß Lob mir die Seele des anderen eher öffnet als Vorwürfe, mit denen ich hoffe, ihn für mich gefügig zu machen, dann habe ich einen Schlüssel für die Tür zu meinem Mitmenschen gefunden. Nicht Vorwürfe bringen uns weiter. Sie verhärten den anderen. Aber das kann ich erst erkennen, nachdem ich die negativen Aspekte des Vorwerfens erkannt habe. So entsteht aus dem Negativen des Vorwerfens das Positive des Lobens. Wie kann ich aus der Ablehnung meines eigenen Selbst das Vertrauen anderer bekommen? Selbstvertrauen bekommt man dadurch, daß man seinem Selbst vertraut und JA sagt zu der Person, die man ist. Das heißt nicht, daß man sich so akzeptieren soll für alle Zeiten. Aber im Moment muß ich JA sagen zu mir, weil ich im Moment nichts ändern kann. Aber im nächsten Augenblick schon kann ich es. Aus der kritischen Selbstanalyse des eigenen Ichs entsteht doch der Versuch der Änderung. Aus dem Konflikt mit dem eigenen Ich, dem Unglück mit dem eigenen Ich, entsteht doch der Wille, etwas zu ändern. Und ist es nicht eine wunderbare Sache, daß aus diesem Spannungsfeld der inneren Ablehnung seines eigenen Ichs auch gleichzeitig die Lösung entsteht? Das ist das Wesen des negativen Denkens, daß es uns nicht vernichten will, sondern, daß es die Botschaft enthält, die uns helfen will, anders zu werden. Wir müssen uns nur die Mühe geben, sie zu entschlüsseln.

Zu versagen, heißt auch nicht, Mißerfolg zu haben. Zu versagen heißt, darüber nachzudenken über die Gründe, warum ich versagt habe. Und aus diesen Gründen muß ich die Lösung ableiten. Ein Versagen diesmal kann meine Stärke für das nächste Mal sein. Wenn ich will, nur wenn ich will, ist das möglich, wenn ich Ja dazu sage. *„Wenn Dich die Welt nicht liebt, so hast Du sie nicht genug geliebt".* Wenn uns unsere Mitmenschen nicht anerkennen, dann müssen wir uns doch selbst fragen, ob wir sie vielleicht nicht genug anerkannt haben. Wenn uns die Welt ablehnt, dann müssen wir uns doch fragen, ob wir sie nicht genug geliebt haben. Dann müssen wir bei uns selbst anfangen; das zu erkennen ist erst möglich, wenn uns die Dinge den eigenen Spiegel vorhalten. Und in diesem Spiegel liegt die Chance, uns zu erkennen. Aber viele schauen in diesen Spiegel und schließen die Augen, weil ihnen das Bild, das sie sehen, zu grausam erscheint. Viele haben Augen und können nicht einmal diesen Spiegel erkennen. Manche sehen in diesem Abbild des Spiegels nicht sich selbst. Aber die Befreiung liegt nur in dem Erkennen dieses Selbst , das sich diesem vorgehaltenen Spiegel zeigt. Gott gibt uns die Möglichkeit dazu. Aber er läßt uns die Wahl, in unserem Jammertal zu bleiben oder herauszutreten und die Chance zu ergreifen. Entschlußlosigkeit ist kein Schicksal, sondern ein Grund, darüber nachzudenken, wo die Ursachen dazu liegen. Vielleicht ist es die Angst vor der Konsequenz. Aber Entschlußlosigkeit beinhaltet auch die Möglichkeit der Erkenntnis, daß der eigene Entschluß frei macht. Das Erlebnis eines eigenen Entschlusses gibt uns das Selbstvertrauen für das nächste Mal, die Initiative, das Gesetz des Handelns selbst zu diktieren.

Wie aber kommt man dahin? Es gibt viele Möglichkeiten. Einige will ich Ihnen hier als Rezept mit auf den Weg geben.

Eine wunderbare Möglichkeit ist die Auseinandersetzung mit sich selbst in Form eines Tagebuchs. Mit seinen Problemen steht man oft in einem Teufelskreis. Man kann diesem Teufelskreis nicht entrinnen, man braucht etwas, auf das man projizieren kann. Es kann ein Gesprächspartner sein, das kann aber auch ein Tagebuch sein. Es hat den Vorteil, daß es ein stiller Zuhörer ist, der absolut verschwiegen bleibt. Solch ein Tagebuch ist hervorragend zur Selbstanalyse geeignet. Es kann aber auch ein sogenannter Bewertungsbogen sein. Dieser Bewertungsbogen funktioniert dergestalt, daß man sich jeden Tag Noten gibt, z. B.: Habe ich heute gelobt? Habe ich heute positiv gedacht? Habe ich heute einen Menschen glücklich gemacht?

Die Antwort gibt man sich in Form von Noten zwischen 1 und 6. Man wird bald erkennen, wie dieser Notendurchschnitt besser und besser wird, wenn man sich ganz bewußt Rechenschaft ablegt über sein Verhalten. Man braucht dieses Erfolgserlebnis. Man kann sich sein Tagesmotto geben, z. B. daß man den Tag unter das Motto stellt: Heute will ich meine Entschlußfähigkeit praktizieren und verbessern.

Dann ist die Visualisierung ein Weg. Man muß sich entspannt und in dieser Entspannung eine weiße Tafel vorstellen. Auf diese Tafel projiziert man jetzt sein Problem. Sieht man es klar, wischt man es im geistigen Sinne weg. Anschließend projiziert man das, was man erreichen will. Damit schafft man von sich aus im Unterbewußtsein eine innere Einstellung zum richtigen Verhalten. Und bekanntlicherweise ziehen Gedanken die Realität an, die diesen Gedanken entspricht.

Last not least sollte man sich jeden Tag das aufschreiben, was man erledigen will und abends prüfen, ob man es erledigt hat. Auch das schafft ein Erfolgserlebnis, das wiederum Selbstvertrauen bringt. Man sollte nicht vergessen, auch Muße zu üben. Es ist unheimlich wichtig, daß man einmal irgendwo sich ruhig niedersetzt und über sich nachdenkt, über die Welt nachdenkt, seine Gedanken einfach fließen läßt, ohne daß man sich durch irgend etwas treiben läßt. Man muß lernen, sich frei zu machen, von allem loszumachen.

Dann sollte man sich Ziele aufschreiben, für morgen, für nächste Woche, für nächsten Monat, für das Jahr. Dieses Ziel muß klar formuliert werden. Und auch der Weg dorthin muß klar beschrieben werden mit allen Stationen und Teilschritten. Dieser Weg dorthin sollte nämlich in Etappen aufgeteilt werden. Und nach jeder Etappe sollte man sich Rechenschaft darüber ablegen, ob man sein Etappenziel erreicht hat. Es ist ein weiter Weg. Aber wenn man ihn konsequent geht, sich den Problemen stellt und nicht davon wegläuft und bereit ist, es konsequent zu üben, wird man sein Ziel erreichen.

Mut zum negativen Denken oder – wie es Silesius ausdrückt – *„Leid ist der schnellste Kutscher zur Vollkommenheit"* – es gibt nichts Negatives, nichts ausschließlich Negatives. All das trägt die Botschaft des Positiven in sich, *„so, wie Dein Schmerz die Kraft in sich trägt, Dich aufzuwecken"* sagen die alten Zen–Meister, so, wie die Krankheit, die man annimmt und sie geistig meistert, uns reifer und fester macht, so, wie Gedanken, die sich so auf die Krankheit richten, heilende Gedanken sind, im Gegensatz zu den furchtsamen Gedanken, die die Krankheit ablehnen und die bange Frage der Zukunft an die Wand malen: wirst Du wieder gesund, wann wirst Du wieder gesund? Die innere Ablehnung, die die Heilungskräfte blockiert, die die Krankheit als Unglücksfall ansieht, und immer wieder zu jammern: warum muß mir das gerade passieren? – all das hilft uns

nicht weiter. Heilende Gedanken können aus einer Krankheit einen positiven Lebensabschnitt machen. Heilende Gedanken aber können nur positive Gedanken sein.
Lassen Sie mich auch noch einmal Krishna Murti zitieren. Er sagte: *„Das Suchen nach Sicherheit fordert Unsicherheit heraus"*. Aber wenn ich diesen Satz umkehre, dann heißt das, daß die Unsicherheit die Sicherheit beinhaltet, indem sie sie herausfordert. Und genauso ist es. Wir sind nicht auf dieser Welt um zu genießen, wir bekommen Glück nicht geschenkt, sondern wir müssen uns beides holen. Das Genießen im Leben müssen wir uns erarbeiten. Das Glück erreichen wir nicht draußen in der Welt, sondern schaffen es in uns selbst. So wächst der Erfolg auch nicht automatisch, sondern zum Erfolg ist das eben bereits geschilderte Entschließen außerordentlich wichtig. Wir können eine Entscheidung so und so fällen. Sie wird immer gewisse Konsequenzen für uns haben. Wir müssen uns nur zu dieser Entscheidung bekennen. Indem wir das tun, werden wir auch den Erfolg bekommen, den wir uns wünschen. Zerbrechen wir uns nicht den Kopf über die richtige Entscheidung. Entscheiden wir klar nach Abwägung von Pro und Kontra.
Lassen Sie mich zum Schluß noch eine Geschichte aus China zitieren, die ich dem Kursmaterial „Psychotraining" aus dem Ritter-Verlag entnahm.

Ein armer Bauer besaß ein weißes, wunderschönes Pferd. Die Leute der Umgebung kamen zu ihm und bedrängten den Mann: *„Du bist ein dummer Bauer, hast so ein schönes Pferd und machst es nicht zu Geld. Es frißt jeden Tag soviel Heu und Du zahlst noch drauf."* Der arme Bauer lächelte und sagte: *„Was wollt ihr denn? Ich hänge an dem Tier, ich bin ein glücklicher Mann. Es gibt keinen Grund, das Pferd zu verkaufen."* Die Leute schüttelten den Kopf und ärgerten sich über soviel Dummheit und gingen nach Hause. Eines Tages aber war das Pferd aus dem Stall verschwunden. Es war einfach auf und davon gelaufen. Da kommen die Leute wieder zu dem Bauern und sagen: *„Soviel Dummheit gehört nun aber wirklich bestraft. Hättest du das Pferd verkauft, wärst du jetzt ein reicher Mann. Nun hast du überhaupt nichts mehr"*. *„Mit oder ohne Pferd"*, sagte der Bauer, *„ich bin ein glücklicher Mensch"*. Nach einigen Wochen kam das Pferd zurück und mit ihm zwölf andere wunderschöne Pferde. Das weiße Pferd war auf eine Herde Wildpferde gestoßen, die ihm nun willig in den Stall folgte. Da kamen die Leute aus der Umgebung und sagten: *„Warst du doch ein schlauer Kerl, Bauer. Wer hätte das von dir gedacht"*. Der Alte lächelte sein weises Lächeln und erwiderte: *„Schlau oder nicht schlau, ich bin ein glücklicher Mann"*. Der

Sohn des Bauern begann, die Herde einzureiten, fiel von einem wilden Hengst und brach sich den Oberschenkel, so daß er von nun an nur noch humpelnd sich bewegen konnte. Und schon waren die Nachbarn wieder da und sagten: *„Du dummer alter Bauer, soviel Pech haben dir die Pferde gebracht. Hättest du das weiße Pferd verkauft, wärest du jetzt ein reicher Mann".* Der Bauer aber schüttelte den Kopf und sagte: *„Alles geschieht, wie es geschehen soll".* Es kam ein schlimmer Krieg. Alle jungen Männer wurden eingezogen. Aber den hinkenden Sohn wollte keiner haben. Kein einziger von den jungen Leuten im Dorf kam aus dem Krieg zurück und die Leute liefen zum Bauern, dessen Sohn als einziger am Leben geblieben war und sagten: *„Du alter Mann, du bist der einzige Glückspilz, du hast soviele kostbare Pferde und hast noch deinen Sohn dazu behalten".* Aus den vermeintlichen Schicksalsschlägen hatte sich also für den armen chinesischen Bauern immer etwas Gutes entwickelt, weil er mit dem zufrieden war, was ihm das Schicksal bescherte, weil er sich nicht ständig darauf konzentrierte, sich gegen alle nur möglichen Schicksalsschläge abzusichern, weil er seine eigene Meinung behielt und sich nicht der Meinung der Mehrheit anschloß.

Jeder möge die Botschaft dieser Geschichte verstehen, sie umsetzen in seinem Leben. Dann wird die Botschaft zu einer Quelle heilender Gedanken, die unser Leben heil macht und uns glücklicher sein läßt.

Aphorismen

Ich glaube, daß wir einen Funken jenes ewigen Lichtes in uns tragen, das im tiefsten Grund unseres Selbst leuchtet. Diesen Funken in uns zur Flamme werden zu lassen und das Göttliche in uns zu verwirklichen, ist unsere Lebenspflicht.

Wenn Du etwas weitersagen willst, so sage es zuvor durch drei Siebe. Das erste läßt nur das Wahre hindurch, das zweite läßt nur das Gute hindurch, das dritte läßt nur das Notwendige hindurch. Was durch alle drei Siebe hindurchging, das magst Du weitersagen.

Der kleine Geist zeigt sich darin, niederschmetterndes Leid zu erdulden. Der große Geist sieht darin nicht Schicksal, sondern Chance und handelt.

Geistheilen kann jeder

Hier ist nun ein drittes Kapitel zum Thema Gedankenkraft und Geistheilen. Gedanken sind kraftvolle Heiler, die uns helfen können, gesund zu werden und zu bleiben, durch sie sprudelt Lebenskraft.
Das ist eine starke Behauptung, für die der Beweis zu liefern wäre. Vor allen Dingen wäre zunächst einmal zu erklären, was eigentlich Geist ist, jener Geist, von dem in Lukas 23, Vers 46, die Rede ist *„den ich in Deine Hände befehle"*. Geist ist also ein Teil von mir, von Ihnen, vom Menschen schlechthin. Er ist ein Teil der Dreiheit, die aus Leib, Seele und eben dem Geist besteht. Leib, Seele und Geist sind also die drei Bausteine des Körpers, wovon der Körper nichts weiter ist als das Haus eben dieses Geistes und der Seele. Beide kann man nicht sehen. In diesem Sinne ist Geist ein immateriell gedachtes Lebensprinzip. Im Philosophischen kennt man den Begriff *„Geist"* im vieldeutigen Sinne. Man sagt *„Geist"* und meint höhere menschliche Fähigkeiten. Zusammen mit der Seele ist er das Gegenteil des Stofflichen. Als höchste Form des Geistes wird Gott angesehen. Gott ist etwas, in dem sich die ganze Schöpfung vereinigt. Gott ist insofern das All, von dem das erste hermetische Gesetz sagt: *„Das All ist Geist und der Kosmos ist geistig."* Der Kosmos als Kind des All–Geistes ist geistig. Und wir als Teil dieses Kosmos sind ebenfalls geistig. Gott bestimmt den Lauf der Dinge, er ist die überpersönliche Macht, die Geschichte und Natur durchdringt. Es ist somit eine wichtige Erkenntnis, daß der Körper nichts weiter ist als ein Haus für Seele und Geist, für die Dauer der Erdenzeit.
Man hat immer wieder versucht, diesen Körper zu heilen und hat nicht begriffen, daß das, was wir am Körper als Krankheit sehen, im Beginn nichts weiter ist als das Ergebnis einer Störung, die tief im Inneren, nämlich im Bereich des Seelisch–Geistigen liegt. Lassen wir dabei zunächst einmal die Infektionskrankheiten und Verletzungen beiseite. Auch hier besteht durchaus ein geistiger Hintergrund. Aber über ihn zu diskutieren, würde diesen Rahmen sprengen. Es gibt ein hervorragendes Buch von Thorwald Detlefsen: „Krankheit als Weg", wo diese Zusammenhänge, nämlich die Bedeutung der Krankheit im Sinne einer Botschaft, der geistige Hintergrund einer Krankheit wunderbar erklärt werden. Jedoch zurück zum Geist, der nach Henry George das Instrument ist, mit dessen Hilfe der Mensch fortschreitet. Oder nach Lohberger, die

Waffe ist, mit der sich die Seele verständlich macht. Aber vor allen Dingen ist Geist Liebe. Der Geist ist liebendes Leben und somit das Leben in jeder Form schlechthin. Der Geist ist Energie. *„Je mehr Geist wir ausströmen, umso mehr fließt er zu uns hin"*, sagt sinngemäß von Arnim. Er ist nach Seneca mächtiger als alles Schicksal, dieser Menschengeist, er kann das ihn betreffende Geschehen nach beiden Seiten hin lenken und hat es selbst in der Hand, ob sein Leben glücklich oder unglücklich ist. Nach Kirkegaard gibt er uns die Macht der Erkenntnis über unser Leben. Der Geist ist Ursprung aller Dinge um uns herum, er ist Meister der Materie, und genau das sagt Vergil: *„Der Geist bewegt die Materie". „Oh, daß ich erkenne, was die Welt in ihrem Innersten zusammenhält"* – heißt ein bekanntes Zitat. Es ist die Energie des Geistigen, von dem das 1. hermetische Prinzip ja sagt, daß es der Geist ist, der die Welt in ihrem Innersten zusammenhält. Das All ist Geist und das Universum ist geistig. Wenn aber das Universum geistig ist, dann müssen wir als Teil dieses Universums auch geistig sein, denn wir sind Kinder des Kosmos und somit ebenso des großen Schöpfers. Dieser Geist ist das höchste geistige Prinzip, für den viele Namen existieren. Wir nennen es Gott. Das ist gleichzeitig die Definition des Geistes schlechthin, so, wie es das erste hermetische Prinzip ausdrückt. Und wenn wir das wissen, daß wir Teil dieses Geistes sind, dann sind wir auch Teil der Blume dort auf dem Felde, dann sind wir Teil des ganzen Kosmos, dann sind wir Teil des Wassers dort im Fluß, dann sind wir Teil des Wetters. Denn in all diesen Dingen ist ja das All-Prinzip enthalten, das geistige Prinzip der Schöpfung.

Bei diesen Sätzen fällt mir ein Zitat von Hermann Löns ein, der in wunderbaren Worten dasselbe gesagt hat.

Es gibt nichts Totes auf der Welt,
hat alles seinen Verstand.
Es lebt das öde Felsenriff,
Es lebt der dürre Sand.
Laß Deine Augen offen sein,
Geschlossen Deinen Mund,
Und wandre still, so werden Dir
Geheime Dinge kund.

Diesen Worten ist nichts hinzuzufügen, in allem wohnt derselbe Geist, in uns, im Felsenriff, im Sand.

Alles, was in uns geschieht, manifestiert sich in irgendeiner Weise in unserem Umfeld. Und alles, was draußen wirkt, wirkt wieder auf uns zurück. Deswegen ist die Welt so, wie sie heute ist, voller Disharmonie,

geschändet, sterbend, in Unordnung. Die Welt ist das, was wir in uns sind. Und wir werden das wieder werden, was die Welt um uns ist.
Geist ist Liebe, so sagte ich es. Liebe ist das höchste Prinzip des Geistigen. *„Es gibt in Wahrheit kein Verständnis für alles ohne die Liebe"* sagt Morgenstern. Also können wir nur durch die Liebe zum anderen, zur Wahrheit und zum Wesen aller Dinge kommen. Das Wesen aller Dinge aber ist die Liebe. Die Liebe ist eine Zaubermacht, heißt es. Oh, ja, sie kann zaubern. Sie kann einen Menschen von einem Augenblick zum anderen zum Lächeln bringen, glücklich machen. Und wenn man sie nimmt, die Liebe, dann kann es diesen Menschen von einem Augenblick zum anderen zerbrechen. Zaubern kann sie aber nur scheinbar für den, der das Wesen der Liebe nicht erkannt hat. In Wirklichkeit ist sie die bewegende Macht des Geistigen, die schöpft und wandelt. *„Die Liebe ist soviel wie Güte, ist ein gewaltiges Licht, das dem Menschen von innen her leuchtet und ihm unversiegbare Wärme und Kraft gibt. Liebe zu einem Menschen läutert sich durch Schmerz und läutert den Schmerz selbst"*. So das Zitat eines bekannten Verfassers.
Ich komme gleich auf den Verfasser zurück, denn ich war sehr überrascht, als ich den Namen des Verfassers dieser wunderbaren Zeilen las. Man vermutet eher einen Philosophen dahinter und weniger einen revolutionären Politiker wie Thälmann, der diese Worte an Rosa Luxemburg schrieb.
Geist als Synergie zur Seele – Seele ist Bewußtsein – Gegenbegriff zum Stofflichen. Und Stoffliches wiederum ist verdichtete Energie. Wenn Geist der Gegensatz zum Stofflichen ist, und wir wissen, daß es Gegensätze nicht gibt, sondern sie auf einer höheren Ebene eins sind, dann besteht auch kein Gegensatz zwischen Geist und Materie. Geist schafft das Stoffliche. Und der aus Geistigem, aus einer Idee geschaffene Stoff wirkt zurück auf den Geist, auf die Idee, die hinter allem steht. *„Durch Spekulation wird Gott als Geist betrachtet"*, wieder ein Zitat aus einem Lexikon. Aber auch die übernatürliche Macht, die die Geschichte und Natur durchwaltet, war nach dem Zitat aus dem Lexikon der Parapsychologie der Geist. In der Person wird Geist als Oberbegriff für das menschliche Denken und Wollen gebraucht oder ganz allgemein als Bezeichnung für das Nicht-Psychische.
Damit ist letzten Endes nichts weiter gesagt als das, was Hermes von Trismegistos in seinem 1. Gesetz sagt: *„Das All ist Geist und das Universum ist geistig"*.
Immer mehr entdeckt man die Gültigkeit dieses hermetischen Gesetzes. Diese Gesetze erinnern mich immer wieder an die Geschichte von dem

Kalifen, der vor langer Zeit einmal seine Weisen ausschickte, um alles Wissen dieser Welt zusammenzutragen. Sie kamen wieder mit einer riesigen Karawane. Entsetzt sagte der Kalif: *„Macht mir einen Extrakt aus dem Zusammengetragenen und bringt mir den Kern des Wissens dieser Welt"*. Sie kamen wieder und hatten das Wissen nochmal zusammengestrichen. Würde man das Wissen des Wissens immer mehr zusammenstreichen, irgendwann käme man auf die 7 hermetischen Gesetze.
Nicht von ungefähr ist die Bedeutung der 7, *„es charaktervoll zu tun und mit der ganzen Persönlichkeit"*. Die Sieben, die sich aus drei + drei + 1 ergibt. Wer ist die Drei? Die Drei sind wir. Aus der Dreiheit des Mannes und der Dreiheit der Frau entsteht ein neues Wesen, die Eins. Und so entsteht die Sieben. Wir haben die sieben Wochentage, wir haben die sieben Sinne und das siebente verflixte Jahr der Ehe, und die Zeitspanne von sieben Jahren, in denen sich der Körper wandelt. Immer wieder stoßen wir auf die 7. Wenn es aber stimmt, daß alles das, was auf dieser Welt kreucht und fleucht und stille steht, vom selben Geist durchdrungen ist, weil eben Teil des geistigen Kosmos, dann muß es auch möglich sein, auf dies, was uns in unserem Innersten zusammenhält, Einfluß nehmen zu können. Genau das ist es, was man immer mehr entdeckt und immer mehr in die Behandlung kranker Menschen einbezieht. Dies liegt genau auf der Linie, von der bedeutende Wissenschaftler sagen, daß die Medizin der Zukunft immer immaterieller wird.
Wir haben in der Vergangenheit eine Medizin erlebt, die immer mehr das Materielle in den Mittelpunkt stellte, ja, dieses Materielle wurde geradezu überbetont. Und wir wissen, daß nach einem Extrem das andere kommt. Und so ist eigentlich die immaterielle Medizin fällig. Schauen Sie sich doch diese Geräte-Medizin an? Schauen Sie sich die Forschung an, die immer am Materiellen versucht hat, die Krankheiten zu erforschen. Es ist der Weg in die Irre gewesen, die Machtlosigkeit gegenüber sich immer mehr in den Vordergrund drängenden funktionellen Störungen und chronischen Krankheiten beweisen das. Die moderne Medizin wird diese Probleme nicht lösen können. Sie wird auch AIDS nicht lösen können. Und sie wird auch das Krebsproblem nicht lösen können. Und je wütender sie das erkennt, je wütender schlägt sie ein auf die andere Medizin, die Naturheilkunde. Die Angriffe werden noch wütender werden, wütender als das, was wir im Jahr 1989 erlebten, in dem man versuchte, 14 Heilpflanzen den Garaus zu machen. Sie schlägt auf alle ein, die für die Naturheilkunde kämpfen. Ich spreche aus eigener, leidvoller Erfahrung. Aber aus diesen wütenden Attacken, aus dieser traurigen Situation der Naturheilkunde, ich möchte fast sagen, Machtlosigkeit, entsteht nicht der

Untergang, sondern zeichnen sich neue Wege ab. Und einer dieser Wege wird der Weg zur Geistheilung sein. Es ist geradezu unglaublich, wie in den letzten Jahren das Thema Geistheilung immer mehr diskutiert wird. Es läßt sich nicht mehr vom Tisch wischen. Auch Edison, der Erfinder der Glühbirne, hat es ähnlich ausgedrückt, als er sagte: *„Der Arzt der Zukunft wird keine Arzneien mehr verschreiben. Er wird das Interesse seiner Patienten auf die Fürsorge für ihren Körper, für ihre Ernährung und die Ursachen sowie die Verhütungen von Krankheiten lenken"*. (Notiz aus einem Vortrag, gehalten auf der Interbiologica, Wiesbaden 1985). Das, was Edison hier ausdrückte, war in China vor 1000 Jahren schon gang und gäbe. Dort wurde der Arzt nicht bezahlt, um Krankheiten zu heilen, sondern zu verhindern. Wenn der Patient wirklich krank wurde, bekam der Arzt, um ihn zu heilen, keinen Lohn.
Das sind Aussagen, die uns zu denken geben sollten. Zu denken gegeben hat mir eine Begegnung vor kurzem mit Burkhard Heim, einer der größten Wissenschaftler. Er steht mit seinen Aussagen wohl gleichwertig neben Einstein. Er bekennt sich ganz offen zu dieser immateriellen Welt, einer Welt, die jenseits des Sichtbaren liegt.
Auch Fritjof Capra hat ja in seinen Büchern in so wunderbarer Weise die Übereinstimmung der Aussagen der modernen Elementarphysik mit den Aussagen fernöstlicher Mystiker hervorgehoben. Wir sind auf dem Wege der Rückbesinnung. Mögen die Gegner natürlicher Heilweisen noch so sehr versuchen, dieser Naturkunde das Wasser abzugraben. Sie können den Trend nicht umkehren. Es ist der Trend zur Rückbesinnung auf die alten Heilweisen der Schamanen. Über deren Techniken hat man lange Zeit gelacht. Ihre Wirksamkeit wird aber immer mehr erklärt durch die moderne Wissenschaft. Ihre Wirksamkeit hat sich in der täglichen Praxis immer wieder bewahrheitet. Damit sind wir mitten drin in unserem Thema.
Ist es nicht eine Form der Geistheilung, wenn das Kind sich am Kopf stößt und schreiend zur Mutter läuft, sich beruhigt, wenn die Mutter die Hand auf den Kopf legt und das Kind mit Worten tröstet? Schon schwindet nämlich der Schmerz.
Wir alle haben es selbst an uns erfahren, was das tröstende Wort eines Menschen unseres Vertrauens vermag, wenn wir leiden. Es vermag uns wieder heil werden zu lassen, ob wir seelisch oder körperlich leiden. Haben wir nicht erfahren, wenn umgekehrt diese menschliche Anteilnahme, diese menschliche Ausstrahlung eines Menschen unseres Vertrauens fehlt? Zum Beispiel in der seelenlosen Maschinerie des Krankenhauses? Haben nicht viele erfahren müssen, daß sie nicht nur drunter

leiden, sondern darin krank werden? Wieviele Herzen brechen, nicht nur seelisch, sondern körperlich, weil sie keine Liebe erfahren. Es ist doch nicht so, wie Descartes behauptet, daß der Mensch eine Maschine sei und wie eine Maschine zu behandeln ist. Wenn das der Fall wäre, würden seine Krankheiten schnell zu heilen sein. Die Ersatzteil-Chirurgie, das Ersatzteildenken der modernen Medizin hat sich als nicht wirksam erwiesen. Damit erzielt man Scheinerfolge. Nichts gegen die moderne Medizin. Ich möchte hier nicht mißverstanden werden. Alle Hochachtung vor den Leistungen der Mikrochirurgie, alle Hochachtung vor den Operationstechniken, alle Hochachtung vor modernen Diagnostikmethoden, vor den Leistungen der Pharmakologie. Viele wären heute nicht mehr am Leben, gäbe es nicht Antibiotika und Cortison. Manch einer fand Ruhe durch Sedativa. Einen Splitterbruch kann man kaum durch Geistheilungstechniken heilen. Hier brauchen wir die moderne Chirurgie. Aber wir brauchen sie an ihrem Platz. Und wir brauchen Samariter, die verantwortungsbewußt mit den starken, modernen Medikamenten umgehen. Wir brauchen Behandler, die erkennen, wann das eine und wann das andere angezeigt ist, und wo beide zusammenwirken können. Moderne Chriurgie und Geistheilung, das wäre z. B. eine ideale Ergänzung. Sie wird in englischen Hospitälern bereits praktiziert.

Denn warum werden wir krank? Warum bekommt einer eine ganz bestimmte Krankheit? Warum wird einer grippekrank und der andere nicht? Warum leidet dieser an einer Hautkrankheit? Warum spricht man von einer Krebspsyche? Warum haben Allergiker überraschend viele Wesensmerkmale, die sie von anderen Nichtallergikern unterscheidet?

Es sind oft hoch intelligente, empfindsame Menschen. Ein Hypochonder vermag tausend Krankheiten zu haben. Heute leidet er hierunter, morgen hat er jenes Leiden. Es gibt Menschen, die brauchen Ihre Krankheit. Sie haben eine geistige Einstellung, die auf Krankheit ausgerichtet ist. Krankheit ist ein Teil ihres Lebensinhaltes. Sie ziehen mit ihrer Einstellung Leiden an, ja sie züchten sie geradezu. Nicht jene sind die Gesundesten, die täglich voller Angst alles mögliche tun, um gesund zu bleiben. Nicht alles dient der Gesundheit, was gesund sein soll, vor allem nicht bei jenen, die nichts anderes kennen als ihre Gesundheit. Sie sind in Wirklichkeit in ihrem Innersten auf Krankheit eingestellt und sind ständig auf der Flucht vor diesem Schatten. Sie spüren diese Angst vor der Krankheit und tun nach außen deswegen alles, wirklich alles, sind bereit, ihren letzten Pfennig auszugeben, nur um die Gesundheit zu erhalten. Sie sind ein geistiges Opfer des Krankheitsdenkens. Und so

werden sie krank, weil sie in ihrem Unterbewußtsein die Krankheit schon fest verankert haben.
Umgekehrt heißt es, sich von der Angst zu lösen, sich aus der Enge freizumachen und weit zu werden. Ist dort nicht ein deutlicher Übereinklang zwischen dem Wort Angst und eng, Angst – eng – das Gegenteil der Weite, die wir brauchen, um atmen zu können, um uns entfalten zu können, um unbegrenzte Möglichkeiten wahrzunehmen. Dazu müssen wir weit sein und großzügig denken. Wir dürfen nicht mehr als Sklaven in engen Grenzen leben. Das Wesensmerkmal der Abhängigkeit ist es ja geradezu, sich selbst in die Zwangsjacke dieser engen Grenzen zu stopfen. Wir müssen Herrscher sein unseres Schicksals in der ganzen Weite des Lebens. Dazu müssen wir loslassen von dieser Angst vor der Krankheit. Dann, und nur dann haben wir den ersten Schritt in Richtung Gesundheit getan.
Ein leuchtendes Beispiel hierfür ist eine Frau, die ihre Krebskrankheit besiegt hat, weil sie sich geweigert hat, Sklave dieser Angst vor der Geißel Krebs zu sein. Es ist die Schriftstellerin Frau Friebel. Sie hat sich losgelöst von dem Sklavendasein einer in Gedanken krebsabhängigen Kranken. Deswegen konnte man sie auch nicht in die Maschinerie der Apparatemedizin stopfen. Sie ist ihren eigenen Weg gegangen und hat nicht nur gedacht *„ich schaffe es"*, sondern sie hat es auch bewiesen. Man hat ihr den baldigen Tod vorausgesagt. Sie strafte dieses Voraussagen Lüge und wurde nach ihrer Krankheit eine aktive Frau, die von dem glühenden Verlangen besessen war, ihre Erkenntnisse anderen zu vermitteln. Auch das ist eine praktische Form der Geistheilung, indem dieses Beispiel half, anderen Mut zu machen, sich aufzurichten und sich nicht aufzugeben. Niemand kann wirklich gesund werden, wenn er nicht die Botschaft seiner Krankheit erfaßt. Jede Krankheit hat etwas zu bedeuten und will uns etwas sagen. Wir müssen uns nur damit beschäftigen und uns fragen, warum habe ich diese Krankheit? Warum habe ich eine Arthrose des Daumengrundgelenkes? Der Daumen symbolisiert die Ich-Persönlichkeit. Ich sprach an anderer Stelle schon darüber.
Ein Redner, der die ganze Kraft seiner Persönlichkeit einsetzt, wird beim Reden den Daumen aufwärts richten und damit symbolisieren: hier stehe ich, und für das, was ich sage, stehe ich ein. Und ich werde es durchsetzen. Eine Arthritis des Daumengrundgelenkes hat etwas mit Schwierigkeiten zu tun, diese Ich-Persönlichkeit in der Umwelt umzusetzen. Also muß ich doch überlegen, worin diese Schwierigkeiten bestehen. Ich muß sie lösen und dann werde ich gelöster sein und den Charkterpanzer

nach Reich ablegen können. Reich sprach von einem Charakterpanzer und meinte damit die vollkommen verkrampfte Skelettmuskulatur bei Menschen, die sich verkrampfen, die sich zusammenreißen, die sich zusammennehmen, die sich einigeln, weil sie sich in einer feindlichen Umgebung glauben.
Die Chinesen sagen, daß alles, was uns seelisch tangiert, sich in einer Veränderung der Muskelspannung in den Armen zeigt. Verspannungen im Schulter-Nacken-Bereich findet man vornehmlich bei Menschen, die nicht loslassen können. Der Nacken hat sehr viel mit Initiative zu tun, er ist das Reflexfeld für Initiative. Menschen, die sich nicht ausleben können, die ihre Initiative nicht umsetzen können, verkrampfen sich im Nackenbereich. Und jetzt haben wir den Zusammenhang. Verspannungen im Schulter-Nacken-Bereich, statische Veränderung der Wirbelsäule, Folgeverspannungen im Bereich des Armes mit Symptomen wie Tennisarm und Arthritis des Daumengrundgelenkes - wie will man dieses Problem lösen, wenn man nicht den geistigen Hintergrund erkennt und das Knäuel von dieser Seite her aufrollt! Spritzen werden nur Flickwerk, Symptomenwischerei sein. Und irgendwann wird das Problem wieder auftauchen, es sei denn, man packt es an der geistigen Wurzel.
Warum hat ein Patient einen chronischen Durchfall ist eine andere Frage, die man beantworten muß, will man diesen chronischen Durchfall heilen. Warum hat jener eine Hautkrankheit? Die Haut ist das Begrenzungsorgan nach außen. Hautkrankheiten haben sehr viel mit einer Störung unseres Verhältnisses zur Umwelt zu tun. Ich sprach bereits von der Psyche eines Neurodermitikers. Der Typ des Hautkranken ist hochsensibel. Er hat mit seiner Sensibilität zu kämpfen und steht durch diese Sensibilität oft in Konfrontation mit einer Umwelt, die heute materiell und egozentriert ist. Und mit dieser Sensibilität weiß sie nichts anzufangen. Erst wenn man dies erkennt und die Konsequenzen dieser Erkenntnis einfließen läßt in die Behandlung, dann kann man eine Hautkrankheit heilen. Ungezählte Beispiele aus der psychosomatischen Medizin beweisen es.
Ein anderes Beispiel mag Asthma sein. Die Lunge ist ein Organ, das im Ein- und Ausatmen das Prinzip des Gebens und Nehmens symbolisiert und damit die Polarität des Lebens. Zwei Polaritäten stehen sich anscheinend gegensätzlich gegenüber, jedoch in Wirklichkeit vermag die eine nicht ohne die andere zu existieren und bilden so eben eine Einheit. Nur wenn Geben und Nehmen sich harmonisch gegenüberstehen, das Einatmen harmonisch mit dem Ausatmen wechselt, dann ist der Mensch gesund. Ein Mensch, der immer nur nimmt, ist nicht gesund, geistig-seelisch zumindest nicht. Schauen Sie sich doch einmal einen Menschen

an, der nur darauf bedacht ist, eine schnelle Mark zu machen. Sein ganzes Denken kreist um dieses Markstück. Sie sind Krüppel, geistige Krüppel. Sie verhärten sich in ihrem Standpunkt des Materiellen. Und genauso hart sind sie auch im Seelischen. Irgendwann kommt es zu einer Verhärtung auch im Körperlichen, z. B. in Form einer Lungenveränderung. Die feine, glatte Muskulatur, die den Ein- und Ausatmenvorgang steuert, entspannt sich nicht mehr völlig. Eine Restspannung bleibt immer bestehen durch diese Verhärtung. Ein Asthma entwickelt sich langsam über Jahre.

Die Chinesen sagen, der Patient vermag die Atemluft nicht mehr an die Niere abzugeben. Was immer darunter zu verstehen ist, die Niere ist sehr empfänglich für Angst. Angst treibt den Blutdruck hoch. Angst führt in die Verspannung, in den ständigen Streßzustand, wo man, wie der Läufer im Startloch, sich zusammenkrampft, um im nächsten Moment loszuschießen. Der Adrenalin-Spiegel geht hoch. Das haben die Chinesen vielleicht gemeint als sie sagten, die Lunge kann die Luft nicht mehr an die Niere abgeben.

Diese Anspannung hat ja auch eine Verkrampfung in der Zwischenrippenmuskulatur zur Folge. Der Knochenpanzer weitet sich nicht mehr. Er bleibt starr. Und die Atmung klappt nicht mehr. Sie können plötzlich kein Talglicht mehr ausblasen, sie können nicht mehr ausatmen, sie können nicht mehr einatmen.

Ich komme wieder zurück auf das Buch von Thorwald Detlefsen. Dort werden Sie all diese Dinge beschrieben finden. Schauen Sie auch ruhig dem Volk aufs Maul. Der Volksmund spricht doch davon: *„Er kann den Hals nicht voll kriegen"*. Ja, ist es dann ein Wunder, wenn er irgendwann seinen Herzinfarkt bekommt? Immer auf der Jagd, immer in der Anspannung. Oder ein anderes Zitat des Volksmundes lautet: *„Es bereitet ihm Kopfschmerzen"*. Wieviele Kopfschmerzen entstehen denn dadurch, daß die Menschen mit ihren Problemen nicht fertig werden, daß sie zu sehr auf sich selbst fixiert sind. Kopfschmerzen können auch entstehen, weil ihnen eine Sache *„an die Nieren geht"*, oder daß sie sich selbst *„zum Kotzen finden"*. Im wahrsten Sinne des Wortes kotzen viele Menschen, weil ihnen immer etwas auf den Magen schlägt oder ihnen ständig eine *„Laus über die Leber kriecht"* oder ihm *„die Galle überläuft"*. Man soll einmal über diese Dinge nachdenken. Vieles wird man daraus erkennen und lernen dürfen. Krankheiten sieht man so anders an, erlebt sie bewußter. Krankheit wird plötzlich nicht mehr zu einem Unglücksfall in unserem Leben. Gesundheit ist plötzlich nicht mehr selbstverständlich, sondern ein Grund zur Dankbarkeit. Dann erlebt man die Gesundung voller Demut. Diese Erkenntnis kann Ihr erster Schritt sein in Richtung

Geistheilung. Sie kann Ihnen helfen, die mächtige Kraft des Geistes und des Wortes umzusetzen zu mehr Zufriedenheit im Leben, zu mehr Harmonie und Gesundheit.
Wenn Sie dies erkannt haben, dann sind Sie in der Lage, das Problem der Krankheit geistig aufzuarbeiten und wirkliche Heilung zu erreichen, nicht nur Symptomenwischerei zu betreiben.
Wie wichtig das Geistige ist, hat auch Dr. D. Hamer versucht, uns klarzumachen. Er ist Arzt und behauptet, daß jeder Krebsfall auf ein seelisches Problem zurückzuführen ist. Man mag zu ihm stehen wie man will. Ein Fünkchen Wahrheit steckt immer drin. Und großen Entdeckern muß man es oft nachsehen, daß sie in ihrer Überzeugung übers Ziel hinausschießen und einen Absolutheitsanspruch für sich in Anspruch nehmen. Damit machen sie sich leider angreifbar. Eine Hypothese ist niemals absolut. Es gibt keine Theorie, die für alles gilt. Doch sollte man diese Menschen nicht gleich verteufeln und sie wie Aussätzige behandeln. Die Zeit der Christenverfolgung sollte eigentlich vorbei sein. Eine Approbation muß nicht gleich entzogen werden, wie es bei diesem Dr. Harmer geschah. Man soll sich ruhig einmal mit diesen Thesen auseinandersetzen und nicht gleich mit einem dicken Knüppel aufeinander einschlagen. Schließlich haben diese Leute ihre Thesen auch nicht im Alkoholsuff entdeckt, sondern oft durch jahrelange Beobachtungen. Und seien wir ehrlich, wieviele verteufelte Theorien sind heute Bestandteil der offiziellen Lehrmeinungen? Ich denke hier nur an den tragischen Fall eines Dr. Semmelweis, der es nicht überwinden konnte, wie man ihn verteufelte und irre daran wurde. Er entdeckte die Ursachen des Kindbettfiebers, an dem zur Zeit Semmelweiß viele Mütter starben. Die Medizin wollte von den Erkenntnissen Semmelweiß nichts wissen und trieb ihn mit ihren Schikanen in die physische Vernichtung. Heute weiß man, daß Semmelweiß recht hatte.
Ich erinnere mich da an einen Fall aus der Literatur. Es handelte sich um eine 43jährige Frau, die sich der Krebsvorsorge-Untersuchung unterzogen hatte. Eine Mammographie ergab absolut nichts. Und dann passierte es. Ihr Mann starb durch einen tragischen Unfall. Innerhalb von 4 Wochen entwickelte sich ein Krebs in der Brust. Sie mußte amputiert werden. (Aus einem Vortrag der Tagung der Gesellschaft für Biologische Krebstherapie, 1985, Heidelberg)
Ich schrieb schon an anderer Stelle über eine Patientin von mir, 22 Jahre, mit einem Nebennierenkrebs. Ihr Beispiel ist tragisch, lehrreich und einprägsam zugleich, deswegen wiederhole ich hier ihren Fall nochmal. 7 Chemotherapien hatte sie bereits über sich ergehen lassen. Trotzdem

war sie vital. Sie plante für die Zukunft, hatte sich schon einen neuen Wagen ausgesucht und einen Architekten beauftragt, um das Haus auszubauen. Sie hatte zwei Kinder, zwei Jahre alt, Zwillinge. Die Spuren der Chemotherapie sah man nur in Form des Haarausfalls, einer Akne, sonst nichts. Und dann kam die verhängnisvolle 8. Chemotherapie. Man hatte ihr von einem neuen Mittel erzählt aus Amerika, das wahre Wunder vollbringen könne. Bei ihr trat es nicht ein. Nach der Chemotherapie eröffnete man ihr, es sei alles zwecklos. Gerade die Wirkungslosigkeit dieser 8. Chemotherapie hätte es gezeigt. Sie möge ihre Sachen regeln, höchstens noch 3 Monate hätte sie zu leben. Das war das Todesurteil. Innerhalb von 14 Tagen entwickelten sich Bauchschmerzen. Der Leib trieb auf. Es kamen wahnsinnige Ischias-Nervenschmerzen hinzu durch Metastasen, sprich Tochtergeschwülste, im Bereich der Wirbelsäule.
Nach 4 Wochen war sie tot. Man hatte ihr das Schlimmste angetan, man hatte ihr die Hoffnung genommen. Ihren auf die Zukunft gerichteten Plänen hatte man jegliche Basis entzogen. Man hatte ihr Denken auf Sterben und Ende ausgerichtet, mit dieser schrecklichen Nachricht, es sei alles vorbei. Damit starb das Leben von einem Augenblick zum anderen. Der Schock lähmte das Immunsystem. Der Krebs wachte auf und überzog den ganzen Körper mit Tochtergeschwülsten. Rapides Wachsen innerhalb von 4 Wochen tötete ein blühendes Leben. Die positive Kraft des Geistigen war gebrochen. Hoffnungslosigkeit lähmte sie.
Geistheilung, das ist das Prinzip der Hoffnung, der festen Überzeugung, des unerschütterlichen Glaubens und des wirklichen Wollens. Wer es aufgibt, hat keine Chance. Auch die beste Medizin wird nichts erreichen können, hat sie Hoffnungslosigkeit und Zweifel gegen sich.
Das alles hat nichts mit Magie zu tun. Magie, sagt Dr. Irving Oyle, Facharzt für Knochenerkrankungen, Leiter des Headland Healing Service in Bolinas, Kalifornien, Magie ist bei jeder Heilung mit im Spiel. Er sagt, die Praxis des Headland Healing Service besteht darin, sich dem menschlichen Organismus gleichzeitig auf der physischen und der psychischen Ebene zu nähern und dabei auf der physischen Ebene eine Heilung zu erzielen. Dieser Dr. Oyle berichtete von einer Patientin, die nach diesem Prinzip behandelt wurde. Sie hatte eine unspezifische, chronische Harnröhrenentzündung und einen chronischen Blasenkatarrh, der jeglicher Behandlung trotzte. (Dr. med. Jeanne Achterberg: Die heilende Kraft der Imagination, Scherz-Verlag) Sie begann, sich einen Strom kühlen Wassers vorzustellen, der in ihrem Becken zirkulierte sowie verknotete Seile im Harntrakt und in der Blase. Sie stellte sich vor, wie diese verknoteten Seile sich entwirrten, wie der Strom des Wassers die

Krankheit herausspülte, und wie die Spannung im Rücken durch die Knoten, die sich entwirrten, nachließ, bis das Brennen schließlich schwand und das Schweregefühl im Becken weg war. Ihre eigene Imagination hatte die Heilung bewirkt. Imagination – das war in diesem Falle die Geistheilung. Jeder kann diese Imagination einsetzen und damit Heilung aus dem Geiste in sich bewirken. Kannte doch bereits Paracelsus diese Imagination. Paracelsus war einer der größten Ärzte des 16. Jahrhunderts. Er sagte: Die Macht der Imagination ist ein bedeutender Faktor in der Medizin. Sie kann Krankheiten verursachen aber auch Krankheiten heilen.

Ich selbst konnte mich vor einigen Jahren mit der Kraft der Imagination von schweren Schmerzen befreien. An anderer Stelle des Buches beschrieb ich mein Erlebnis bereits. Hier beschreibe ich nun die Technik im Detail, die ich anwandte. Dieses Erlebnis war für mich so überzeugend und so aufrüttelnd, daß von dortan mein Weg zur Geistheilung begann. Ich hatte eine schwere Ischialgie mit Rückenschmerzen. Alle Behandlungen mit Spritzen, Massagen halfen nichts. So fing ich an mit Visualisierungsübungen und stellte mir vor, wie dieser Nerv rot und geschwollen war durch die Entzündung. Ich sprach mit diesem gereizten Nerv, redete ihm gut zu, stellte mir vor, wie frisches Blut zu diesem Nerv hinfloß und die Entzündung wegwusch, wie das gestaute Blut abfloß, Lymphe abfloß, wie die abgeflachte Bandscheibe wieder dicker wurde, stellte mir vor, wie sich viele Handwerker an der Wirbelsäule zu schaffen machten und mit Zement und Balken Stützen aufbauten, um die Bandscheibe zunächst zu entlasten. Irgendwann nach vielen Tagen spürte ich, wie die Schmerzen nachließen. Ich konnte vorher nicht einmal einen Schritt vom Wagen gehen, ohne den kalten Schweiß auf der Stirn wegen der starken Schmerzen zu spüren. Bald kam der erste Schritt mit erträglichen Schmerzen, dann waren es 10, dann waren die ersten Schritte ohne Schmerzen, dann die erste Stunde, dann ein halber Tag, ein ganzer Tag, bis sie ganz schwanden.

Kommen wir nocheinmal zu Paracelsus zurück. Er sagte: *„Krankheiten des Körpers können mit Hilfe von Arzneien geheilt werden oder Dank der Macht des Geistes"*. Paracelsus hat viele Äußerungen hinsichtlich Geistheilung gemacht, z. B. auch diese: *„Der Mensch ist sein eigener Arzt. Der Arzt ist in uns, und in unserer eigenen Natur liegt alles verborgen, was wir zur Heilung bedürfen"*. (Notizen aus diversen Vorträgen) Gibt es eine klarere Aussage zu der Macht des Geistes in uns? Warum erkennen es so wenige und warum nutzen sie so wenige? Es kann doch nur heißen, was ich als Überschrift zu diesem Kapitel wählte,

Geistheilen kann jeder. Ich möchte dazu ergänzen: Geistheilen kann jeder, der die inneren Voraussetzungen dafür erfüllt. Und wieder möchte ich mit einem Zitat einer der größten Ärzte der Antike dies untermauern. Seine Aussagen sind heute genauso gültig wie damals. Es war Hippokrates, der da sagte: „*Wo Liebe ist zum Nächsten, da ist auch die Kraft des Heilens*". Wenn man einen gemeinsamen Nenner für das geistige Heilen suchen würde, so wäre die Liebe das Wichtigste überhaupt.
"Liebe ist: Erfüllung, Last und Medizin" sagt Tucholsky. Also nutzen wir doch diese Form der Medizin.
"Glück ohne Ruh, Liebe, das bist Du". (Goethe)
Warum sind wir nicht glücklich? Weil wir diese Macht der Liebe immer wieder vergessen.
Ohne Liebe ist Heilung überhaupt nicht möglich. Sich zu lieben, das hat nichts mit der egoistischen Form Liebe zu tun. Wir müssen uns annehmen, ja zu uns sagen, uns als Geschöpfe Gottes lieben. Nur dann sind wir in der Lage, Liebe zu geben. Und nur wer Liebe geben kann, ist fähig zu heilen. Wenn wir uns innerlich selbst ablehnen, dann können wir weder uns selbst noch andere von Krankheit befreien. Krankheit mag in diesem Sinne eine Botschaft sein, die uns sagen will, nimm Dich an. Das Gift, das Du in Deinem Körper verbreitest und Dich damit krank machst, heißt, daß Du Dich nicht liebst und die Liebe anderer nicht anzunehmen vermagst. Nicht zu lieben und keine Liebe zu geben und ein Leben ohne Liebe zu führen, das in der Tat ist eine der schwersten Krankheiten und am schwierigsten zu heilen. Die Krankheit ist so oft ein Ausdruck des Hasses gegen sich selbst. Wir müssen ja sagen zu uns, um aus solch einer Konfrontation herauszukommen. Wir müssen wieder atmen in einer Atmosphäre der Liebe. Lieben heißt ja auch, es wirklich zu wollen, von Herzen zu wollen. Liebe heißt, vom Feuer des Verlangens durchdrungen zu sein. Und nur, wer jemals verliebt gewesen ist, weiß, wie stark dieses Verlangen sein kann.
Ich darf auf das zurückkommen, was ich eingangs schrieb. Geist ist Liebe. Geist ist Energie. Also ist auch Liebe Energie. Die Energie der Liebe ist überhaupt eine der höchsten und wirkungsvollsten Formen der Energie und auch eine der stärksten. Niemand kann den Liebenden aufhalten, zu erreichen, was er erreichen möchte. Es gibt kein Mittel dieser Welt, ein liebendes Herz zu zwingen, nicht alle Mauern zu überwinden, nicht zu tun, was die Liebe von ihm fordert.
Die zweite Voraussetzung, um geistig heilen zu können, ist das innere vorbehaltlose, überzeugte 100 %ige Ja zur Geistheilung als Therapie. Man muß die Techniken des Geistheilens aus innerer Überzeugung

praktizieren. Nur dann funktioniert sie. Genauso, wie man nicht überzeugt werden kann, wenn man nicht innerlich will, genauso, wie wir niemanden überzeugen können, wenn wir es nicht selbst sind, genauso ist es mit diesen Techniken der Geistheilung. Wenn wir uns innerlich sperren, errichten wir dadurch eine solch hohe Mauer, über die wir nicht hinwegkommen, die zwischen uns und dem anderen stehen wird und wir insofern nichts übertragen können, obschon wir sowieso leer sind, weil die mangelnde Überzeugung uns energieleer sein läßt. Vielleicht hat es einen Sinn, wenn wir diese Mauer haben. Ein Sinn kann sein, daß sie uns zeigen will, Du bist noch nicht reif dafür. Dann müssen wir an uns arbeiten und versuchen, diese Mauer Stück für Stück abzutragen. Es kommt auch vor, daß ein Patient nicht geheilt werden kann, weil er sich selbst im Wege steht, weil er sich gegen die Heilung sträubt. Sollte es sein Karma sein, das er abtragen muß und deswegen nicht erkennen darf? Sicherlich kennen Sie Menschen, die ihrer eigenen Heilung im Wege stehen, wo man sich oft fragt, wie ist es möglich, daß dieser Mensch seine Möglichkeit nicht erkennt, trotz aller Mühen der Mitmenschen.
Pelletier, ein Arzt, sagt, daß 90 % aller Krankheiten einen psychologischen Hintergrund haben (Zeitung Raum + Zeit 8/85 S. 22).
Amerikanische Forschungen liegen ähnlich und sprechen von 80 % aller Fälle, wo chronische Krankheiten vor einem psychologischen Hintergrund entstehen (Zeitung Raum + Zeit 8/85 Seite 22). Sobald dies der Fall ist, kann man mit materialistischen Methoden wie Bestrahlungen und Massagen nur Linderung aber nicht Heilung erreichen. Hier muß eine Bewußtseinsveränderung mithelfen. Dazu muß es stimmen mit der Liebe, mit der Überzeugung, mit der Bereitschaft anzunehmen und mit der Bereitschaft loszulassen.
Wieviel Leid entsteht doch daraus, daß die Menschen nicht loslassen können. Das scheint eine der schwierigsten Aufgaben im Leben zu sein. So klammern sie sich gegenseitig aneinander und nehmen sich die Luft zum Atmen mit ihrem Egoismus. Ja, auch das, was viele für große Liebe halten, kann in Wirklichkeit blanker Egoismus sein. Nicht jede Eifersucht gründet sich auf Liebe. Die wirkliche Liebe kennt keine Eifersucht. Sie kennt kein Mißtrauen. Sie kennt keinen Neid und keinen Haß. Viele Menschen wollen nicht begreifen, daß Lieben Kontinuität heißt. Das Alte vergeht, das Neue kommt, die Liebe aber bleibt.
Wir können das Alte nicht halten wollen, wenn wir nicht das Neue verpassen wollen. Wir können nicht im Gestern leben, ohne das Heute zu verlieren, die Chance des Morgen überhaupt wahrzunehmen. Wer so handelt, verhärtet sich, verliert den Blick für das Wesen aller Dinge und

für die Chancen, die auf ihn zukommen. Irgendwann resigniert er vor seinem selbstgestrickten Schicksal, verkriecht sich ins Schneckenhaus.
Es ist noch gar nicht lange her, daß ich eine Sendung im Fernsehen sah. Wenn ich micht recht erinnere hieß sie *„Gesunde Gedanken"*. Man kann diese Sendung auch als Video-Band kaufen von der Geo-Film, Frankfurt. Dort wurde ein Experiment gezeigt mit einem Patienten. Er erhielt ein Mittel gespritzt, das seine Abwehr steigern sollte. Es wurde jeweils vor der Injektion und nach der Injektion Blut entnommen. Dies Blut wurde untersucht. Jedesmal zeigte sich ein deutlicher Anstieg jener Werte, die Auskunft über eine verbesserte Abwehrtätigkeit des Immunsystems belegte. Irgendwann fing man an und spritzte diesem Patienten ein sogenanntes Placebo, das ist ein Pseudomedikament ohne Wirkung. Aber oh Wunder, genau die gleichen veränderten Blutwerte zeigten sich nach der Injektion dieses Pseudomedikamentes. Allein die Vorstellung dieses Patienten - ich habe jetzt wieder dieses Mittel bekommen, jetzt tut sich was in meinem Körper in Richtung verstärkter Immunantwort - hatte ausgereicht, diese verbesserten Laborparameter zu erzielen.
Ein anderes Experiment, das man in einem wissenschaftlichen Institut in Amerika machte, zeigte ebenfalls die Macht der geistigen Vorstellung durch die Technik der Visualisierung. Man legte einen Patienten auf eine Waage. Diese Waage hatte Ähnlichkeit mit einer Wippe. Genau dort, wo dieser Balken in der Mitte aufgehängt war, legte sich der Patient so, daß der Balken in Mittellage verblieb. Dann forderte man den Patienten auf, sich vorzustellen, das Blut flösse in die Beine. Und siehe da, die Waage neigte sich. Dann praktizierte man das gleich mit dem Kopf und forderte ihn auf sich vorzustellen, das Blut flösse in den Kopf. Und siehe da, der Teil des Waagebalkens, auf dem der Kopf lag, neigte sich. Per Gedankenkraft wurde also hier die Durchblutung im Körper verändert. (Notizen aus wissenschaftlichen Vorträgen)
Wissenschaftler haben belegen können, daß die Zusammensetzung des Schweißes sich bei Patienten, die sich ärgern, biochemisch verändert gegenüber jenen Patienten, die in einer ausgeglichenen Stimmung sind. Wut bewirkt eine Veränderung zum Sauren hin.
Von einem weiteren Experiment berichtet Dr. Vollgyesi 1954 (Dr. med. Jeanne Achterberg: Die heilende Kraft der Imagination, Scherz-Verlag). Zwei Gruppen von Patienten mit blutenden Magengeschwüren wurden verschieden behandelt. Der ersten Gruppe erzählte man, es sei ein besonders wirksames Medikament gefunden worden, von dem die erste Injektion bereits das Leiden heilen würde. 70 % dieser Patienten zeigten positive Ergebnisse nach der ersten Injektion, die über ein Jahr anhielten.

Der zweiten Gruppe erzählte man, das Mittel sei noch nicht genau erforscht. Sie würden teilnehmen an einem Versuch. Hier war die Besserungsrate, die man mit demselben Medikament, wie in Gruppe 1, erzielte, nur 25 %. Dies bestätigt auch genau das, was Norman Cousins über Placebos sagt: *„Das eigentlich Bedeutende an den Placebos ist nicht einmal so sehr das Urteil, das sie über die Wirksamkeit neuer Medikamente fällen, sondern der klare Beweis, den sie dafür erbringen, daß das, was der Geist verarbeitet, in der Körperchemie zu Veränderungen führt. Die wichtigste Komponente ist der Glaube des Menschen."* (Norman Cousins – „Der Arzt in uns", rororo-Verlag)
Und genau das ist es, worum es geht. Mit dem Glauben verbinden sich diese Bilder. Und diese Bilder setzen sich im Körper um. Dafür gibt es eine ganze Menge Beweise.
So berichtete Alexander Luria über Experimente mit Männern, deren Herzschlag allein durch die Vorstellung, jetzt einen Jogging-Lauf durchzuführen, sich erhöhte.
1929 führte Jakobson Versuche durch und bewies, daß der intensive Gedanke an eine bestimmte Körperbewegung die dazugehörigen Nervenzellen aktivierte. (Beide Beispiele aus Dr. med. Jeanne Achterberg: „Die heilende Kraft der Imagination", Scherz-Verlag)
Bei einem anderen Versuch wurde die Versuchsperson aufgefordert, im Geiste verschieden schwere Gewichte zu heben. Eine Kontrolle der Muskeltätigkeit zeigte, daß sich im selben Moment genau jene Muskeln anspannten, die für diese Tätigkeit in Frage kamen.
Barbers wies nach, daß allein durch mentale Techniken sich die Magen-Darmbewegungen, der Blutzuckergehalt und die Bläschenbildung der Haut verändern ließen. Daraus folgt, daß Vorstellungsbilder in Zusammenhang mit Körperfunktionen diese Körperfunktionen mental auslösen können. Somit steht fest, das eine bewirkt das andere. (Aus Dr. med. J. Achterberg: Die heilende Kraft der Imagination, Scherz-Verlag)
Ende 1988 berichtete die Bremer Tageszeitung über Forschungen in Amerika. Diese Forschungen hatten bewiesen, daß allein die Veränderung der mimischen Muskulatur in Richtung Ausdruck einer Trauer und der gedanklichen Vorstellung im Körpermechanismus eine Veränderung ergab, die man sonst bei wirklicher Trauer ebenfalls feststellen konnte.
Vorstellungsbildern können also physiologische Veränderungen folgen. Diese physiologischen Veränderungen können sowohl durch bewußte oder vorsätzliche Verhaltensweisen herbeigeführt bzw. beeinflußt werden über das periphere oder das vegetative Nervensystem. Wir wissen heute, daß wir unterschiedliche Gehirnfunktionen haben. Wir haben ein linkes und

ein rechtes Gehirn. Das rechte Gehirn verarbeitet emotionelle Informationen. Es sieht die Dinge ganzheitlich synthetisch, während das linke Gehirn mehr analytisch-verbal denkt. Unsere Ausbildung ist so ausgerichtet, daß wir mehr das linke Gehirn trainieren, während das rechte Gehirn weniger leistungsfähig ist. Dies mag ein Grund dafür sein, daß wir soviele Rechtshänder haben, weil sich die Nerven ja kreuzen.
Asiaten denken mehr in Bildern und ganzheitlich. Deswegen ist dort das rechte Gehirn mehr ausgebildet.
Über Visualisierungsübungen gelingt es jetzt, das rechte Gehirn zu trainieren. Dies erreicht man, indem man sich Bilder vorstellt. Solch ein Bild kann z. B. das Fließen des Blutes sein, wie bei dem Waage-Experiment. Bilder können uns ein Geschwür zeigen, das langsam abheilt. So trainiert man das rechte Gehirn. Wenn wir uns vorstellen, daß wir uns in einer schönen Landschaft voller Harmonie befinden, dann arbeiten wir mit dem rechten Gehirn. Ich will hier nicht im einzelnen über die Funktion bestimmter Hirnteile, wie Hypothalamus, limbisches System, Hypophyse sprechen. Es würde einfach zu weit führen. Aber nehmen Sie nur einmal zur Kenntnis, daß durch Vorstellungs- bzw. Visualisierungsübungen sogenannte Neurotransmitter aktiviert werden. Solch ein Neurotransmitter ist z. B. das Serotonin. Neurotransmitter sind Botenstoffe, die dafür sorgen, daß ein Nervenimpuls z. B. auf einen Muskel übertragen wird.
Visualisierungsübungen, Entspannungsübungen, Yoga-Meditationen, autogenes Training, bewirken eine Veränderung der Blutzusammensetzung. Das heißt mit anderen Worten, wir erreichen eine biochemische Veränderung im Körper sowie eine Veränderung der Sauerstoffverwertung im Blut und Gewebe. Die Kohlendioxyd-Werte verändern sich. Dies berichtet Frau Dr. med Achterberg in ihrem Buch „Die heilende Kraft der Imagination", Scherz-Verlag.
Darüberhinaus hat man herausgefunden, daß die sogenannten Endorphine sich in hoher Konzentration im sogenannten limbischen System, im Thalamus, befinden. Dieses limbische System reagiert auf die inneren Bilder der Visualisierung. Wir aktivieren damit eben genau diese Endorphine. Die Endorphine haben eine opiumähnliche Wirkung. Die Enkephaline haben eine ähnliche Wirkung. Diese Enkephaline und Endorphine steigen bei den Visualisierungsübungen im Blutspiegel an. Man weiß, daß die Enkephaline eine intensive Wirkung auf das Abwehrsystem haben. Somit klärt sich also der Wirkungsmechanismus, wenn behauptet wird, daß durch Visualisierungsübungen eine Verbesserung der Körperabwehr zu erreichen ist. Dafür gibt es viele wissenschaftliche

Beweise. (siehe „Die heilende Kraft der Imagination" von Frau Dr. med. Achterberg, Scherz-Verlag)
Plotnikof legte sie 1982 auf dem Internationalen Kongreß über Immunpharmakologie in Washington vor. Er konnte beweisen, daß an den Lymphozyten Rezeptoren für diese Enkephaline vorhanden sind. Erinnern wir uns: Visualisierungsübungen bewirkent ein Ansteigen der Enkephaline, Enkephaline docken an die Rezeptoren der Lymphozyten an und aktivieren diese Streiter des Abwehrsystems. So erreicht man also durch Visualisierung eine Stärkung des Abwehrsystems und damit eine Heilung von Krankheiten. Das ist ein Beweis für die Wirksamkeit der Geistheilung.
Auch Goldstein konnte nachweisen, daß bei euphorischer Stimmung die Intensität der Euphorie in direktem Zusammenhang mit der Aktivität der Endorphine im Blut steht. Solche Euphorie kann z. B. erzeugt werden durch ein wunderbares Musikerlebnis, durch die Begegnung mit einem geliebten Menschen aber auch durch Visualisierungsübungen. Auch durch Goldsteins Erkenntnisse schließt sich ein Kreis zwischen der Visualisierungstechnik, Hirn- und Körperbiochemismus. Goldstein zeigte ebenfalls, daß wir durch bloße Vorstellung von Bildern das Immunsystem aktivieren können. Über das Immunsystem werden damit Heilungsvorgänge in die Wege geleitet. Quod erat demonstrandum - was zu beweisen war, ist bewiesen.
Somit ist bewiesen, Visualisierungstechnik ist nicht irgendein Hokuspokus, sondern direkte Einwirkung auf eine der wichtigsten Funktionen des Körpers, nämlich die Bereitschaft, sich gegen Krankheit zu wehren.
Dabei sind wir jetzt beim alten schamanischen Prinzip, das bei der Stärkung der persönlichen Kräfte des Erkrankten ansetzte und nicht bei der Krankheit selbst. Schamanische Heilung, sprich Geistheilung, heilt keine Krankheiten, sondern heilt den ganzen Menschen. Nur Krankheiten heilen zu wollen heißt, nach Grossinger, den Blick für das Ganze zu verlieren, die Krankheit vom Körper des Kranken wegzudividieren. Gesundheit bedeutet, in Einklang mit sich selbst zu sein. Krankheit ist dagegen Disharmonie mit dem Selbst.
Heilung heißt somit Bewußtseinsveränderung oder auch, wie ich bei John Halifax las: *„Die Krankheit ist ein Mittel zur Bewußtseinsveränderung"*.
Der Weg zu dieser Bewußtseinsveränderung heißt, die Verantwortung für sein Leben zu übernehmen, sich die Fähigkeit zur Ehrfurcht, zur Demut, zur Liebe zu bewahren, das Prinzip der geistigen Macht und einer allmächtigen, über alles regierenden Kraft zu akzeptieren sowie die Kraft zur Konzentration zu entwickeln.

Risse konnte in Untersuchungen über schamanische Heilweisen nachweisen, daß jedes Heilungsritual das geistige Potential weckt durch vorbeiziehende Bilder des Unbewußten (Dr. med. J. Achterberg „Die heilende Kraft der Imagination", Scherz Verlag). Über diese Bilder können wir unser Unterbewußtsein aktivieren und dadurch die Funktion von Endorphinen und Enkephalinen aktivieren. Man weiß heute, daß Menschen mit einem gesunden Immunsystem auch einen höheren Blutspiegel an Enkephalinen und Endorphinen haben. Beide bewirken ja, wie eben gesagt, nicht nur eine gesunde, sondern eine euphorische Stimmungslage. Die Veränderung unseres Bewußtseinszustandes und unserer geistigen Haltung bewirken also die Stimmung. Schlechte Stimmung, wenig Endorphine und Enkephaline, damit schlechte Abwehrlage! Gute Stimmung, viele Endorphine und Enkephaline und damit gute Abwehrlage! So gesehen heißt Visualisierung innere Harmonie, mehr Gelassenheit, Anhebung der Endorphine und Enkephaline in den entsprechenden Hirnorganen, Verbesserung der Körperabwehr und somit Heilungen von Krankheiten. So ist der Mechanismus erklärt. Sie alle haben diesen Mechanismus in sich und haben die Chance, ihn zu Ihrem Wohl einzusetzen. Voraussetzung dafür ist die Möglichkeit der Entspannung, das Absenken auf die Alpha-Ebene der Entspannung, das Vorstellen von Bildern, die mit der Heilung zu tun haben, das Regulieren der Atmung, die einhergehen muß mit der Entspannung. Hierfür ist eine absolut regelmäßige, ruhige Atmung erforderlich. Und es muß hinzukommen die Bereitschaft, zu verzeihen, loszulassen, zu vergeben, zu akzeptieren. Das ist die geistige Haltung, die uns den Einstieg in diese Entspannung erst ermöglicht.
Sie bringt uns aus der Verkrampfung heraus und führt uns zu der Bereitschaft, uns mit der Übung zu identifizieren und uns solche Bilder vorzustellen. Wir müssen uns selbst lieben. Wir müssen die Liebe zum Prinzip unseres Lebens machen und damit zum Prinzip des Umgangs mit unseren Mitmenschen. Liebe macht frei. Lieben heißt, froh und glücklich zu sein. Und damit sind wir wieder einmal bei den Enkephalinen und Endorphinen angelangt.
Ich möchte noch einmal rekapitulieren.
Ich glaube, daß dieses Kapitel klar gemacht hat, daß ein enger Zusammenhang zwischen der Qualität unseres Denkens und unserer geistigen Einstellung besteht, daß über diese geistige Einstellung, sprich Bewußtseinshaltung auch die klare Einflußnahme auf den Biochemismus des Körpers möglich ist. Die Voraussetzung für das geistige Heilen ist, der Einklang mit sich selbst, der Gleichklang mit unserer Umwelt, die

innere Bereitschaft, anzunehmen, sich selbst und unser Leben zu akzeptieren und unveränderbare Situationen loszulassen, sich zu vertrauen, der Schöpfung zu vertrauen, an das Gute im anderen Menschen zu glauben, was durchaus nicht heißen muß, blind zu vertrauen auf dieses Gute, wir müssen vergeben können, wir müssen geben können. Dann haben wir die Chance zum geistigen Heilen.

Aphorismen

Leiden ist die Dachluke zur nächsthöheren Etage des Bewußtseins.

Es kommt darauf an, daß Du auf etwas zugehst, nicht, daß Du ankommst, denn man kommt nirgendwo an, außer im Tod.

Antoine de Saint Exupéry

Man kann mit Licht, Luft, Wasser und Ruhe heilen. Aber die kostbarste Medizin spendet doch ein gütiges Herz.

Im Leiden gelernt zu haben heißt, eine Botschaft erlebend verstehen.

Ideale sind wie Sterne. Man kann sie nicht erreichen. Aber man kann sich doch nach ihnen orientieren.

Schwerer als den tiefsten Gedanken zu finden ist es, dem Menschen zu begegnen, der bereit ist, mit ihm ernst zu machen.

Leiden heißt, gegen eigene Fesseln zu wüten.

Und weil es so wichtig ist, möchte ich das Kapitel abschließen mit zwei Gedichten zum Thema *„Liebe"* (von unbekannten Verfassern).

Liebe

Liebe erhebt keine Forderungen,
Liebe stellt keine Bedingungen,
Liebe macht keinen Vorwurf,
Liebe versteht und entschuldigt alles,
Liebe distanziert sich nicht,
Liebe will alles miteinander verbinden,
Liebe sucht nicht nach Argumenten,
Liebe achtet die Freiheit des anderen
Liebe weilt, wo sie vertrieben wird,
Liebe meidet keinen,
Liebe hat weder Anfang noch Ende.
Wo Liebe bewußt wird, da bleibt sie.

Liebe

Pflicht ohne Liebe macht verdrießlich,
Verantwortung ohne Liebe macht rücksichtslos,
Gerechtigkeit ohne Liebe macht hart,
Wahrheit ohne Liebe macht pedantisch,
Erziehung ohne Liebe macht widerspruchsvoll,
Klugheit ohne Liebe macht hochmütig,
Freundlichkeit ohne Liebe macht heuchlerisch,
Ordnung ohne Liebe macht kleinlich,
Sachkenntnis ohne Liebe macht rechthaberisch,
Macht ohne Liebe macht gewalttätig,
Ehre ohne Liebe macht stolz,
Besitz ohne Liebe macht geizig,
Glaube ohne Liebe macht fanatisch.

Wehe denen, die an der Liebe geizen, sie tragen Schuld daran, daß die Welt schließlich an Selbstvergiftung zugrunde geht.

Krankheiten – ganzheitlich gesehen

Sie verstehen nun nach den vorangegangenen Kapiteln das Wesen der Geistheilung durch Gedankenkraft.
Ansatz für die Geistheilung?
Darum geht es hier und ergänzt somit die Kapitel *„Geistheilung"*.
Das haben Sie vielleicht noch nicht gewußt: Krankheit hat sehr viel mit dem mittelhochdeutschen Wort *„Krangel"* zu tun, und das heißt Kreis. Ich empfand dies als ein wunderschönes Beispiel, sagt es uns doch, daß Krankheit ein Teil unseres Lebenskreises ist und damit Teil der Ganzheit des Lebens. So wie der Kreis Symbol der Ganzheit ist, der weder Anfang noch Ende kennt, so gehört Krankheit genauso zu unserem irdischen Dasein wie Gesundheit. Krankheit ist deswegen geistig gesehen kein lebensfeindlicher Unglücksfall. Wir betrachten Krankheit und Gesundheit als feindliche Brüder. Wir sind bereit, den scheinbar angenehmeren Bruder, die Gesundheit, zu akzeptieren. Bruder Krankheit lehnen wir dagegen ab. Wir bekämpfen sie als etwas Feindliches. Aber damit lehnen wir auch einen Teil unseres Lebens ab. Dadurch geraten wir in Widerspruch zum Lebensprinzip. Ich kann eine Ganzheit nicht besitzen, indem ich nur einen Teil von ihr akzeptiere. Die Ganzheit besitzt man nur ganz oder steht im Widerspruch zu ihr. Jeder Widerspruch führt zu einer Konfrontation. Konfrontation verzehrt Kräfte, engt den Blick für das Wesentliche der Ganzheit ein und führt in die Spannung.
Akzeptieren wir also unsere Krankheit, um unser Leben zu gewinnen. Im Französischen heißt Krankheit *„maladi"*. Darin steckt das Wort malade – *„krank – siech"*. Im malade ist wiederum das lateinische *„male"* verborgen, und das bedeutet *„schlecht"*, *„schlimm"*, *„übel"*. Nun, wenn man krank ist, kann einem schon schlecht werden. Und es ist manchmal schlimm, aber Gott sei Dank wiederum auch nur so schlimm, wie wir es sehen. Und übel kann einem dabei auch werden. Was hat aber nun das englische *male* mit dem lateinischen *male* zu tun und *male* wieder mit *malade?* Ist das Männlichen, das ja das englische *male* bedeutet, krank, sprich *malade?* Ist es *male* – lateinisch *schlecht, schlimm, übel?* Nun, darüber möge sich jeder den Kopf zerbrechen. Sicher ist eins, daß das männliche Prinzip, wenn es allein herrscht, krankmachend ist, wie auch natürlich das allein herrschende weibliche, in dem das *male* ja auch steckt, nämlich in dem englischen *female.* Wir brauchen beide, das

befruchtende Prinzip des Männlichen und das aufnehmende, empfangende Prinzip des Weiblichen und wir brauchen nicht das eine auf Kosten des anderen. In Harmonie miteinander schaffen sie Gesundheit. Aber eine Überbetonung des englischen Begriffs *„male" führt zu* dem lateinischen *male, schlecht, schlimm, übel.* Und was *schlecht, schlimm, übel* ist, wird irgendwann *malade* und führt damit zu dem Begriff des französischen Wortes, nämlich Kranksein.
„Ease", aus dem Englischen kommend, heißt, Behagen und Wohlgefühl. Dies beschreibt den Zustand der Gesundheit. Dort fühlen wir uns wohl und genießen das Leben mit Behagen. Wird das *„ease"* aber zum *„disease",* und die Vorsilbe *„dis"* bringt ja bekanntlich immer den negativen Aspekt, dann sind wir im Unbehagen, sprich Krankheit.
Ich wollte an diesem Beispiel einmal zeigen, wie doch die Sprache in vielen Fällen geradezu ein Bild des Zustands malt, bzw. uns die vergleichende Wortschöpfung zu interessanten Perspektiven eines Zustandes bringt. Eine dieser Perspektiven ist auch, daß Krankheit, da sie ein Teil des Lebens ist, keineswegs Zufall ist. Zufall bedeutet, daß es uns zufällt, weil durch uns unbekannte Momente eine Konstellation geschaffen wird, scheinbar wahllos, ohne Gesetzmäßigkeit, die diesen Zustand bedingt. Weit gefehlt! Krankheiten sind nicht zufällig. Sie sind das Endglied einer lange vorher ablaufenden Kette und insofern in den meisten Fällen hausgemacht. Darüber gibt es viele Untersuchungen. Es sind eine Reihe Bücher darüber geschrieben worden. Aus der Psychosomatik wissen wir z. B. um die Zusammenhänge eines Asthmas mit seelischen Aspekten. In einem früheren Kapitel war hiervon aus einer anderen Perspektive schon die Rede. Nun wird mancher empört die Hände heben und ausrufen: „Was kann ich dafür, daß ich mir ein Bein gebrochen habe? oder – „Was kann ich dafür, daß ich einen kräftigen Schnupfen bekommen habe?" Er mag einwenden, daß er gesund lebt, daß er sein Leben bewußt führt. Alles akzeptiert – aber lassen Sie mich diese Frage mit einer Gegenfrage beantworten: „Warum bekommt Herr Meier einen Schnupfen und nicht Herr Schulze, der genauso gesundheitsbewußt lebt. Warum bricht sich Herr Immer ein Bein und nicht Herr Seltsam, der auf demselben Weg neben ihm ging?" Vielleicht hat Herr Immer einen Kummer mit sich herumgetragen, der ihn unaufmerksam sein ließ. Er stolperte genau über den Stein, den Herr Seltsam aufmerksam erkannte und umging. Das Schicksal stößt ihn mit der Nase auf dieses Problem und gibt ihm in der Zeit der Inaktivität während der Heilungsphase die Möglichkeit, sein Leben zu überdenken.
Warum bekommt der eine eine Grippe und der andere nicht?

Mag sein, daß der eine davon überzeugt ist, daß er sich absolut keine Grippe leisten kann, während der andere unterschwellig oder auch vielleicht ganz bewußt davor bibbert, daß ihn eine Grippe erwischen könnte.

Wir wissen um die Zusammenhänge einer positiven Einstellung, die das Abwehrsystem stärkt. In gehobener Stimmung haben wir einen deutlich erhöhten Spiegel an Enkephalinen, Interleukinen. Wenn wir in Sorge sind oder uns ärgern, senkt sich dieser Spiegel und wir haben eine schwächere Körperabwehr. Sie erinnern sich an das in einem anderen Kapitel Gesagte?

An anderer Stelle dieses Buches habe ich ja über diese Zusammenhänge geschrieben und will deswegen hier nur daran erinnern und nicht weiter darauf eingehen.

Es sind Dinge, die beachtet werden sollten und die dann Krankheiten nicht mehr als isoliertes Geschehen erkennen lassen, sondern Krankheit in einen größeren Kausalzusammenhang stellen. Dann ist diese Behauptung, Krankheiten seien keine Zufälle, kein Paukenschlag, der Widerspruch herausfordert, sondern eine Binsenwahrheit, die mehr Klarheit in unser Leben tragen kann. Es geht hier ja auch nicht darum, Artigkeiten auszubreiten, sondern um den Versuch, die Dinge beim Namen zu nennen, dadurch einen Dialog herauszufordern. Dieser kann dann zum Nachdenken anleiten und unter Umständen zu einem ersten Schritt werden, bewußt mit dieser Erkenntnis umzugehen, zu mehr Klarheit im Alltag zu kommen. Unkonventionelle Feststellungen und Behauptungen sind solch ein probates Mittel der Herausforderung. Also nochmals: Krankheiten hausgemacht?

Lassen Sie uns noch einen Augenblick verweilen bei dieser Frage. Gesundheit ist der eine Pol und Krankheit ist der gegensätzliche Pol. In einem Zustand des harmonischen Zusammenwirkens aller Körperorgane haben wir den Zustand der Gesundheit. Aber dieser Gleichgewichtszustand ist ständigen Einflüssen unterworfen und damit ständig in Bewegung. Es sind seelische, geistige und auch körperliche Einflüsse. Der Zustand des Gleichgewichts ist letztlich ein Gleichgewicht positiver Energie. Auf diesen Zustand des Gleichgewichts positiver Energien wirken ständig von außen kommende Kräfte ein und stören dieses Gleichgewicht. Hinzu kommen von innen her Kräfte, die ebenfalls auf diesen Gleichgewichtszustand stoßen. Die Chinesen sprechen von den 8 widrigen Zuständen und meinen damit, Wind, Hitze, Kälte, Feuchtigkeit, um nur einige aufzuzählen. Sie sprechen von den inneren Widrigkeiten, das sind die Emotionen, die an diesem Zustand des Gleichgewichts

nagen. Der Körper als Gesamtheit im Sinne der Leib – Seele – Geist-Einheit ist also ständig solchen, von außen und innen kommenden Einflüssen ausgesetzt. Er muß ständig gegenregulieren, um das Kräftegleichgewicht zu halten. Die Kräfte dieses Gleichgewichts sind Yin und Yang. Wenn sie in Harmonie miteinander sind, ist der Mensch gesund. Stellen wir uns das als Waage vor. Wenn auf diese Waage, auf der Yang-Seite, immer mehr Yang-Gewichte gestellt werden, dann neigt sich die Waage zum Yang hinunter und bleibt schließlich am Boden hängen, weil Yin nicht mehr den Ausgleich schafft. Umgekehrt gilt das gleiche.
Yin und Yang symbolisieren im Taoismus Zustandsformen, Kräfte und Eigenschaften. So steht Yin für das Dunkle, für das Weibliche, für das Passive, für das Feuchte, für die Nacht, und Yang für das Aktive, für das Männliche, für das Trockene und für den Tag. Alle Zustände und Kräfte des Mikro- und Makrokosmos lassen sich so einem Yin- und Yang-Aspekt zuordnen.
Die Einflüsse von Yin- und Yang-Kräften hinterlassen ihre Spuren im und am Körper, wenn wir den Körper mit dieser Waage vergleichen. Deswegen sollten wir uns nach einer stressigen Yang-Situation ruhig in die Ecke setzen und wirklich einmal ganz abschalten. Es ist nicht damit getan, daß wir uns zu dieser Ruhe zwingen. Wir sollten wirklich die Dinge einmal geschehen lassen. Wir sollten sie so sein lassen, wie sie sind. Wir sollten yin-meditativ sein, d. h., von der Peripherie des Yang in die Mitte des Ausgleichs zwischen Yin und Yang zurückkehren.
Die moderne wissenschaftliche Medizin fängt an, sich um solche Dinge zu kümmern. Bislang berücksichtigte sie sie kaum in ihrer Behandlung kranker Menschen. Im Gegenteil, sie tat alles , um das Leben in Form von unterdrückenden Medikamenten zu stören. Denken Sie nur an die Antibiotika. „Anti" heißt „gegen", „bios" ist „das Leben". Es sind Mittel, die gegen das Leben gerichtet sind. Damit kann man nichts Gutes schaffen. Das soll keineswegs heißen, daß diese Mittel grundsätzlich schlecht sind. Wir müssen anerkennen, daß Antibiotika viele Leben gerettet haben. So mancher ist heute noch am Leben, der ohne Antibiotika längst im Reich der Toten wäre. Aber gegen das Leben darf man nur dann handeln, wenn wirklich Gefahr im Verzug ist. Wenn man bei einer harmlosen Grippe vielleicht schon vorbeugend Antibiotika gibt, tut man dem Patienten nichts Gutes. Solch harmlose Krankheiten hat man früher mit Schwitzkuren behandelt, mit Kräutertees, in die man Honig tat und Zitrone. Man hat Wadenwickel gemacht und die Selbstheilungskräfte des Körpers gestärkt. Heute kann man nur mit dem Kopf schütteln, wenn Mediziner, die sich als wissenschaftliche Anhänger der Medizin

betrachten, gegen virenbedingte Erkrankungen Antibiotika einsetzen. Dagegen hilft ein Antibiotikum überhaupt nicht, lediglich gegen bakterielle Begleitinfekte. Nur gegen diese kritiklose Verwendung starker Medikamente wende ich mich. Wer diese Antibios-Mittel so einsetzt, sieht Krankheit nicht ganzheitlich, sondern er ist nur ein Symptomen-flickschuster.

Wirkliche Heilung kann nur durch den Körper selbst erfolgen, dann nämlich, wenn Körper, Seele und Geist in Dreiheit sich mit dieser Krankheit auseinandersetzen. Damit will ich deutlich gesagt haben, daß Krankheit auch sehr viel mit der inneren Einstellung zu tun hat. Wenn ich die Krankheit akzeptiere, dann kann sie zu einem wichtigen Einschnitt in meinem Leben werden, der mir viel zu sagen hat, wenn ich daraus lerne; wenn ich die Phase der Krankheit nutze, mein Leben kritisch zu überdenken, dann bin ich am Ende gesunder und heiler als zuvor. Denn Symptome zu beseitigen, heißt nichts anderes, als nur die Spitzen des Eisberges zu behandeln. Das muß eine Sisyphusarbeit bleiben. Jeder weiß, wenn ich oben die Spitze abhoble, bleibt unten das dicke Ende immer noch. Symptome sind lediglich die Stimme der Krankheit, der Schrei des Körpers. Wenn ich einem kranken Wesen die Stimme nehme, mit der er um Hilfe ruft, dann ist zwar Ruhe im Saal, aber dem armen Wesen ist damit nicht geholfen. Das Leiden geht weiter. Es kann sich nur nicht mehr artikulieren.

Dem Körper die Symptome zu nehmen, heißt somit, ihm die Möglichkeit zu entziehen, auf eine tiefer liegende Krankheit aufmerksam zu machen. Aufs Praktische übertragen heißt das, wenn ich ein starkes Schmerzmittel gebe, weil der Bauchschmerz groß ist, mögen die Schmerzen vergehen aber die akute Blinddarmentzündung ist damit längst nicht ausgeheilt. Es kann sogar gefährlich sein, wenn ich diesen Schmerz betäube. Die Naturheilkunde weiß um solche Dinge. Gerade auch die asiatische Volksmedizin kümmert sich um solche Zusammenhänge. Bei ihr heißt Krankheitsstudium auch, das ganze Umfeld des Menschen zu betrachten und nicht nur den Mikrokosmos des menschlichen Körpers. „Der Mensch ist, was er ißt", sagt man. Und damit ist auch schon sehr viel über das Umfeld gesagt. Wenn ich eine Krankheit studiere und wissen will, wie ich sie ausheile, muß ich doch zumindest auch nach den Ernährungs-gewohnheiten fragen. Ich sollte auch wissen, was dieser Kranke für einen Beruf ausübt. Ich sollte seine häuslichen Verhältnisse kennen. So kann doch ein Rheuma nicht ausheilen, wenn er in einer feuchten, kalten Wohnung lebt. Es kann ein Magengeschwür nicht zur Ruhe kommen,

wenn er sich immer wieder über den Chef ärgert oder es in der Ehe nicht stimmt.
Migräne kann ein Schrei nach Liebe sein, eine Anklage gegenüber der Gleichgültigkeit des Partners. Unterleibsschmerzen der Frau können ein Ruf nach mehr Zärtlichkeit sein, nach mehr Verständnis der weiblichen Psyche. Ein Hautekzem kann bedingt sein durch innere Ablehnung des Partners. Wer mag schon einen Menschen mit schorfiger Haut? Eine chronische Verstopfung kann zurückzuführen sein auf Geiz. Menschen, das weiß man inzwischen, die nichts abgeben wollen, sind oft verstopft vom Darm her, weil sie nicht abgeben wollen, aber auch von der Lunge her, weil sie immer nur aufnehmen wollen. Um all diese Dinge muß sich ein Behandler, der seine Arbeit ernst nimmt, kümmern.
Heilen heißt heilmachen und heilmachen heißt ganzmachen, ganzheitlich und nicht symptomatisch vorgehen. Wenn ich nur die körperliche Wunde heilmache, bleibt sehr oft die seelische bestehen. Von dort aus bricht dann die körperliche wieder auf. Solche Behandlung ist Flickschusterei. Ich muß Kranke behandeln und nicht Krankheiten. Krankheiten zu behandeln, heißt, ein körperliches Geschehen, losgelöst vom Menschen selbst, zu betrachten. Niemand käme doch auf den Gedanken, bei einem Auto mit Kolbenfressern nur neue Kolben einzusetzen. Er würde sich doch sicher noch darum kümmern, ob genügend Öl vorhanden ist, ob die Ölpumpe arbeitet, die Ölwanne in Ordnung ist.
All diese Zusammenhänge begreift man umso besser, wenn man sich mit den sehr wichtigen Gesetzen der Polarität, des Rhythmus und der Resonanz beschäftigt. Dann wird uns sofort klar, daß sich schon das Leben selbst nach diesen Gesetzen richtet. Ist das Leben doch ein Schwingen zwischen den Polaritäten Geburt und Tod. In dem Moment, wo wir als Wesen die Erde betreten, beginnt sich das Pendel ständig aber unerbittlich gegen den Pol Tod zu wenden. Tröstlich an dieser Erkenntnis ist aber auch das Wissen um die Bedingtheit einer Wahrheit. Wenn nämlich das Gesetz der Polarität in der einen Richtung stimmt, muß es auch in der anderen Richtung stimmen, d. h., von dem Tod muß das Pendel auch wieder zurückschwingen zum Leben. Somit ist das Gesetz der Polarität und das Gesetz des Rhythmus eine Bestätigung für die Unsterblichkeit des Menschen. Aber damit sind wir schon bei einem anderen Thema.
Das Gesetz der Polarität gebietet uns auch, nach der Aktivität wieder der Muße zu pflegen. Und es tröstet uns ebenso, daß wir nach einer Krankheit die Chance haben, wieder gesund zu werden, daß in der Trauer der Umschlag zur Fröhlichkeit ist. So sind solche Gegensätze nur schein–

bar sich polar gegenüberstehende Einzelfaktoren. Sie sind zusammen erst die Ganzheit. Sie bilden auf einer höheren Ebene eine Einheit, denn keines könnte ohne das andere existieren. Das Leben würde aufhören, würde man einen Part dieser Polarität wegnehmen. Das ist eine sehr wichtige Erkenntnis. Man sollte einmal darüber nachdenken, dann versteht man sich, das Leben, die Höhen und Tiefen des Lebens besser.

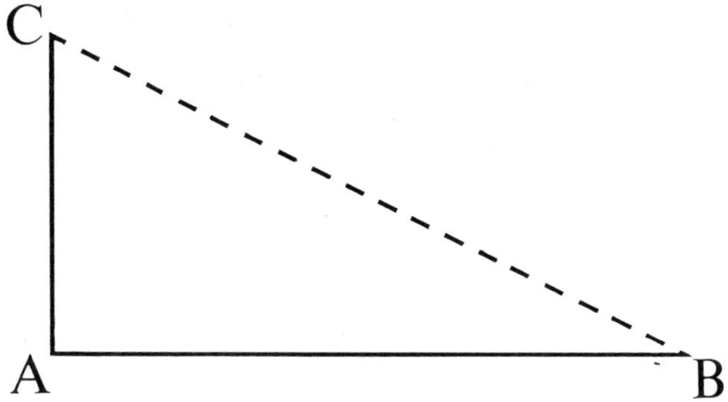

Abbildung Nr. 2

Betrachten wir einmal zwei Polaritäten, systematisiert auf einer Ebene. Auf der obenstehenden Zeichnung sehen Sie die Grundlinie mit A und B gekennzeichnet, und die Senkrechte verläuft zwischen A und C. Verbindet man jetzt C mit B, so würde diese Gerade der Hypotenuse eines Dreiecks entsprechen. Verschiebt man jetzt die Hypotenuse von B nach A, so muß zwangsläufig die Strecke A–C größer werden. Umgekehrt, wenn man sie von A wegschiebt, so wird A–B länger und A–C kleiner. Würde man jetzt die Strecke A–C als Größe der lebensfeindlichen Elemente betrachten und A–B als Größe des Lebens schlechthin, so ergibt sich mathematisch, daß eine Vergrößerung der lebensfeindlichen Elemente eine Verkürzung des Lebens bedeutet bzw. eine Verringerung der lebensfeindlichen Elemente eine Verlängerung des Lebens. Je ungesunder ich lebe, je mehr lebensfeindliche Kräfte sind wirksam, umso mehr verkürze ich die Spanne A–B. Irgendwo in dem Verhältnis (A–C) zu (A–B) findet sich ein Punkt der Harmonie, der einem Idealzustand entspricht. Damit will ich sagen, daß es gar nicht einmal erstrebenswert ist, sämtliche gegen das Leben gerichtete Kräfte zu eliminieren. Dann würde mathematisch das Leben ewig währen. Wir brauchen ein gewisses Quantum an lebensfeindlichen Kräften. Jede Belastung trainiert den Körper.

Völlige Inaktivität der Bewegung ließe uns verkümmern. Sportliches Messen läßt unsere Körperkräfte erstarken, wenn es in vernünftigem Sinne geschieht. Im übertriebenen Maße werden sie lebensfeindlich und vergrößern die Achse A–C.
Hier könnte man eine bekannte Regel aus der Naturheilkunde zitieren. Diese besagt, daß kleine Reize heilen, mittlere Reize anregen und starke Reize zerstören. Die starken Reize wären also die lebensfeindlichen Kräfte, die mittleren und die kleinen Reize wären lebensfreundliche Kräfte. Was lebensfeindlich und anregend und heilend ist, das ist natürlich individuell verschieden. Und jeder muß hier sein Maß erkennen. Werden wir mit lebensfeindlichen Kräften konfrontiert, dann müssen wir unsere Schutzfunktionen entwickeln. Das bedarf der Aktivität und der Kreativität. Würde man einen Menschen aus dem behüteten Zivilisationsdasein in die rauhe, lebensfeindliche Umgebung des polaren Winters versetzen oder in die gefährliche Umgebung des tropischen Regenwaldes mit all seinen Tücken, so hätte dieser Mensch wahrscheinlich keine Überlebenschance. Menschen, die dort leben, haben sich adaptiert. Ihre Kreativität, ihre Aktivität, ihr Immunsystem haben die Schutzfunktionen des Körpers so sehr gestärkt, daß sie hier leben können. Würde man einen degenerierten Mitteleuropäer in eine weniger gefährliche Umgebung versetzen, dann hätte er die Chance, zu überleben. Viele Schiffbrüchige, die auf irgendeinem menschenleeren Eiland gelandet sind, haben dies bewiesen. Im Augenblick des Unglücks wächst die Strecke A–C riesengroß. Die Wahrscheinlichkeit des Überlebens sinkt und verkürzt A–B und die Strecke des Lebens selbst. Allmählich dehnt sich A–B dann wieder aus. Die Überlebenskräfte des Körpers stärken sich, der Mensch paßt sich an. Hieran müssen wir arbeiten, die Überlebenskräfte zu stärken. Auch unser Alltag, in dem behüteten Dasein unserer Zivilisation, muß nicht dazu führen, daß wir restlos degenerieren. Wenn wir unser Leben bewußt leben, wenn wir nicht alles von uns schieben und uns gegen alles versichern, wenn wir uns nicht jede Arbeit abnehmen lassen und bei allen Schwierigkeiten andere zu Hilfe rufen, dann bleiben wir beweglich, dann bleiben wir stark. Dies ist selbstverständlich eine Frage innerer Einstellung. Manche Menschen verstehen es hervorragend, auf Kosten anderer zu leben. Glauben Sie es mir, diese Menschen bekommen eines Tages ihre Quittung. Der tyrannische Ehepartner, der immer den anderen Partner ausnutzte, damit er es bequem hat, wird eines Tages vielleicht dastehen, völlig hilflos, weil sein Partner starb. Er wird lebensuntüchtig sein und nicht zurechtkommen. So kann Liebe zerstörerisch wirken. Kinder, die zu behütet aufwachsen, lernen nie, sich durchzusetzen. Sie werden lebens–

untüchtig und haben es sehr schwer, wenn sie später allein dastehen. Das Leben ist nicht so, daß es uns wie selbstverständlich alles abnimmt. Das Leben verlangt von uns, daß wir uns durchsetzen. Und das müssen wir von Kindesbeinen an lernen. Dies hat eine Konsequenz. Es heißt nämlich auch, daß wir unsere Schicksalsschläge annehmen sollen als etwas, das uns lehrt, das uns stärker werden läßt, wenn wir nicht zu Boden gehen und dort liegen bleiben wollen. Ein Schicksalsschlag, den wir annehmen, macht uns reifer, vermehrt die Summe unserer Lebenserfahrungen, macht uns sehender, hebt uns auf eine höhere Bewußtseinsebene. Genau das trifft auch für die Krankheit zu. Die Krankheit, die wir meistern, läßt uns reifer werden. Deswegen bin ich auch strikt dagegen, Kindern all ihre Kinderkrankheiten zu nehmen, indem sie gegen alles Mögliche geimpft werden. Man nimmt ihnen eine Möglichkeit des Reifens. Der Körper braucht diese Phasen, um eine gesunde Abwehr aufzubauen. Wir brauchten wesentlich weniger Antibiotika, wesentlich weniger Medikamente, weil solche Kinder weniger krank werden. Sie wissen doch, was der Volksmund sagt:„Kinder, die auf dem Misthaufen aufwachsen, sind weniger krank"

Aber kehren wir wieder zurück zu den hermetischen Gesetzen des Lebens und zu unserer mathematischen Form A–C zu A–B.

Ich hatte gesagt, daß eine Verringerung von A–C auf 0 eine Unendlichkeit von A–B bedingt. Dies bestimmt nur auf der unteren Ebene der Wahrheit. Auf der höheren Ebene der Wahrheit bedeutet A–C = 0 auch eine Erstarrung des Lebens. Erstarrung des Lebens ist aber Tod. Denn Leben heißt Bewegung. Panta rhei – alles fließt. Das Leben ist ein ständiges Steigen und Fallen von A–C und ein ständiges Wachsen und Verringerung von A–B. In dieser Funktion muß eine ständige Bewegung sein. A–C = 0 ist der Tod. Und der Tod ist die höchste Form des Lebens. So, wie in der höchsten Zeit des Winters der Frühling geboren wird, so, wie in der tiefsten Stunde der Nacht der Tag zu wachsen beginnt, so ist in der höchsten Form des Lebens, der Strecke A–B, zwar der Tod aber der Beginn auch eines neuen Lebens wieder.

Der Volksmund hat ein sehr schönes Sprichwort geprägt:

„Und wenn Du glaubst, es geht nicht mehr, dann kommt von irgendwo ein Lichtlein her". In dem Augenblick, wo wir meinen, der Schmerz ist so groß, die Lasten sind untragbar, dann wird das neue Licht geboren, das uns den Weg aus dem Dunkel heraus zeigt. Es ist eine tröstliche Gewißheit, die letzten Endes auf die hermetischen Lebensgesetze zurückgeht. Wenn man sie einmal begriffen hat, dann ist das Leben wie eine Offenbarung.

Beschäftigen wir uns jetzt mit den hermetischen Gestzen.
Das 1. Gesetz heißt: *„Das All ist Geist, das Universum ist geistig".* Wenn das Universum geistig ist und das All Geist, dann muß das Universum eine Schöpfung des einen Geistes, des Allgeistes sein. Und alle Dinge des Universums sind Wesen dieses Geistes. In allen Dingen des Universums wirkt dieser Geist. Alle Dinge sind durch das Wesen dieses Geistes verbunden, weil dieser Geist in ihnen lebendig ist. Ob die Blume am Wegrand, der Stein auf dem Grund des Meeres oder der Mensch als Krone der Schöpfung, sie sind Teil dieses Geistes. Wenn wir aber Kinder desselben Geistes sind, dann müssen wir miteinander reden können, so, wie Franz von Assisi es getan hat: „Er redete mit den Vögeln und mit den Steinen". Wenn wir Kinder dieses einen Geistes sind, dann muß auch eine Geistheilung funktionieren. Und wir sollten deswegen nicht über Handauflegen, Besprechen lächeln. Wir sollten schweigen, weil wir vielleicht noch nicht auf jener Ebene sind, aus der heraus diese Phänomene erklärbar sind.
Wir wissen heute durch Lügendetektor, durch Kirlianfotografie, durch Biofunktionsdiagnostik, daß Pflanzen reden können, daß sie Empfindungen ihres Besitzers über hunderte von Kilometern wahrnehmen. Ich berichtete darüber schon in einem anderen Kapitel. Es sollte uns nicht überraschen, wenn man das 1. hermetische Gesetz kennt. Im Geiste sind wir immer eins, wo immer wir uns auch befinden, zu welcher Tageszeit wir miteinander kommunizieren. Wir sind in diesem Geiste auf ewig miteinander verbunden.
Wir kennen das Phänomen der morphogenetischen Felder. Affen, die auf einer Insel lebten, fingen plötzlich an, ihre Früchte genauso zu waschen, wie Affen, die hunderte von Kilometern weit entfernt waren. Wir sprechen vom Zeitgeist und meinen damit, daß plötzlich ein Bewußtsein für gewisse Dinge sich entwickelt, das vorher nie da war, daß ganze Völkermassen plötzlich gleichgeschaltet reagieren, ein Gedanke lebendig wird in den Köpfen von Millionen von Menschen. Wir wurden alle Zeuge des geschichtlichen Aufbruchs im Osten, der sich in seiner Gesamtheit vielleicht durch dieses Phänomen der morphogenetischen Felder erklärt. Es ist der Geist, der in uns allen lebt und dessen Schwingungen in allen diesen Kreaturen plötzlich durch einen Impuls von außen angestoßen wird und lebendig wird. Jedoch artikuliert sich der Geist auf verschiedenen Ebenen. Wenn man sich den Allgeist als Spitze eines Dreiecks vorstellt und die Wesen mit dem niedrigsten Bewußtsein als Basis des Dreiecks, so herrscht an der Spitze des Dreiecks die höchste Form der Schwingung und an der Basis die niedrigste Form der Schwingung. Je höher wir uns

entwickeln, je mehr steigen wir auf in die Spitze des Dreiecks. Aber selbst dem Weisesten aller Weisen ist es niemals möglich, die Spitze des Dreiecks zu erreichen, weil hier der Allgeist ist. Niemand ist es gegeben, der Allgeist zu sein, von dem der Taoismus als das Tao spricht, das man nicht beschreiben kann. Das, was man beschreiben kann, ist niemals das Tao. Unser begrenzter Verstand reicht nicht aus, um uns dieses Bewußtsein des Allgeistes vorstellen zu können. Wir können nur danach streben, ihm möglichst nahe zu kommen, erreichen werden wir es nie.
Auch die Toten bleiben Teil des Universums und sind so Teil dieses Geistes. Das, was in das Universum eingeht, ist das Unsterbliche dieses Geistes. Es ist unsterblich, so, wie der Allgeist unsterblich ist und unendlich ist. Er ist jenseits jeder Dimension. Er läßt sich weder messen noch wägen. Er ist unfaßlich von irgendwelchen Vorstellungen und Maßeinheiten.
Das 2. hermetische Gesetz ist *„das Gesetz der Entsprechung"*. Es besagt: So oben wie unten, wie unten so oben. Alle Dinge des Lebens manifestieren sich in verschiedenen Erscheinungsformen. Von der starren Form fester Materie über die flüssige Form bis hin zur gasförmigen gibt es verschiedene Aggregatzustände, die man aber immer noch als materiell bezeichnen kann. Jenseits des Gasförmigen haben wir die geistigen Zustandsformen, die energetische und die höchste und reinste Zustandsform, die des Allgeistes. Somit ist Wasserdampf das gleiche wie Wasser und Wasser das gleiche wie Eis, nur dargestellt in verschiedenen Aggregatszuständen. Der Wasserdampf, der aufsteigt, ist das gleiche, wie das Eis, das sich schwerfällig am Boden hält. Der Dampf entspricht seinem Wesen nach dem Eis. Nur die Schwingungen sind verschieden. Gas weist eine höhere Schwingung auf als die ruhende Materie. Der Tisch, den wir dort sehen, ist voller Schwingungen und doch voller Leere. Würde man den Tisch in immer kleineren Teilen darstellen, bis er schließlich nur noch Atome hätte, so würde man zwischen den Atomen eine riesige Leere finden. Und doch ist in der kompakten Masse des Tisches derselbe Geist, wie in dem kleinsten Bauteil des Atoms.
Nach dem Gesetz der Entsprechung müssen wir auch erkennen, daß das, was in unseren Köpfen an negativen Gedanken schwirrt, seine Auswirkung in der Naturzerstörung findet. Und daß umgekehrt die kranke Natur wieder kranke Köpfe schaffen muß. Das eine bedingt das andere. Wie es unten tönt im Volke, so ist es oben in der Regierung und umgekehrt. Die negative Einstellung der Regierung wird ihren Widerhall finden in den Köpfen der Bürger. Ist unsere unruhige Welt nicht so gesehen eine Bedingtheit zwischen diesen Faktoren? Das Gesetz der Entsprechung sagt

uns aber auch, daß jeder bei sich anfangen muß, wenn er das Ganze ändern will. Wir dürfen nicht die Lösung von anderen erwarten, sondern nur indem jeder in seinem Leben Ordnung schafft, wird es Ordnung im großen geben können. Das Gesetz der Entsprechung und das erste Gesetz des Allgeistes sollte uns auch davor bewahren, gering vom Tier zu denken. In ihm herrscht der gleiche Geist wie in uns. Es ist die größte Dummheit, wenn der Mensch sich zum Herrscher der Natur aufschwingen will, sie ausbeuten will. Er begreift nicht, daß er damit sich selbst ausbeutet, denn er verstößt gegen den gleichen Geist. Die Verschmutzung der Umwelt führt zur Verschmutzung des Menschen. Wie oben, so unten. Das Gesetz der Entsprechung fordert Harmonie zwischen allen Wesen, fordert so zu handeln, daß der eine Geist, der in allem wohnt, verehrt wird. Seien wir vorsichtig mit unseren Gedanken, die Energien sind, weil die disharmonische Energie disharmonischer Gedanken auch Disharmonie auf höherer Ebene erzeugen wird.

Das 3. Gesetz ist *„das Gesetz der Schwingung"* und besagt: Nichts ist in Ruhe, alles bewegt sich, alles ist Schwingung. Lassen Sie mich nochmal auf den Tisch zurückkommen. Er steht dort scheinbar ruhig. Und doch ist alles Schwingung. Mit rasender Geschwindigkeit umkreisen die Elektronen den Atomkern, genauso im Eisblock. Würde man ihn schmelzen, verändern sich die Schwingungen und würde man das Wasser verdampfen, würden die Schwingungen noch größer. Man spricht von den falschen Schwingungen zwischen zwei Menschen und daß sie sich darum nicht verstehen. Das ist schon richtig gedacht. Unsere Gedanken sind ebenso Schwingungen und Vibrationen, wie die seismographischen Werte, die beim Erdbeben festgestellt werden und auf Schwingungen zurückgehen. Das Leben ist Bewegung – Panta rhei – alles fließt. Man könnte genauso sagen, alles schwingt. Sind diese Schwingungen harmonisch zwischen zwei Wesen, so sind sie sich sympathisch. Sind sie disharmonisch, kommen sie nicht zusammen.

Mit den energetischen Schwingungen unserer Gedanken greifen wir in andere Schwingkreise ein und bewegen etwas. Bei Krankheiten verändern sich diese Schwingungen. Sie werden langsamer. Und der Mensch stirbt. Die Schwingungen hören auf. Schwingungen bedingen die unterschiedlichen Manifestationen der Stofflichkeit. Töne sind ebenso Schwingungen wie Licht. Je höher diese Schwingungen, umso höher ist das Bewußtsein. Wir können uns nur zu einem höheren Bewußtsein „aufschwingen". Allein diese Artikulation ist interessant, indem wir unsere Schwingungsfrequenz verändern. Je tiefer wir in unserem Bewußtsein sinken, umso tiefer wird unsere Schwingung. Je höherfrequent wir schwingen, umso feinstofflicher werden wir und umso sensibler. Menschen mit hoher Sensibilität, mit telepathischen, hellseherischen Fähigkeiten haben eine sehr hohe Schwingung, die man durch Kirlianfotografie, durch Veränderung der Farbabstrahlung, sehen kann. Licht, Hitze, Magnetismus, Elektrizität sind Formen dieser Schwingungen. Die molekularen Anziehungskräfte des Zusammenhaltens von Atomen beruhen auf Schwingungen. Die Gravitation beruht auf Schwingung. Das Gesetz der Affinität und das Gesetz der Anziehung - all das erklärt sich durch Schwingung.

Irgendwo las ich einmal von dem Beispiel eines sich drehenden Rades. Zunächst, wenn es anfängt, sich zu drehen, wird es Töne erzeugen. Je höher es sich dreht, je schriller werden die Töne werden, bis sie schließlich ganz verschwinden. Schließlich wird die Materie anfangen zu glühen, ihre Farbe verändern, bis es bei immer höheren Schwingungen zerplatzt und sich die Materie in Einzelteile auflöst, den Atomen. Die Materie wird zur ätherischen Substanz. Die immer höheren Schwingungen haben aus der ruhenden Materie Energie gezeugt.

In der Telepathie nehmen wir die feinstofflichen Schwingungen der PSI-Kräfte (PSI: Phänomene außersinnlicher Wahrnehmungen) wahr. Je feiner unsere Schwingungen, umso mehr nehmen wir wahr.

Aber es kann auch eine Last sein. Denn zuviel Wahrnehmung wirkt belastend. Aber die Weisheit gibt uns dann auch die Gelassenheit, es zu ertragen, die Gelassenheit eines höheren Bewußtseins, indem man fähig ist, zu lassen.

Die Konsequenz aus diesem Gesetz ist, uns zu reinigen von all dem Falschen, Lebensfeindlichen, das unsere Schwingungen zum Negativen hin moduliert, uns frei zu machen von allem Schwingungsfeindlichen und zu erkennen, daß unsere Welt so ist, wie wir sie zu sehen vermögen aber ihr Wesen anders ist. Das Bild, das wir von den Dingen unserer Welt bekommen, entspricht unserer Schwingungsfrequenz, sprich Bewußtsein. Wir müssen erkennen, daß alles das, was wir sehen, nur eine Fassade ist und daß wir diese Fassade nur durchdringen können, indem wir unsere Schwingungsfrequenz verbessern.

Das 4. hermetische Gesetz ist *„das Gesetz der Polarität"*. Alles ist zweifach, alles hat zwei Pole. Alles hat sein Paar von Gegensätzlichkeiten. Gleich und Ungleich ist dasselbe. Gegensätze sind identisch in der Natur und verschieden im Grad. Extreme berühren sich. Alle Wahrheiten sind nur halbe Wahrheiten. Alle Widersprüche können miteinander in Einklang gebracht werden.

Wenn wir das Leben und unseren Lebensraum, ja den gesamten Kosmos betrachten, so stellen wir fest, daß alles polar ist. Es beginnt mit unserem Leben, indem wir geboren werden, und es endet mit dem Tod. In unserem Leben erfahren wir Trauer und Freude, Höhen und Tiefen, Glück und Unglück, Krankheit und Gesundheit, Tag und Nacht, Sommer und Winter, Himmel und Erde, Schlafen und Wachen, Arbeiten und Ruhen. Überall finden wir diese Polarität, von dem das hermetische Gesetz sagt, daß alle Erscheinungen zwei Seiten haben und daß diese zwei Seiten verschiedene Darstellungen derselben Einheit sind, daß die Einheit durch das Vorhandensein dieser beiden Polaritäten erst möglich ist und beide polaren Erscheinungsformen eine Ganzheit bilden. So ist das Unglück der Widerpart des Glückes, ist die Hausse die andere Hand der Baisse, das eine folgt dem anderen. Die Chinesen stellen es dar mit ihrer Monade, in der Yin und Yang dargestellt sind aber auch das Yin im Yang und das Yang im Yin. In der Freude liegt der Kern der Trauer. Freude, nicht weise genutzt, kehrt die Trauer heraus. Der Übermut führt leicht zu Fall. Da ist es tröstlich zu wissen, daß in der Trauer über das Verlorene die Freude der Erkenntnis liegt. Aus jedem Unglücksfall können wir unheimlich viel lernen. Und wenn wir das tun, aus unseren Mißerfolgen etwas zu lernen, dann war dieser Unglücksfall nützlich.

Dieses Erkennen kann uns zu neuer Freude führen durch das, was wir gelernt haben.

Aus der Polarität entstehen die meisten Leiden, weil wir eingebunden sind in die Polarität. Und manche sagen sogar, daß der Sündenfall uns diese Polarität beschert hat. Die Überwindung der Polarität führt uns zur Einheit. Aber schwierig wird es dadurch, daß es auch wiederum eine Polarität zur Polarität gibt, die auf einer höheren Form wiederum eine Einheit bildet.

Und diese höchste Form, in der die Polarität eine Einheit mit der Polarität bildet, ist der Allgeist. Die Überwindung der Polarität heißt also Annäherung an das Göttliche, die Überwindung der Angst vor dem Sterben, die Erkenntnis der Unsterblichkeit. Und hier sind wir auch wieder bei der Krankheit, unserem eigentlichen Thema.

Krankheit ist die Polarität zur Gesundheit. In der Krankheit liegt die höhere Qualität der Gesundheit, die wir erreichen können, wenn wir die Krankheit akzeptieren als Teil der Gesamtheit Gesundheit–Krankheit. Wir können überhaupt nur gesund sein dadurch, daß wir auch krank sind. Das heißt, jene, die ein ganzes Leben bemüht sind, gesund zu bleiben, züchten die Krankheit erst recht. Durch die Überbetonung des einen Pols „Gesundheit", züchten sie die Disharmonie. Es wird klar, daß jener, der mit

seiner Krankheit sich und andere unter Druck setzt, indem er die Krankheit als soziales Druckmittel mißbraucht, sich geradezu in die Disharmonie und Konfrontation führen muß. Die Lehre aus dieser Polarität heißt, beides Gesundheit und Krankheit in unserem Leben schicksalsergeben anzunehmen, demutsvoll und weise damit umzugehen. „Dein Wille geschehe, Dein Reich komme!" Das Gesetz der Polarität erklärt auch, daß Geist und Materie dasselbe sind, daß Leere dasselbe ist wie Völle. Und wer einmal meditiert hat und erfahren hat, welche unendliche Vielfalt und welcher Reichtum in der Leere, in dem Ausschöpfen, in dem Zustand des Ausgeschöpftseins ist, der weiß, daß die Leere nicht leer ist. Leer ist sie nur für den, der in der Beschränkung der Polarität lebt und nicht zu sehen vermag. Unsere moderne Zeit krankt daran, daß sie mit immer neuen Errungenschaften der Unterhaltungsbranche die Leere, die sie in sich spürt, ausfüllen möchte. Sie hat nicht begriffen, daß Leere sich nicht durch Völle füllen läßt, sondern daß Leere und Völle ihre gleiche Berechtigung haben und daß sich Leere nur füllen kann, indem ich das Wesen der Völle studiere in der Leere und daß ich in der Völle mir der Leere bewußt werden muß. Das heißt auf unseren Alltag übertragen, in guten Zeiten für die schlechten vorzusorgen. Und in der schlechten Zeit nicht den Mut zu verlieren in der Gewißheit, daß wir durch unsere Haltung des Geistes die guten Zeiten wieder erfahren werden. Die guten Zeiten suchen die gute Einstellung, die aus Vertrauen, aus Bescheidenheit, aus Fröhlichkeit besteht. Gutes geht zu Gutem. Das Schlechte fühlt sich bei dem Schlechten wohl. Wer negativ denkt, wird nach dem Gesetz gleiche Schwingungen anziehen. So ist es wichtig, die richtige innere Einstellung zu haben aber auch zu wissen, daß wir dennoch dem Gesetz der Entsprechung, dem Gesetz der Polarität, dem Gesetz der Schwingung nicht entfliehen können aber im Wissen um die Dinge es leichter haben, unsere Mitte zu wahren und gelassen zu sein.
Wer hat nicht schon erfahren, daß der eben noch liebevolle Partner in Krisenzeiten der Partnerschaft plötzlich voller Haß ist. Liebe ist der Widerpart zum Haß. Aber aus Haß kann auch wieder Liebe entstehen. Haß ist oft nichts weiter als falsch verstandene Liebe. Wer hat nicht schon erfahren, daß durch zuviel Liebe Böses erzeugt wird. Viele Kinder mißraten, weil sie durch zuviel Liebe nicht erzogen, sondern verzogen wurden. Das Gesetz der Polarität mahnt uns, mit beiden Polen ausgewogen und harmonisch umzugehen. Das Gesetz der Polarität ermuntert uns aber auch, aus Schwäche Stärke zu machen und in der Stärke sich des Schwachen nicht zu schämen, sondern das Schwache als Aufforderung

anzusehen. Zuviel Schwäche erzeugt eine Disharmonie im Gesetz der Polarität. Mit diesem Wissen sind wir aufgerufen, unser Leben zu ordnen.
"Das 5. Gesetz des Rhythmus". Alles fließt aus und ein. Alles hat seine Gezeiten. Alle Dinge steigen und fallen. Das Schwingen des Pendels zeigt sich in allem. Das Maß des Schwunges nach rechts ist das Maß des Schwunges nach links. Rhythmus kompensiert.

Dieses Gesetz besagt, daß im Leben alles einem Rhythmus unterworfen ist. Niemals wird es nur eine Höhe geben. Wir werden aus der Höhe in die Tiefe schwingen. Da es eine Polarität gibt, muß es auch eine von energetischen Schwingungen getragene Bewegung zwischen beiden geben. Und das besagt das 5. Gesetz des Rhythmus. Wir haben die Ebbe, die zur Flut schwingt. Wir schwingen von der Freude zum Leid. Aber niemand zwingt uns, im Pendelschlag des Leides zu bleiben. Jede Aktion bedingt eine Reaktion. So, wie ich in den Wald hineinrufe, so schallt es heraus. So, wie ich von meinen Mitmenschen denke, wird man von mir denken. Und die Qualität meiner Taten wird den Rhythmus bedingen, daß ich deren Früchte ernte. Wer da säet, wird gleichermaßen ernten.

Jede Handlung wird ihren Rhythmus erzeugen. Und der Rhythmus wird entsprechend unserer inneren Einstellung sein. Die Selbstbeherrschung ist keine Starrheit im Sinne des Rhythmus. Sein Selbst zu beherrschen heißt, sich auf die Eigenart seines Wesens zurückzuziehen. Das ist Neubestimmung des Rhythmus. Niemand entgeht dem Gesetz, heißt es. Und keiner kann das Gesetz des Rhythmus aufheben. Er kann diesen Rhythmus aber steuern. Und der weise Meister tut es unter Einsatz seines Bewußtseins und erreicht damit eine Gewichtung der Dinge in seinem Leben und ein ruhiges Schwingen aus der Mitte heraus. Innerlich gefestigt, bestimmt er diesen Rhythmus und ist nicht mehr Opfer dieses Rhythmus. Er bestimmt den Weg und damit die Richtung und geht nicht wahllos einen Weg, der ihn zu irgendeinem Ziel trägt. Er bestimmt, wie weit er zurückschwingt nach einem Voranschreiten und weiß, daß nach jedem Zurückschwingen auch ein Vorwärtsschreiten wieder folgt. Niemals gibt es die absolute Ruhe. Es gibt keinen Stillstand im Kosmos, nicht in unserer Welt und nicht in unserem Leben. Alles ist bestimmt vom Gesetz des Rhythmus. Auf dem Höhepunkt der Macht schwingt das Pendel zurück. Wir können das Ausmaß der Schwingamplitude bestimmen und aus der Tiefe des Falls schwingt es uns wieder hinauf zum Höhepunkt. Das besagt das Gesetz des Rhythmus.

Auch unsere Gefühle unterliegen diesem Rhythmus. Wer das weiß, erträgt gelassen seine schwarzen Stunden und läßt sich von Gefühlen niemals beeindrucken. Er läßt sich keinen Willen aufzwingen, weil Wille

übersteigert, verkrampft, sondern läßt sich vom Wollen tragen, das frei ist und im Rhythmus des Pendels folgen kann.
Achten Sie auf den Rhythmus Ihres Lebens. Lassen Sie sich von diesem Rhythmus zu immer höheren Schwingungen tragen. Studieren Sie das Gesetz des Rhythmus in Ihrem Leben.
"Das 6. Gesetz der Kausalität." Jede Ursache hat ihre Wirkung. Und jede Wirkung hat ihre Ursache. „Mensch bedenke das Ende", heißt es. Es will uns sagen, daß alles, was wir tun, eine Wirkung zeigt und daß jede Wirkung, die uns trifft, eine Ursache hat. Wenn wir also Schwierigkeiten mit unserer Umwelt haben, mit unseren Mitmenschen, so dürfen wir die Welt nicht anklagen, die ungerecht zu uns ist, sondern wir müssen die Ursache in uns selbst studieren. Wir selbst sind Ursache für viele Dinge in unserem Leben. Wir fragen uns manchmal, warum hat dieser Glück und jener nicht. Die Ursache liegt in uns selbst. Es gibt keine Zufälligkeiten, auch nicht hinsichtlich der Krankheit, wie ich eingangs sagte. Krankheit ist oft hausgemacht. Nach dem Gesetz der Ursache und Wirkung möchte ich jetzt hinzufügen: Unser Leben ist so, wie unsere Gedanken sind. Unser Glück ist das, was wir in uns keimen ließen. Zufälle und Glück gibt es nicht. Es sind Dinge, die wir uns selbst schaffen nach dem Gesetz von Ursache und Wirkung. Wie kann ich Erfolg haben in meinem Leben, wenn ich laufend mit Minderwertigkeitsgefühlen herumschleiche. Diese Gedanken ziehen doch nach dem Gesetz der Schwingungen gleiches an, nämlich Negatives und Unglück. Also bin ich so selbst die Ursache zu meinem eigenen Unglück.
"Du bist Deines Glückes Schmied" heißt ein Sprichwort. „Jeder trägt den Marschallstab in seinem Tornister" heißt ein anderes. Das will doch alles nichts anderes sagen als das, was uns dieses 6. Gesetz von Ursache und Wirkung verkündet. Sartre sagt in seinem Theaterstück: „Die Hölle sind nicht die anderen, die Hölle sind wir selbst". Wir schaffen uns durch die Qualität unserer Gedanken nach dem Prinzip von Ursache und Wirkung unsere eigene Hölle. Niemand kann uns eine Hölle aufzwingen, es sei denn, wir lassen es zu. Die Giftigkeit anderer hat die Ursache in uns. Wenn wir provozieren, indem wir mit unserem Besitztum protzen, wenn wir andere ärgern, weil es uns Spaß macht, Macht auf sie auszuüben, so wird das auf uns zurückfallen. Und wir ärgern uns selbst am meisten damit. Seien wir deswegen sorgsam mit unseren Gedanken, mit unseren Handlungen. Seien wir sorgsam mit dem, was wir schreiben, wie wir uns verhalten. Mit jedem Gedanken schaffen wir eine Ursache, mit jeder Handlung, mit jedem Wort, das wir sagen.

Ursache und Wirkung prägt auch unsere Welt. Umweltverschmutzung ist die Folge der Verschmutzung unserer eigenen Gedanken. Hier fällt die Gier auf uns zurück. Schlechtes Klima, schlechtes Wetter, das sind wir, nicht die anderen. Schlechtes Klima in unserem Mikrokosmos bringt ein schlechtes Klima außen im Makrokosmos.
Probleme in der Ehe, das sind wir. Probleme mit den Kindern, das sind wir. Unser Vorbild prägt das kleine Wesen. Eltern, die mit den Kindern nicht fertig werden, zu nachgiebig sind, schaffen sich die Hölle, die Wirkung ihrer eigenen Unfähigkeit fällt auf sie zurück in Form der Tyrannei dieser kleinen Wesen.
"Wer Wind sät, wird Sturm ernten". Wir brauchen nur dem Volk aufs Maul zu schauen, und überall werden wir dies Gesetz der Ursache und Wirkung bestätigt finden. Die Glocke, die ich schlage, bringt einen Ton. Die Hand, die gibt, wird bekommen. Der Geizige wird keine Freundlichkeit ernten. Aber das Lächeln, das wir geben, kehrt zu uns zurück. Die Freude, die wir schenken, kehrt ins eigene Herz zurück. Alles Aussagen zum Gesetz von Ursache und Wirkung, ausgedrückt von der schlichten Weisheit des Volkes.
Dieses Gesetz sagt uns: Gib Liebe, wenn Du geliebt werden möchtest. Das Gesetz der Ursache und Wirkung prägte das Gebet von Franz von Assisi, der sagt: „Herr, laß micht trösten und nicht erwarten, daß ich getröstet werde". Wer tröstet, wird Trost bekommen, dann wenn er ihn braucht. So einfach ist es, wenn wir um das Gesetz von Ursache und Wirkung wissen.
"Das 7. Gesetz ist das Gesetz des Geschlechts". Geschlecht ist in allem. Alles hat männliche und weibliche Prinzipien in sich. Geschlecht offenbart sich auf allen Ebenen. Geschlecht ist in Dir und mir, Bulle und Blume, Kanne und Käfer, Stein und Wasser. Weil Geschlecht in allem ist, kann überhaupt Leben existieren. Dort, wo Weiblichkeit und Männlichkeit zusammenkommen, entsteht neues Leben. Die Chinesen sprechen von der Aktivität des männlichen Yang-Prinzips und von der Passivität des weiblichen Yin-Prinzips. Wenn ich immer nur aktiv bin, verstoße ich nicht nur gegen das Gesetz der Polarität, sondern vernichte auch das weibliche Prinzip. Das weibliche Prinzip ist das künstlerische, das musische; das männliche ist das konstruktiv-technische. Wo die Technik sich mit dem weiblichen Prinzip des Musischen trifft, da entstehen wunderbare Schöpfungen. Wir haben die Beispiele auf vielen künstlerischen Gebieten, ganz besonders in der Bildhauerei und in der Architektur. Das weibliche Prinzip ist das Aufnehmende, das männliche

Prinzip das Gebende. Beides muß zusammenkommen. Wer nur aufnimmt, wird daran ersticken. Wer nur abgibt, wird daran erkranken.
Wir brauchen den subjektiven Geist genauso wie den unbewußten Geist. Wir brauchen die passive Kreativität wie die aktive Kreativität. Wir brauchen das Bewußtsein genauso wie das Unterbewußtsein. Das eine ist männlich, das andere ist weiblich. Wir brauchen das Ich und das Ego. Das Ego kann Eindrücke empfangen, das Ich vermag die empfangenen Eindrücke umzusetzen zu etwas Sichtbarem. Das Ich *„ist"*, das Ego *„läßt werden"*. Das Ego gebiert die Idee, das Ich macht diese Idee manifest. Was nützt es, tausend Ideen zu haben, wenn niemand da ist, der sie umsetzt. Was nützt eine Armee von Technikern, wenn niemand da ist, der Ideen schafft, die sie umsetzen können. Daran sehen Sie, wie wichtig es ist, männliches und weibliches Prinzip gleichermaßen zu haben. Ohne beides ist Schöpfung nicht möglich. Ohne beides kann Leben nicht sein.
In jedem Ding arbeitet dieses Prinzip des Geschlechtes, so, wie wir wissen, daß in jedem Manne weibliche Elemente sind und umgekehrt in jeder Frau männliche Elemente. Dort finden wir dieses Gesetz bestätigt. Jeder Körper trägt Hormone des anderen Teils in sich, der Mann von der Frau, die Frau vom Manne.
Schauen Sie in die Natur hinaus, ein Blühen und ein Grünen. Wenn nicht die Biene wäre, die bestäuben würde, das Männliche zum Weiblichen bringen würde, würde all diese Pracht sterben auf ewig. Hier muß Weibliches zum Männlichen kommen, um neues Leben, neue Schöpfung zu schaffen.
Am Himmel zeigt sich am Tage die Männlichkeit der Sonne, das Symbol des Goldes und weicht in der Nacht der Weiblichkeit des Mondes mit dem Symbol des Silbers. Das Weib strebt zum Manne, der Mann strebt zum Weibe, dem Urgesetz des Geschlechts folgend, so, wie es heißt: indem sich Geschlecht offenbart sich auf allen Ebenen, strebt gleichermaßen das Männliche zum Weiblichen und umgekehrt. Wir finden es auch auf der Ebene der Pflanzen.
Und wir sollten einmal darüber nachdenken, wo wir das Weibliche stärken sollten und wo das Männliche. In unserer modernen Welt betonen wir zu sehr das Männliche, das Kämpferische und haben es verlernt, weiblich zu sein, duldsam, beobachtend, gebend.
Welche Konsequenz ziehen wir nun aus all diesen Gesetzen für das Krankheitsgeschehen?
Wir sollten hierüber in Ruhe einmal nachdenken, dann gewinnt Krankheit einen ganz anderen Aspekt. Dieser Aspekt erleichtert uns die Zeit der Krankheit und führt uns zu mehr Harmonie und läßt uns Heilung bewußt

erleben und steuern. Wir begreifen dann auch, warum wir gerade diese Krankheit bekommen mußten, weil wir ihre Ursache, gemessen an den sieben hermetischen Gesetzen, eher erkennen.

Aphorismen

Liebe ist wie ein Parfum. Man kann es unmöglich über jemanden ausgießen, ohne selbst etwas abzubekommen.

Alle werden gleich geboren mit dem Recht, verschieden zu sein.

Übung macht aus Schwierigkeiten Routine.

Vor dem Bekenntnis „ich kann nicht" steht zumindest noch die Erkenntnis aus, „ich versuche es".

Zufriedenheit macht jeden Heller zum Batzen.

Dummheit, intelligent gelebt, bringt Segen, Intelligenz dumm genutzt, Ungemach.

In dem sehnlichsten Wunsch keimt oft die größte Ernüchterung.

Wir bezahlen das Wachstum der Ökonomie mit der Zerstörung der Ökologie.

Hintergedanken verfolgen allzu oft Vordergründiges.

Wenn einmal ein Volk erwacht, bringt es niemand mehr zum Schlafen.

Auf den Flügeln der Gedanken

Gedanken tragen uns, Gedanken führen uns zu uns selbst, zum anderen, zu allen Orten dieser Welt. Gedanken sind eine Kraft, die vieles bewirkt. Was steht hinter diesen Gedanken, was sind die gedankenformenden Kräfte? In den vorherigen Kapiteln war von der Wirkung der Gedanken die Rede, hier soll einmal mehr von der Ursache der Gedanken gesprochen werden, vom Untergrund des Gedankenquells.

Schaut man sich das Leben der Mitmenschen an, so wundert man sich, daß so wenige erfolgreich sind. Warum ist das eigentlich so? Nun, analysiert man das Verhalten der Menschen, so stellt man fest, daß nur wenige Menschen bewußt leben, kurz gesagt, daß die meisten sich einfach leben lassen. Sie leben nicht mit der Kraft ihres Bewußtseins, sondern sie werden gelebt, sie lassen sich treiben, sie lassen geschehen. Sie lassen sich treiben, wohin der Wind des Lebens sie weht. Sie sind nicht Quell, sondern ein Rinnsal, das fließt. Sie sind nicht Akteure. Sie reagieren nur. Dabei hat jeder Mensch den Marschallstab seines Glücks und Erfolgs im Tornister. Jeder Mensch hat die Chance, die Umstände seines Lebens zu verbessern. Niemand komme mir mit dem Einwand, daß die Menschen in der Sahel-Zone gar keine Möglichkeit hätten, ihre Lebensumstände wegen allgemeiner Armut zu verbessern. Wer so denkt, begreift nicht, daß Erfolg im Leben, daß die Verbesserung der Lebensumstände nicht nur materieller Art, sondern in erster Linie geistiger Natur sind. Ob wir leiden oder zufrieden sind, ist doch nicht abhängig von dem Wohlstand um uns herum. Man kann in der Völle des Reichtums unendlich unzufrieden und unglücklich sein. Dagegen kann man in bitterster Armut die Weisheit der Zufriedenheit erfahren. Zufriedenheit hängt in erster Linie von Harmonie mit sich selbst ab und erst in fünfter oder sechster Linie von dem, was man besitzt. Deswegen heißt, erfolgreich und zufrieden zu sein, zunächst einmal, bewußt zu leben. Und in dem Wort bewußt steckt Wissen. Gemeint ist das Wissen um die Zusammenhänge, das Wissen um die Voraussetzungen. Somit kann man einen wesentlichen Punkt, der erforderlich ist und der erfüllt werden muß, um Erfolg zu haben, herausstellen. Es ist die Voraussetzung des bewußten Lebens und Erlebens. Volkstümlich ausgedrückt heißt dies: nimm Dein Schicksal in die eigene Hand und überlasse dessen Gestaltung nicht anderen. Voraussetzung Nummer 2 ist, diese Erkenntnis in seinem Denken und

Tun sichtbar umzusetzen. Dies ist eine gewaltige Aufgabe, an der viele scheitern. Es ist nämlich ein Unterschied im Erkennen und Tun. Erkenntnisse haben viele, nur wieviele setzen sie in ihrem Leben konsequent um? Wieviele richten nach diesen Erkenntnissen ihr Denken und Tun aus?
Eigentlich hätte ich es unterstreichen müssen: *im Denken und Tun.* Reden doch die meisten Menschen etwas anderes als sie denken und denken sie etwas anderes als sie tun. Dein Tun sei das, was Du denkst und denke, was Du tust. Wähle also bedacht, auf welcher Seite Du stehst. Aber glaube nicht, daß der Weg des Erfolges ein leichter sein wird. Aber davon noch später.
An diesem Punkt scheitern sehr viele Menschen, die vielleicht die Zusammenhänge vage erkannt haben aber zu träge sind, um sie umzusetzen. *„Der Geist ist willig – das Fleisch ist schwach"* – Sie kennen dieses Zitat und auch die Redensart in Abwandlung des klassischen Zitats *„Die Botschaft hör ich wohl, allein mir fehlt die Kraft, ihr zu folgen".* Und solche Ausreden finden die Lauen und Laschen und tausend Entschuldigungen, warum es ihnen nicht möglich ist, zu handeln. Sie haben nicht den Schneid, diese Wahl zu treffen, denn zu wählen heißt, zu entscheiden. Das erfordert Entscheidungen. Die meisten Menschen verbringen ein ganzes Leben damit, auf der Flucht zu sein vor den Entscheidungen. Aber Erfolg zu haben heißt nun mal, Klarheit zu schaffen durch Entscheidung, Mut zur Entscheidung zu entwickeln. Niemand, der das Tor zum Erfolg durchschreiten will, kommt an Entscheidungen vorbei.
Ginge es darum einen gemeinsamen Nenner für alle Menschen zu finden, die Erfolg haben, so wäre er dies: sie verstehen, im richtigen Moment den Mut zur Entscheidung zu haben. Warum ist das so? Weil wir zum Erfolg die innere Freiheit brauchen, die Unabhängigkeit, die Treue zu uns selbst, den Mut zur Selbständigkeit, den Mut zu eigenen Wegen. Solch ein Verhalten löst uns aus den Fesseln der Polarität. Diese Polarität ist die Konsequenz der Erbsünde. Der Sündenfall im Paradies brachte uns die Polarität, das Eingebundensein zwischen zwei gegensätzlichen Faktoren. Wir durcheilen die Zeit und passieren dabei die Stationen von Tag und Nacht. Wir beginnen unser Leben mit dem Pol Geburt und enden es mit dem Gegenpart Tod. Wir erfahren die Krankheit und genießen die Gesundheit, als sei es selbstverständlich. Wir jauchzen im Augenblick des Glücks und klagen an im Augenblick des Unglücks. Wir kleiden uns in Weiß und sehen das Schwarz. Wir streben nach Glück und tun alles, um dem Unglück zu entfliehen. Beide Pole gilt es, bewußt in unser Leben zu integrieren. Aber von keinem Pol dürfen wir uns einfangen lassen, wollen

wir jenem Prinzip des Lebens folgen. Dies Lebensprinzip heißt Bewegung. Sich einfangen zu lassen heißt, gefangen zu sein in Starrheit, sich abzukoppeln vom ewigen Fluß, den das Leben bestimmt und der das Leben schlechthin ist.
"Panta rhei – alles fließt!" (Hippokrates). Deswegen heißt es zunächst einmal, sich über diesen Punkt klar zu werden und die notwendigen Konsequenzen daraus zu ziehen. Sich zu entscheiden ist wahrhaftig nicht einfach. Denn eine Entscheidung hat Konsequenzen. Ich kann nur eines haben um den Preis, das andere lassen zu müssen. Hier fängt es an, vor dem die meisten Menschen fliehen. Sie möchten beides haben. Sie möchten zwar dem einen dienen aber dem anderen nicht vor den Kopf stoßen. Sie möchten das eine gewinnen aber um Himmels willen das andere nicht verlieren. Sie möchten schon geben, aber dabei keinen Verlust erleiden. Das geht nicht. Wer so denkt, läßt sich einfangen von polarem Denken. Er wird zerrissen und unglücklich dabei. Im Endeffekt verliert er beides und gewinnt nichts.
Wir müssen uns darüber im klaren sein, daß es eine richtige Entscheidung so wenig gibt, wie eine ausschließlich falsche Entscheidung existiert. Jede Entscheidung ist zunächst mal eine subjektive Entscheidung. Jeder wird sie deswegen anders beurteilen. Was der eine für einen riesigen Fehler ansieht, hält der andere für richtig. Der eine lacht, weil er den Mond dort sieht, der nur halb zu sehen ist. Doch wir wissen, *„so sind wohl manche Sachen, die wir getrost belachen, weil unsere Augen sie nicht sehn"* – so heißt es in einem Gedicht. Aber die Augen des anderen sehen die Dinge halt anders.
Wenn es also keine ganz richtige Entscheidung gibt, dann kann es genauso keine ganz falsche Entscheidung geben. Denn wo keine absolute Richtigkeit ist, kann keine absolute Falschheit sein. Woran messe ich also meine Entscheidung? Allein daran, ob ich von ihr überzeugt bin. Die Entscheidung, die von meiner Überzeugung getragen ist, allein das ist die für mich richtige Entscheidung. Überzeugt sein kann ich nur, wenn ich darum weiß, daß es niemals den absolut richtigen Augenblick der Entscheidung geben wird. Es gibt immer Gründe, die gegen die Entscheidung sprechen, wie es immer gewichtige Momente gibt, die für diese Entscheidung sprechen. Ich muß also die Entscheidung fällen nach dem Gesetz von Pro und Kontra. Ich muß abwägen zwischen Pro und Kontra. Man sollte eine regelrechte Buchhaltung führen und die Aktiv- und Passivposten gegenüberstellen. Dann sollte ich das Kontra daran messen, ob ich bereit und in der Lage bin, das Risiko daraus zu tragen. Über eines sollte man sich immer im klaren sein, Schwierigkeiten sind

eine Herausforderung mit einer gewaltigen Chance, nämlich der Chance, daran zu wachsen, kreativer zu werden, neue Erkenntnisse zu sammeln. So sind die Faktoren, die im Endeffekt nach sorgfältigem Abwägen bleiben, Orientierungshilfen. Jetzt gilt es, die günstigen Voraussetzungen für eine Entscheidung festzulegen, sorgsam Pro und Kontra an unserem Können zu messen. So ergibt sich die Chance, unser Bewußtsein zu erweitern, unsere Kräfte zu stärken, unseren Mut wachsen zu lassen. So gesehen sind die Kontra–Faktoren nicht feindlich, sondern ihrem Wesen nach sogar freundlich. Ob sie Feindlichkeit oder Freundlichkeit gegen uns richten, dafür schaffen wir selbst in unserem Innersten die Voraussetzungen. Ergo sum: Du bist Meister Deines Schicksals. Du bist Deines Glückes Schmied, durch die Kraft Deiner Gedanken. Du ziehst das an in Deinem Leben, was Deine Gedanken qualitativ beinhalten.
Wer dieser Entscheidung ausweicht, der begibt sich der Möglichkeiten, sein Leben so zu gestalten, wie es seinem Wesen gemäß entspricht. Genau, wie ich mir mein Haus entsprechend meinem Geschmack einrichte, genauso drücke ich meinem Leben meinen eigenen Stempel auf. Oder aber ich lasse es andere für mich tun. Dann muß ich aber auch damit zufrieden sein und mit einem fremden Stempel herumlaufen. Denn Mensch wisse, das Leben geht seinen Gang. Und wenn Du diesen Weg nicht gestaltest, dann wird das Leben es für Dich tun und Dich mit der Nase darauf stoßen. Wer nicht entscheidet, für den und über den wird entschieden. Er wird eines Tages an einem Kreuzweg stehen, an dem es nicht mehr weitergeht. Und dann? Wer nicht fähig ist, hier seinen Weg zu wählen, den wird das Leben in einen Weg hineinstoßen. Dieser Weg mag ihm gar nicht recht sein. Die blutigen Nasen, die wir uns im Leben holen, sie sind oft die Konsequenz unseres Zögerns. Viele jammern über die Ungerechtigkeit der anderen und des Lebens und sind doch selbst die Ursache dafür. Manche klagen, daß sie absolut kein Glück hätten im Leben und erkennen nicht, daß sie selbst die Ursache dafür sind mit ihrem Zögern, weil sie sich davor drücken, Entscheidungen zu fällen. Mancher lernt es nie. Ein Leben reicht für viele nicht aus, zu lernen, sich zu entscheiden. Damit schaffen sich diese Menschen eine ständige Quelle der Unzufriedenheit, des Leidens, des Mißerfolgs. Wie können sie sich denn mit einem Leben identifizieren, das ihnen aufgezwungen wird? Darunter müssen sie doch leiden. Ihm gegenüber müssen sie doch mit Unverständnis reagieren und all das, weil sie nicht erkennen, daß sie selbst durch ihre Entscheidungslosigkeit Wurzel dieses Übels sind.
Aber dieses Übel hat auch wieder ein Gutes. Leidenszeiten sind Erweckungszeiten. Indem der Druck dieses Übels immer größer wird,

beginnen wir manchmal zu denken und nach Auswegen zu suchen. Dabei stoßen wir dann endlich und schmerzhaft auf die erlösende Erkenntnis, daß wir selbst Ursache dieses Übels sind. Wir beginnen zu handeln, wir erwachen aus einem Tiefschlag, aus einem Alptraum und ergreifen unsere Chance. Niemand erwacht im Glück, es sei denn, er ist der Hans im Glück aus Grimms Märchenbuch. Dann genießt man nur selbstgefällig und zufrieden aber ist unfähig zu kritischem Abwägen. Nur Weise, die diesen Prozeß des Erwachens und des Leidens hinter sich haben, verstehen es, sich dem Glücksrausch zu entziehen und auch im Glück über den Dingen mit kühlem Kopf zu stehen. Die meisten Menschen aber lassen sich einlullen, werden träge, denkfaul und verkümmern seelisch, geistig und körperlich dabei. Das ist keine Voraussetzung, das Bewußtsein zu erweitern. So ist das, was uns scheinbar an Unglück widerfährt, in Wirklichkeit eine Chance. Es ist eine Lektion mit einer Botschaft. Leiden ist im Englischen Passion. Passion ist eine Leidenschaft, die wir pflegen. Wir sollten mit Passion unser Unglück leidenschaftlich annehmen und leidenschaftlich daraus lernen. Dann haben wir die Grenzen der Polarität übersprungen und aus der Begrenzung der Polarität eine Chance gemacht, wissender und sehender zu werden. Hierzu ist Klarheit des Denkens erforderlich. Diese Klarheit des Denkens ist nur möglich, aus jener Übereinstimmung zwischen Denken, Handeln und Glauben. Diese Übereinstimmung bringt Ordnung in unser Leben. Ohne Ordnung ist Klarheit des Denkens nicht möglich. Seien wir uns drüber im klaren, daß es schwieriger ist, einen Zustand der Entscheidungslosigkeit zu ertragen als mit der Konsequenz einer Entscheidung zu leben, selbst dann, wenn sie sich hinterher als nicht so vorteilhaft für uns erweisen sollte. Der Zustand der Entscheidungslosigkeit macht uns zu unserem eigenen Sklaven, der ständig gebeutelt wird von den negativen Momenten dieser Entscheidungslosigkeit. Niemand vermag als Feigling glücklich zu sein. Und derjenige, der sich nicht entscheidet, empfindet sich als Feigling. Er wird zum Lügner, weil er tausend Entschuldigungen erfinden muß, um zu begründen, warum er sich jetzt nicht entscheidet. Er verliert die Achtung seiner Mitmenschen. Er erleidet Schiffbruch, wird unzufrieden. Das aber schafft das innere Milieu der Zerrissenheit, der Anspannung, aus dem wieder Krankheiten entstehen.

Nun kommt zu dem Druck des schlechten Gewissens auch noch die Unpäßlichkeit durch Krankheitssymptome. Ein wahrer Teufelskreis. Und förmlich hört man, in diesen Kreis des Teufels gestellt, dessen Hohngelächter. Ein Mensch in diesem Teufelskreis ist ohnmächtig, d. h. er ist ohne Macht und das durch seine eigene Schuld. Darum wird der Mensch

zum Sklaven. Der Herrscher seines Lebens aber unterscheidet sich vom Sklaven, daß er die Entscheidung sofort fällt, nämlich dann, wenn sie ansteht. Er verschiebt sie nicht auf morgen mit 1000 guten Gründen, sondern handelt jetzt und an diesem Ort, gleich, sofort.
Damit kommen wir wieder zurück zu dem, was ich bereits sagte, Ein gemeinsamer Nenner aller Erfolgreichen ist die Fähigkeit zur Entscheidung. Das Heer der Menschen braucht hierfür sehr viel Zeit, aber sehr wenig Zeit, um diese Entscheidung wieder zu ändern, was sie unablässig tun. Der Herrscher seines Lebens entscheidet nach sorgfältigem Abwägen sofort, hat Klarheit durch seine Entscheidung geschaffen und braucht sie deswegen nicht zu ändern. Er wird es nicht tun. Dadurch wird er überschaubar, findet Achtung bei allen, schafft sich Vertrauen, bekommt Selbstvertrauen. Denn jede Änderung seiner Entscheidung ist das Eingeständnis eines Versagens, eines Fehlers, eines Sich-selbst-in-Frage-Stellens. Sie sägen am eigenen Selbstvertrauen und schaffen so Minderwertigkeitskomplexe. Sie beweisen sich, daß sie sich selbst nicht vertrauen können.
Aus all dem hier Gesagten, geht doch eines deutlich hervor, wenn später etwas schief läuft nach einer Entscheidung, so liegt es in uns selbst begründet. Jene Pechvögel haben entweder ihre Entscheidung nicht mit der inneren Überzeugung getragen oder sie haben die Widerstände auf dem Wege zum Ziel dieser Entscheidung als feindlich angesehen und nicht als Chance, daran zu wachsen. Sie haben ihr Denken nicht mit ihrem Tun und Glauben in Übereinstimmung bringen können oder sie waren nicht konsequent auf ihrem Wege. Andere Entschuldigungen gibt es nicht. Der Weg zum Erfolg ist niemals frei von Hindernissen. Diese müssen wir akzeptieren und meistern. Sie sind Stationen der Prüfung, wie ernst es uns mit dieser Entscheidung ist.
Wie kann man nun aber diese so wichtige Eigenschaft der Entscheidungsfreudigkeit lernen? Es ist eine Lebensaufgabe, das sei schon mal vorweg gesagt. Und aus dieser Feststellung ergibt sich eigentlich schon, daß es ein Entwicklungsprozeß ist, der auf den Voraussetzungen aufbaut, die in der Kindheit gelegt werden. Hier bekommen wir eine vorteilhafte Hypothek oder eine sehr schlechte mit. Kinder, die immer vor allem bewahrt wurden, denen man alle Schwierigkeiten aus dem Wege räumte, die immer nur gewarnt wurden vor all den Möglichkeiten, die eintreten könnten, haben natürlich schlechtere Karten als jene, denen immer wieder Mut zu eigenständigem Denken und Handeln gemacht wurde.
Um Entscheidungen treffen zu lernen, muß man sich selbst erst einmal annehmen. Man muß ja sagen zu sich mit allen Mängeln und Vorteilen.

Schon das ist eine gewaltige Aufgabe, dieses Selbstvertrauen zu entwickeln. Jedoch wie kann man jemals lernen, sich zu entscheiden, wenn man sich selbst, der wichtigsten Person in seinem Leben, nicht traut? Das *„Ich kann, Ich will, Ich werde"* muß zu einem sicheren Fels in unserem Leben werden zu dem wir stehen und von dem aus wir handeln. Das *„vielleicht", „ich könnte", „ich würde", „möglicherweise"* sind faule Kompromisse, die zu nichts führen. Ich muß mit den kleinen Dingen beginnen, nicht die ganz großen Entscheidungen zuerst fällen. Beginnt doch schon am Morgen die Aufgabe der Entscheidung damit: Was ziehe ich heute an? Wenn ich mich zu diesem oder jenem Kleidungsstück entschieden habe, dann muß ich auch dazu stehen. Dann muß ich es mit Freuden den ganzen Tag tragen und nicht mit halbem Herzen, indem ich mich immer wieder frage: na, hättest Du das andere genommen, wäre es vielleicht doch besser gewesen. Wer so handelt, ist nirgendwo zuhause. Er lebt im Vakuum, innerlich zerrissen von seinen Zweifeln. Wer aber halb hier und halb dort ist, hat nicht genügend Kraft, um sich den Aufgaben zu stellen. Nur die feste Hand am Steuer gibt dem Schiff die Richtung, umschifft die Klippen und führt es zum sicheren Hafen.

Entscheiden zu lernen, dazu ist auch innere Muße erforderlich. In Augenblicken der inneren Muße, vielleicht in Form einer Meditation, eines Stillewerdens, schaffe ich mir Klarheit über viele Dinge. Die Hektik des Tages ist ein schlechter Helfer. Entscheiden zu lernen ist eine Aufgabe, die uns jeden Tag neu gestellt wird. Auch der Erfolgreiche, der scheinbar souverän seine Probleme meistert, hat immer wieder Augenblicke des Zweifels, genauso, wie auch viele berühmte Schauspieler immer wieder ihr Lampenfieber haben. Auch sie brauchen ja diese Herausforderung, um im Ringen nach mehr Klarheit zu wachsen. Herausforderungen stählen uns. Es liegt bei uns, die Eigenschaft des Stählens zu wählen oder aber uns von ihnen auf den Boden zwingen zu lassen. Aber hier am Boden beginnt schon wieder eine Entscheidung, nämlich die, ob ich hier liegen bleiben oder wieder aufstehen will. Handeln wir nach der Devise Churchills. Er sagte: *„Erfolg zu haben heißt, einmal mehr aufzustehen als hinzufallen"*.

Um zu lernen, sich zu entscheiden, ist auch das an anderer Stelle schon erwähnte Tagebuch ein gutes Hilfsmittel. Ich wiederhole es hier nochmal, weil es ein wirklich gutes Hilfsmittel zur Selbstkontrolle ist. Sich immer wieder Rechenschaft abzulegen über Ziele, über Motive, über Schwächen und über Stärken heißt, sich und sein Leben besser zu verstehen und Hindernisse auf dem Wege zur Entscheidungsfähigkeit zu erkennen.

Entscheiden zu lernen heißt, sein Leben bewußt zu gestalten, seine Freunde auszuwählen, seinen eigenen Lebensstil zu finden.
Entscheidungen zu fällen heißt, lernfähig zu bleiben, Ratschläge anzunehmen. Es erfordert viel mehr Kraft, Ratschläge anzunehmen, als mit der Brachialgewalt der Uneinsichtigkeit neurotisch geprägte Rundumschläge zum Pseudobeweis eigener Stärke durchzuführen. Was es so schwierig macht, sich zu entscheiden, ist eigentlich die Tatsache, daß es ein Bewußtseinsprozeß ist. Letztlich geht es darum, durch diesen Bewußtseinsprozeß zwar zwischen zwei Möglichkeiten zu wählen aber diese beiden Möglichkeiten auf einer höheren Ebene zu einer Ganzheit zusammenzuführen. Entscheidung heißt somit, zur Ganzheit zu führen. Wie können wir aber etwas zur Ganzheit zusammenführen, wenn wir selbst noch nicht ganz sind. Ganz zu werden, ist also eine wichtige Voraussetzung, um entscheiden zu können. Entscheidung heißt im englischen decision. Inzision heißt, etwas zerschneiden, in zwei Teile zu zerlegen. Die Vorsilbe „de" bezeichnet immer den Zustand des Gegensätzlichen. Fibrillieren heißt etwas in den Zustand der Vibration zu bringen. Defibrillieren will genau das Gegenteil, diese Vibration wieder zur Ruhe bringen. Somit wäre das Zerschnittene durch die Deinzision wieder zusammenzubringen. Man muß sich hierüber einmal klar werden. Dann erst wird man begreifen, welche Leistung man mit einer Entscheidung vollbringt, daß man sich wirklich freuen darf, wenn man es geschafft hat, sich zu einer Entscheidung durchgerungen zu haben. Darauf darf man stolz sein. Die Entscheidung ist aber auch der Prozeß des Scheidens, nämlich des Nötigen vom Unnötigen, des Wichtigen vom Unwichtigen, des Notwendigen vom Überflüssigen. Dieser Prozeß schafft Unabhängigkeit und Individualität.
Man mag sich in dem Zusammenhang einmal überlegen, ob für den Prozeß der Entscheidung und das Ergebnis der Entscheidung die geistige Kapazität die wichtigere Voraussetzung war oder die geistige Einstellung. Die geistige Kapazität erwächst aus den Leistungen des Verstandes aufgrund von gespeichertem Wissen. Dieses Wissen sind Fakten und Daten. Die geistige Einstellung ist eine Leistung des Überbewußtseins und entsteht aus der Bewertung u. a. dieses Wissens. Die geistige Einstellung ist somit höherwertig und integriert die geistige Kapazität. Unser Leben wird nicht von unserem Wissen geprägt, sondern von unserer geistigen Einstellung. Die geistige Einstellung bestimmt wiederum, wie wir mit diesem Wissen umgehen. Unsere Erfahrungen prägen diese geistige Einstellung. Aber die geistige Einstellung bestimmt auch wiederum, welche Erfahrungen wir machen. Die geistige Kapazität

bestimmt unseren Wert als Techniker, der ein Werk schafft. Die geistige Einstellung prägt dagegen den Gesamtmenschen, seine Persönlichkeit, den Genius, der diesem Werk die Individualität gibt. Die geistige Einstellung bestimmt, welches Wissen wir uns aneignen. Erst wenn wir dieses Wissen besitzen, dann wird es zu einem geringen Teil auch unsere geistige Einstellung nuancieren. Vergleichen wir es mit der Farbe. Wenn die geistige Einstellung rot ist, was hier nichts mit der politischen Überzeugung zu tun hat, dann bleibt dieses Rot. Aber das Wissen wird die Schattierung dieses Rots graduieren. Wenn man das erkannt hat, weiß man auch, wie wichtig es ist, an dieser geistigen Einstellung zu feilen, täglich zu arbeiten. Die geistige Einstellung kann nur erwachsen aus einem harmonischen Verhältnis von Glauben, Tun und Denken. Nur wenn Wahrheit zwischen diesen Dreien herrscht, ist es überhaupt möglich, eine geistige Einstellung zu entwickeln.
Es gibt viele Menschen, die es in ihrem ganzen Leben zu keiner Einstellung bringen. Sie mogeln sich durch, ja, sie glauben vielleicht gar, eine Einstellung zu haben. Sie mögen eine gewaltige Masse geistiger Kapazität mit sich herumschleppen. Aber eine richtige geistige Einstellung haben sie nicht. Die richtige geistige Einstellung führt uns auf einem geraden Wege, läßt uns konsequent und überschaubar sein. Es ist nicht die geistige Einstellung, die wir heute haben und morgen wieder aufgeben, um eine neue anzunehmen. Ich meine mit der geistigen Einstellung Grundströmungen, die immer bleiben und nicht abhängig sind von Umfeldtendenzen und Opportunismus. Die richtige geistige Einstellung setzt das voraus, was im Grunde genommen dieses Wort schon in seiner Bedeutung aussagt. Wohin ich mich stelle, dort stehe ich. Ich muß also wissen, wo ich stehe, ich muß Klarheit haben über meinen Standort.
Einstellen heißt aber auch, sich von einem Standpunkt aus auf etwas auszurichten. Einstellen kann ich mich nur auf ein Ziel in meinem Leben. Um sich einstellen zu können, muß der geometrische Punkt des Ziels klar sein. Somit sind Zielklarheit und Standpunktklarheit zwei Hauptvoraussetzungen, um überhaupt zu einer Einstellung zu gelangen. Um beide jedoch miteinander zu verbinden, bedarf es des Weges. Ich muß mir also auch über den Weg vom Standpunkt A zum Ziel B im klaren sein. Aus der Verbindung von A zu B ergibt sich die Richtung. Somit bedarf es zur geistigen Einstellung eines Standorts, eines Zieles, einer Richtung und des Weges. Klarheit des Weges setzt Klarheit der Stationen auf diesem Weg zum Ziel voraus. Wer sich über diese Zusammenhänge nicht im klaren ist, wird immer wieder Schwierigkeiten in seinem Leben haben. Er wird

die Zeit des Tages nicht sein eigen nennen können. Wer dieses Wissen jedoch umsetzt, für den wird jeder Tag eine königliche Zeit sein. Er wird jeden Tag zu einem Gewinn seines Lebens gestalten können. Was immer ihm dieser Tag auch beschert, es wird ein Gewinn für ihn sein, und seien es nur die Botschaften, die in Rückschlägen und Schwierigkeiten enthalten sind. Solch eine Erkenntnis einer Krise hat schon oft das Leben mancher Leute verändert.

Die richtige Einstellung macht uns unabhängig von Launen und von den Wechselfällen des Lebens. Sie läßt uns nicht zu Sklaven anderer werden. Niemand vermag uns seinen Willen aufzuzwingen und uns damit unsere Identität zu nehmen, wenn wir eine fest geprägte Einstellung haben. Wir werden damit immer über den Dingen stehen und uns die Luft zum Atmen erhalten. Wir werden nicht untergebuttert und tauchen nicht unter in der Masse. Wir werden aufsteigen, Sprosse um Sprosse, zu höherem Wissen und höherer Erkenntnis. Es wird ein schwieriger Weg werden. Je höher wir stehen, umso einsamer werden wir werden, aber einsamer in dem Sinne des Alleinseins. Das heißt, mit dem All eins sein. Je höher wir steigen, umso mehr sind wir dem Himmel nahe. Jedoch weiß jeder, daß dieser Weg, den Christus uns zeigte, der Weg des Kreuzes ist. Wir müssen die Last des Kreuzes tragen auf dem Weg nach Golgatha. Das Beispiel vieler weiser und aufrechter Frauen und Männer zeigt uns, daß manchmal sogar der Preis des irdischen Lebens gefordert wird für die Überzeugung.

Die Christen in Rom, die als Fackeln Neros dienten, starben für den Glauben, für die Erkenntnis der Unsterblichkeit durch den einen Gott.

Paracelsus mußte sterben mit 48 Jahren und opferte sich seiner Überzeugung. Johanna von Orleans war bereit, für ihre Einstellung zu sterben. Es mag nicht der leibliche Tod sein, der gefordert wird. Aber in jedem Falle ist der Weg zu einer wahren Einstellung mit Schwierigkeiten verbunden. Die Mitmenschen werden es uns nicht leicht machen. Der Weg zur Einstellung ist eine Prüfung.

Auch schon in der Bibel steht geschrieben: *„Was nützt es uns, daß wir alle Schätze dieser Welt gewönnen und verlören doch unsere Seele dabei."* Das Leben zu gewinnen heißt, die Fassade des Materiellen als Illusion zu durchschauen. Das ist wahrlich eine schmerzliche Erkenntnis. Jedoch sind dies Schmerzen, die uns frei machen. Wer dies einmal erkannt hat, weiß auch, daß man die geistige Einstellung nicht in der äußeren Welt des Materiellen findet. Die die Einstellung prägenden Erkenntnisse erwachsen aus dem Innersten, in der Stille, aus der Mitte, aus dem Zentrum, dem Unterbewußtsein. Damit wird ein wesentlicher

Unterschied zur geistigen Kapazität klar. Die Impulse der geistigen Kapazität erreichen uns von außen, sind Kinder der äußeren Welt, wirken von außen nach innen, bedürfen der geistigen Einstellung, um sich sinnvoll und segensreich umzusetzen. Ganz im Gegensatz zur geistigen Einstellung also. Sie erwächst aus dem Innersten, wirkt von innen nach außen und verdeutlicht sich in der Projektion auf das Äußere. So gesehen, wird die geistige Kapazität, losgelöst von der geistigen Einstellung, zum lebensfeindlichen, gegen die Schöpfung gerichteten Wesen. Wir finden die Bestätigung in unserer Welt. Der Mensch mit seiner riesigen geistigen Kapazität schuf Wunderwerke der Technik. Aber er beherrscht sie geistig nicht, und deswegen richten sie sich gegen uns. Die Natur ist vergiftet, die Menschen werden krank durch diese Welt der Technik, die Erde wird zerstört. Es fehlt zum Wissen die richtige geistige Einstellung, die immer nur lebensfreundlich und mit dem Schöpfungsgedanken in Einklang stehen kann. Die geistige Einstellung resultiert aus der Leistung des rechten Gehirns, das im Sinne der ganzheitlichen, induktiv, synthetischen Betrachtungsweise arbeitet, die geistige Kapazität ist dagegen eine Frucht des linken Gehirns, das causal–analytisch sich mit Einzelinformationen beschäftigt. Die geistige Einstellung erwächst aus einem Reifungsprozeß, der von intuitiven Erfahrungen unseres Unterbewußtseins gespeist wird und somit auch von innen nach außen wirkt. Im Gegensatz dazu wird die geistige Kapazität von Informationen gespeist, die uns von außen über Sinnesorgane und Verstand erreichen. Die geistige Kapazität informiert, die geistige Einstellung bewertet individualspezifisch. Die geistige Kapazität schafft den Wissenschaftler, die geistige Einstellung die in sich ruhende Persönlichkeit.

Es sind diese Dinge, die hier geschildert wurden. Es ist die Erfordernis, Erkenntnisse konsequent an jedem Tag, in jeder Minute, auf jedem Platz unseres Lebens umzusetzen. Hundert Prozent aller Menschen träumen von dem Glück und von der Zufriedenheit. Aber nur fünf Prozent erreichen es, bzw. kommen diesem Ziel zumindest näher. Dazu zählt eben auch das Umsetzen der Erkenntnis, daß Leben nicht nur Freude ist, sondern auch Last, eine Last, die wir fröhlich tragen müssen. Wir müssen erkennen, daß wir beides, Lust und Last, in unser Leben integrieren und akzeptieren müssen. Eben dieses Akzeptieren ist eine weitere Erfordernis, die Weisheit und Kraft erfordert. Aber damit noch nicht genug. Auch das Loslassen gehört dazu. Beides, Akzeptieren und Loslassen schafft uns jenen inneren geistigen Freiraum, in dem wir uns entwickeln können, in dem es uns gelingt, uns freizustellen von allen Zwängen und falschen Einflüssen. Indem ich bereit bin, mich so anzunehmen, wie ich bin, führe

ich mich aus der Konfrontation heraus. Sich innerlich abzulehnen, führt zu enormen Konflikten. Die Konflikte, die ich in mir selbst mit mir herumtrage, projizieren sich auf meine Umwelt und kommen von dort aus auf mich wieder zurück. Sich anzunehmen heißt, in Einklang und in Frieden mit sich zu leben und damit die Voraussetzung zu schaffen, in Frieden mit anderen zu leben. Einen Schicksalsschlag anzunehmen heißt, sich dessen Botschaft bewußt zu werden, sich davor zu bewahren, durch Verbitterung und Abkapselung in die krankmachende Einsamkeit zu stürzen. Das Leben anzunehmen, so wie es ist, mit all seinen Höhen und Tiefen, heißt, leichter zu leben. Wir wissen, daß uns das Leben nicht nur Freude beschert, sondern auch manche harte Stunde. Wenn ich diese Dinge akzeptiere, dann bekomme ich den Gleichmut, damit zu leben. Gleichmütig zu sein heißt, immer gleichen Mutes zu sein. Dann stärke ich meine schöpferischen Kräfte, weil ich mit der Schöpfung eins bin, dann zerschleiße ich nicht meine Kräfte, indem ich mich an dem Unabänderlichen zermürbe. Dann kann ich wachsen durch Erkenntnisse, die mich kreativ, dynamisch und aktiv sein lassen. Dann fällt mir „zufällig" alles zu. Die Realität meines Lebens wird positiv sein. Licht scheint in meinem Leben, die Dunkelheit weicht. Es ist weise, das für den Moment anzunehmen, was im Augenblick nicht zu ändern ist. Das Leben geht weiter. Das, was gestern war, heute zu beklagen, bringt es mir nicht zurück aber verbaut mir die Möglichkeiten des Morgen, weil ich jetzt nicht die Kraft habe, die Chancen zu nutzen.
Das gleiche gilt für das Loslassen. Das Leben ist ein ständig dahinziehender Fluß. Es gleicht einem endlosen Seil, das aus dem Jetzt in das Gestern läuft. Wenn ich mich an dieses Seil klammere, dann falle ich zurück ins Gestern und lebe im Gestern. Wer mag schon jene Leute, die immer aus der Vergangenheit erzählen, immer das gleiche?
Das ist eine Form der Senilität. So verschließe ich mich der Zukunft, die doch alle Möglichkeiten beinhaltet. Diese Möglichkeiten schaffe ich mir aber im Heute. Es ist genauso falsch, vom Morgen zu träumen wie vom Gestern. Das Morgen gehört mir noch nicht, das Gestern nicht mehr. Ich muß die Zukunft genauso loslassen, wie das, was gestern war. Nur so gehört mir der einzige Moment, der real und existent ist, und das ist das Jetzt. All das kann ich nur mit der richtigen Einstellung und indem ich bewußt lebe.
Wieviele Menschen machen sich das Leben zur Hölle durch ihre Angst vor dem Morgen und mit den Vorwürfen, gestern das nicht getan zu haben, was sie eigentlich tun wollten oder aber das Falsche getan zu haben. Sie stehen negativ zu sich und dem Leben. Mit dieser inneren

Ablehnung machen sie sich kaputt. Viele Krankheiten entstehen aus dieser Haltung. Einssein heißt, sich mit dem zu verbinden, was real ist, mit dem Jetzt. Einssein heißt, das eigene Ich im Jetzt zu leben. Das heißt nicht, daß man in den Tag hineinleben soll. Man soll schon klare Vorstellungen von der Zukunft haben. Man soll die Vergangenheit nicht vergessen. Man soll weder der Zukunft unterliegen, noch dem Gestern. Wer bewußt lebt, wird für die Zukunft planen und ganz realistisch die Möglichkeiten einschätzen. Er wird aus dem Gestern die Lehre ziehen und sie heute nutzen, damit er morgen nicht wieder denselben Fehler macht. So wird er ruhig schlafen können ob des Morgen und des Gestern.
Viele Menschen aber sind Sklaven ihrer negativen Gedanken, ihrer Launen, Vorurteile, ihrer Gewohnheiten. Sie sind Marionetten ihrer eigenen Unzulänglichkeiten. Sie tanzen an den Fäden, und sie lassen sich formen, wie das Wachs in den Händen. Sie sind nicht, Sie „lassen" sein. Sie sind Gefangene in ihren eigenen Mauern aus eben diesen negativen Eigenschaften. Sie sind zur Lethargie verdammt durch eigenes Nichtstun. Sie begreifen nicht, daß diese Gefängnismauern Türen und Fenster haben, durch die sie nur zu sehen brauchen, um das Licht zu erkennen oder noch besser, durch die sie hindurchgehen können, um zum Licht zu kommen. Es bedarf nur des ersten Schrittes, es bedarf nur, von der Untätigkeit zur Aktivität zu kommen, nicht mehr Sklave zu sein, sondern Herrschender. Sklave ist ein Unfreier, Herrscher ist Meister seines Schicksals, Meister seiner Zeit.

Wie befreie ich mich von diesem Sklavendasein? Indem ich erkenne, daß uns die Schöpfung eine gewaltige Kraft gab, die stärker ist als alle geistigen und materiellen Mauern, die uns umgeben. Sie ist stärker als alle Mächte dieser Erde.

Das ist die Kraft des Glaubens. Glaube versetzt Berge. Glaube sprengt alle Ketten. Glaube erhebt uns über unsere Grenzen empor zu neuen Ufern. Der Glaube setzt Kräfte in uns frei, für die es kein Unmöglich gibt. *„Der Glaube macht lebendig"*, sagt Schiller in Maria Stuart. *„Es gibt nur eine menschliche Allmacht, mit der man sich selbst und die Welt überwindet, Glaube an Gott und an sich selbst"* (K. J. Weber). *„Der dürre Stab kann Zweige treiben in des Glaubens Hand"* (Schiller: Maria Stuart).

Gibt es schönere Aussagen, die die Kraft des Glaubens bestätigen? Dieser Glaube ist es, der uns aus der geistigen Unfreiheit herausführen kann, der die Mauern dieses Gefängnisses sprengt. Dieser Glaube ist die Himmelsleiter zu den höchsten und gewaltigsten Zielen, die wir uns setzen. Nichts kann den aufhalten, der vom Glauben beseelt sein Ziel ansteuert. Aber es muß ein einsichtiger, realistischer, vernünftiger Glaube sein. Es hat kein Glaube eine Chance, der auf Phantastereien und auf Unrealismus aufbaut. Der Glaube ist eine Himmelsmacht. Der Glaube vereint uns mit unserem Überselbst und mit den schöpferischen Kräften, die uns durch unsere Göttlichkeit gegeben sind. Ja, der Glaube ist die Verbindung zur Schöpfung schlechthin. Doch dieser Glaube muß sich umsetzen in Taten und Gedanken, die seinem Wesen entsprechen. Glaubet, aber gebt diesem Glauben in Euren Worten ein Zuhause. Wenn beides, Glaube und Gedanken zusammenwirken, dann aktivieren sie das Unterbewußtsein in der Weise, das uns die Chancen wie von selbst zugetragen werden. Man wundert sich manchmal, wie mit einemmal die Voraussetzungen da sind, um einen lang gehegten Wunsch Wirklichkeit werden zu lassen. Es gibt keine Zufälle. Es gibt kein Glück. Es gibt die Kraft des Glaubens, die die Voraussetzung schafft, damit sich erfüllt, was wir uns vorgenommen haben. Unser Glaube sendet Energien nach außen, gewaltige Energien, die jene Umstände anziehen, die es ermöglichen, diesen Glauben zu praktischen Ergebnissen umzusetzen. Dieses Lebensgesetz sollte jeder kennen und beachten. Das, was wir denken, wird sich erfüllen. Das, was wir an Gedanken hinaussenden, wird als Realität zu uns zurückkehren. Sind wir ängstlich, wird Angst zu uns zurückkehren, so, wie der Mensch, der vor einem Hund davonläuft, den Hund dazu ermuntern wird, ihn zu beißen. Wer jenem Hund furchtlos entgegentritt, wird erreichen, daß dieser seinen Schwanz zwischen die Beine klemmt und vondannen rennt. Sie lasen in einem anderen Kapitel schon die Geschichte jenes Feldherrn, der mit einer kleinen Streitmacht in der Antike das übermächtige Heer des Gegners besiegte. Voller Überzeugung an seinen Sieg verbrannte er Schiffe, die ihm im Falle der Niederlage die Flucht ermöglicht hätten. Dies ist ein beredtes Beispiel, wie Überzeugung Kräfte freisetzen kann, vor denen nichts standhält. Der Feldherr schaffte das schier Unmögliche, er siegte, weil er sich jede Möglichkeit des Rückzugs nahm und sich so zwang, die Kräfte des Unterbewußtseins auf Sieg zu richten.

Denke gut von Deinen Mitmenschen, und sie werden Dir helfen.

Pflege schlechte Gedanken, und sie werden Dein Mienenspiel prägen. Sie werden Schwingungen aussenden, die der andere spüren wird. Wie oft ist es Ihnen passiert, daß sich das Herz zusammenkrampfte, wenn Sie jemandem gegenübertraten. Wie oft ist es Ihnen passiert, daß Sie sich geborgen fühlten und angenommen, wenn Sie einem Menschen begegneten. Dieses sind die Kräfte der guten Gedanken, die Sie spüren. Drum seien Sie sorgsam mit Ihren Gedanken. Ihre Gedanken prägen Ihre

Ausstrahlung. Das, was Sie denken, prägt Ihre Einstellung. Ihre Einstellung gibt Ihnen Erfahrungen, die wiederum Ihr Handeln prägen.
Beginnen Sie den Tag mit einem positiven Gedanken. Glauben Sie an das Göttliche Ihres Gegenüber. Mit den Haßgedanken auf andere schaden Sie sich selbst am meisten, denn Sie machen sich unfrei und abhängig damit. *„Liebet Eure Feinde wie Euch selbst"* – das ist eine wahrhaft große Botschaft, die nur wenige begreifen. Indem es mir gelingt, meine Feinde zu lieben, mache ich mich frei von allen faulen Gedanken und von allem emotionellen und geistigen Gift. Solches Gift macht nur krank. Negative Gedanken, wie Haß und Rache schaffen Giftstoffe in meinem Körper. Dies Gift läßt die Organe krank werden. Gott will uns nicht zu traurigen, von Haß beseelten Menschen, er will uns zu glücklichen Menschen machen. Aber er läßt uns die Wahl. Wir selbst entscheiden darüber, ob unser Leben Himmel oder Hölle ist.
Niemand zwingt uns, unglücklich zu sein. Buddha sagte sinngemäß: *„Niemand zwingt Euch zu leiden, Ihr selbst tut es".* Und das ist das Unverständliche, daß die Menschen es in der Hand haben, glücklich zu sein und dennoch immer wieder alles tun, um unglücklich zu werden. In unseren Gedanken liegt also eine wesentliche Voraussetzung für die Qualität unseres Lebens.
Noch eins müssen wir begreifen. Nur der ständige positive Auftrag an unser Unterbewußtsein kann unseren Glauben stärken. Was heißt das aber, der ständige positive Auftrag? Das heißt zu erkennen, daß wir alleine die Verantwortung für unser Leben tragen. Niemand anders als wir selbst bestimmt über Lebensqualität. Das kleine, bißchen Glück, das uns auf unserem Wege begünstigt, erwächst letzten Endes in uns selbst. Durch die Gedanken, die wir auf unser Ziel richten, in unsere Umwelt hinaussenden, schaffen wir die Voraussetzung für diese scheinbare Zufälligkeit oder die Chance, die uns plötzlich gegeben wird. Es ist nicht irgendein glücklicher Umstand, der dies bewirkt, sondern wir selbst. Nehmen wir die Chance der Verantwortung für unser Leben an und nutzen sie. Tragen wir unseren Glauben mit positiven Gedanken an das Unterbewußtsein. Indem ich mir immer wieder sage, das Leben ist schön und voller Wunder und voller Möglichkeiten, hole ich mir diese Wunder, diese Möglichkeiten in mein Leben; indem ich sage, das Leben ist mir feindlich gesonnen, blockiere ich diese Möglichkeiten. Das ist der positive Auftrag an das Unterbewußtsein. Begreifen wir, daß uns der Glaube niemals für die Ewigkeit gehört. Dieser Glaube wird jeden Tag wieder aufs neue auf den Prüfstein gestellt. Jeden Tag müssen wir wieder uns selbst beweisen, wie ernst es uns mit diesem Glauben ist. Wir dürfen ihn

nicht bei der ersten besten Gelegenheit voller Zweifel beiseite schieben. Wir müssen gerade dann im Falle von Schwierigkeiten bereit sein, für diesen Glauben einzutreten. Nur ein Freund, zu dem wir in schweren Zeiten stehen, wird uns ein echter Freund bleiben. Wenn wir diesen verraten, weil es im Moment vielleicht nicht opportun ist, uns zu ihm zu bekennen, werden wir ihn verlieren. Und genauso ist es mit dem Glauben. Wenn es uns ernst ist mit diesem Glauben, dann werden wir bereit sein, notfalls für ihn zu sterben, wie die Christen in Rom es taten. Aber Gott sei Dank kommt es nicht dazu, daß wir physisch sterben. Aber ein Glauben, den wir aufgeben, weil wir im Moment nicht die Kraft haben, für ihn einzutreten, wird uns einen Teil unseres Selbst nehmen. Mit dem Glauben stirbt unwiederbringlich ein Teil von uns. Der Tod des Glaubens wird uns zurückfallen lassen auf eine niedere Bewußtseinsstufe. Und wir werden wieder beginnen müssen, aufzusteigen.
Der Glaube hat auch noch eine andere Dimension, die Schöpfungsdimension. Niemand vermag eins zu werden, der die Schöpfung aus seinem Leben ausklammert. Wer nicht an seinen Schöpfer glaubt, wird nicht heil werden können. Er wird auf verlorenem Posten stehen.
Das 1. hermetische Gesetz sagt: *„Das All ist geistig und der Kosmos ist geistig."* Mit anderen Worten, wir sind ein Teil des Kosmos. Wir sind geistig, weil wir das Kind des Allgeistes sind. Nennen wir ihn Gott oder nehmen wir eine ander Bezeichnung für ihn, das spielt keine Rolle. Wenn ich diesen Allgeist verleugne, dann verleugne ich gleichzeitig einen Teil meines Selbst, denn ich bin ja Teil dieses Allgeistes. Wer Gott nicht kennt in seinem Leben, ist einsam, und er kann nicht eins sein mit dem All, nämlich *„All eins sein"*. Das ist die positive Form des Alleinseins, mit dem All eins zu sein. Wer aber losgelöst von der Schöpfung lebt, der lernt die negative Form des Alleinseins kennen, nämlich allein zu sein, das heißt, von allen verlassen allein zu leben und die Einsamkeit als Last zu tragen. Und das mahnt wieder, zu begreifen *„das All ist Geist"*. Der Einsame kann nicht eins sein mit diesem Geist. Wenn wir *all-eins* sind, allein sind mit dem All, dann sind wir eins mit Gott und sind eins mit der Kraft, die uns immer helfen wird, wann immer wir ihrer bedürfen. Das ist die große Gnade dessen, der glaubt, niemals verloren und allein sein zu müssen. Wer sich mit dieser Kraft vereint weiß, der wird in der Lage sein, Wunder zu vollbringen. Er wird immer stärker sein als die widrigen Umstände, die seinen Lebensweg kreuzen. Er wird immer auf dem Wege des Erfolges sein. Denn was immer passiert, er wird es ummünzen zum Erfolg. Und deswegen hat der Mißerfolg aufgehört, in seinem Leben zu existieren. Mißerfolge sind Augenblickszustände, die uns die Chance

geben, daraus Wertvolles für unser Leben zu lernen. Wenn ich durch einen scheinbaren Mißerfolg eine falsche Einstellung erkannt habe, dann habe ich daraus eine wertvolle Lehre gezogen, die mir helfen kann, künftig stärker und wissender durchs Leben zu gehen. So eliminiere ich den Mißerfolg aus meinem Leben. Ich mache das, was Dale Carnegie in einem seiner Bücher sagt, ich mache aus einer Zitrone eine wunderbare Limonade. Diese Limonade trinke ich mit lächelndem Gesicht und voller Genuß. Beim Saft der sauren Zitrone wären mir wahrscheinlich sämtliche Gesichtszüge entgleist und hätte sich mir der Magen umgedreht.
Es wird so oft über jene Jünger gelacht, die das positive Denken vertreten. Kümmern Sie sich nicht um das Geschwätz jener, die nicht einsichtig sind. Sie können in die Dinge nicht hineinsehen, weil sie keinen Einblick haben. Sie sehen die Dinge ihrem niedrigen Bewußtsein gemäß. Wer wirklich wissend ist, wird immer versuchen, jenen Uneinsichtigen zu helfen, wenn sie bereit sind, Hilfe anzunehmen. Aber er wird sich ihnen niemals aufdrängen. Perlen vor die Säue zu werfen, würde nichts bringen. Mit jemandem Chinesisch zu reden, der nur Arabisch versteht, ist ein Unterfangen, das zu nichts führt. Wir vermögen nur entsprechend seinem Bewußtsein mit einem Menschen zu reden. Aber wir werden doch nicht so dumm sein, uns durch das niedere Bewußtsein anderer auf eine tiefere Ebene hinabziehen zu lassen. Hier beginnt z. B. der Glaube. Wenn jemand mit einem niederen Bewußtsein versucht, mich zu zwingen, von meinem Glauben abzulassen, dann ist der Augenblick gekommen, in dem sich die Frage nach der Wahrhaftigkeit stellt. Dann muß ich bereit sein, für diesen Glauben einzustehen. Tue ich es nicht, werde ich mich selbst verlieren. Der Verrat an der Wahrhaftigkeit hat einen grausamen Preis, den jeder zahlen muß. Und gerade jener, der wissend geworden ist, hat hier eine größere Verpflichtung als jener, der noch unwissend die Zusammenhänge nicht überblicken kann. Gott verzeiht den Unwissenden. Aber der Wissende, der wider dieses Wissen handelt, hat keine Gnade zu erwarten. Er wird einen hohen Preis zu zahlen haben, um die Chance zur Läuterung zu bekommen. Zahlt er ihn nicht, muß er noch weiter absteigen, bis er endlich die Zusammenhänge erkennt und bereit ist, die Konsequenzen seines Tuns zu tragen. Das ist der Preis, den er zu zahlen hat.
Die stärksten positiven Gedanken, die wir in unser Leben zu holen vermögen sind Gedanken, getragen vom Glauben ohne Zweifel, vom Verlangen ohne Zögern und vom Wollen aus ganzem Herzen. Diesen Kräften widersteht nichts, vor allem, wenn sie von Wahrheit und Liebe getragen sind. Es gibt keine schönere und stärkere Macht als die Liebe.

Und jene, die die Liebe zum Prinzip ihres Handelns machen, werden einen wunderbaren Gewinn davontragen. Und jene, die der Wahrheit dienen, werden eine Freiheit in ihrem Leben erleben, die sie glücklich macht und ihnen einen großen Gewinn bringt. Wer der Wahrheit dient, kann niemandes Sklave werden. Wer der Liebe dient, kann niemals unglücklich werden. Er trachtet nicht nach Gewinn und nicht nach Lohn. Er tut das Gute des Guten wegen und findet so die Freude in seinem Herzen wieder, die er anderen gegeben hat.
Aber ich muß wirklich verlangen, hundertprozentig und nicht verlangen mit Zweifeln. Ich muß wirklich wollen, ohne zu zögern. Nur dann bringt das Wollen die Kraft. Ich muß glauben, ohne Wenn und Aber, dann erst erfahre ich die Kraft des Glaubens – wie heißt es doch – ein bißchen schwanger geht nicht. Glaube, Wollen und Verlangen, so eingesetzt, finden keine Grenzen aber immer ein Ziel. Ein Mensch, der dieses Glauben, Wollen und Verlangen in seinem Herzen trägt, den wird nichts aufhalten können. Er wird voller Aktivitäten sein, voller Dynamik und Kreativität, er wird nicht fragen, sondern handeln. Er wird nicht zögern, sondern voranschreiten. Er wird innerlich frei und niemandes Sklave sein. Deswegen lohnt es sich jeden Tag, hierfür einzustehen und jeden Augenblick diesen Kräften aktiv zu dienen. Niemals sollten wir aufhören, mit ihnen zu arbeiten. Wir sollten aber auch wissen, daß immer wieder Augenblicke kommen werden, wo wir geprüft werden, wie ernst es uns mit unserem Wollen, Glauben und Verlangen ist. Wer die Prüfung besteht, wird umso stärker, wissender und geläuterter daraus hervorgehen. Er wird die Kraft finden, großen Zielen nachzueifern. Aber um große Ziele zu erreichen, muß ich erstmal groß denken. Kleinliches Denken wird kleinliche Ergebnisse in meinem Leben bringen. Um Großes zu erreichen, muß ich mich großen Zielen zuwenden und groß denken. Nur große Gedanken auf große Ziele gerichtet können Großes schaffen. Aber um Großes zu schaffen, bedarf es noch der Wahrheit gegenüber sich selbst. Sie beginnt dort, in dem Moment, in dem wir das Ziel erreichen. Allein das Ziel zu erreichen, nützt nichts, wir müssen es auch im Ziel umsetzen. Viele Menschen haben Ziele und immer wieder neue Pläne. Sie beginnen, sie stürmen los. Und haben sie das Ziel erreicht, geben sie es auf und stürzen sich auf das nächste. Ihr Leben ist Unruhe, Hektik, Unzufriedenheit. Die Mitmenschen glauben irgendwann nicht mehr an sie trotz aller Begeisterungsfähigkeit dieser von Ideen sprudelnden Weltverbesserer. Ihnen fehlt die Konsequenz des letzten Schrittes. Diese Konsequenz muß zum Glauben, zum Verlangen kommen. Erst dann wird *„das Werk den Meister loben"*. Im Ziel nicht aufhören, im Ziel sich des

Erfolges freuen, sich im Erfolg sonnen, nicht scheuen, die Kleinarbeit zu leisten, die jetzt noch erforderlich ist, um das Ziel zu verwirklichen. Im Ziel beginnt sehr oft erst die wirkliche Arbeit, die oft härter ist als der Weg dorthin. Scheuen Sie sich nicht, kühne Pläne zu haben. Aber planen Sie erst, bevor Sie an die Verwirklichung gehen. *„Mensch, bedenke das Ende",* heißt es, und das gilt auch hier. Seien Sie sich bewußt, das Verlangen ist die einzige Kraft, die unsere Träume Wirklichkeit werden läßt. Nicht die Wünsche und die Hoffnungen helfen Ihnen, sondern einzig und allein das Verlangen. Sie müssen hinlangen. Hinlangen ist eine Aktivität. Hoffen und Wünschen ist Passivität und wird nichts schaffen können. „Verlangen" ist eine Verstärkung der Tätigkeit des „Langens". Es bedarf besonderer Aktivität, um Träume Wirklichkeit werden zu lassen. Lassen Sie nie locker, verlangen Sie etwas im Leben. Verlangen bringt auch noch etwas anderes ganz klar heraus. Wir können etwas verlangen. Aber wir müssen auch etwas dafür tun. Die meisten Menschen sitzen dort und verlangen vom Leben alles mögliche, was sie haben wollen. Aber sie sind nicht bereit, etwas dafür zu tun. Irgendein erfolgreicher Mensch hat mal gesagt: *„Erfolg zu haben, ist 90 % harte Arbeit und 10 % Glück".* Das muß man wissen. Diesen Einsatz muß man leisten. Leistung erfordert Gegenleistung. Wenn ich vom Leben etwas haben will und wünsche, daß das Leben etwas für mich leistet, dann muß ich zunächst etwas investieren. Jeder Unternehmer muß erst investieren, bevor er die Früchte seiner Investitionen ernten kann. Das alles steckt an Bedeutung in dem Wort Verlangen. Deswegen sagt man auch nicht zu unrecht, das Verlangen ist das Markenzeichen aller zielsuchenden Menschen. Verlangen ist also Eigenleistung und kein passives Warten.

Und genauso ist es mit dem Glück und mit der Chance. Ich sprach schon davon. Die Voraussetzung zu Glück und Chance schaffen wir in uns selbst. Das Glück gehabt zu haben, wieder gesund zu werden, ist investierte geistige Glaubenskraft, ist die Kraft des Wollens und Verlangens, den Zustand der Gesundheit wieder zu erreichen. Das Glück, einen wahren Freund gefunden zu haben, ist meine innere Einstellung. Ich sende sie hinaus, und die Kraft meiner Gedanken zieht einen Menschen zu mir. Das Glück gehabt zu haben, einen Unfall lebend zu überstehen, kann auch eine Botschaft gewesen sein, als Dankbarkeit darüber mehr Liebe und Wahrhaftigkeit in meinem Leben umzusetzen. Ich persönlich bin davon überzeugt, daß die Wurzel des Glücks und Zufalls aus uns selbst kommt.

Glück ist das Ergebnis unseres eigenen Wollens, Glaubens, Verlangens und der Phantasie, die wir sichtbar aktiv und lebensfreundlich umsetzen

in unserem Leben. Sie alle schaffen den Rahmen, in dem wir uns selbst verwirklichen können, unsere Pläne machen, daran arbeiten. Und noch eins, wir müssen konsequent sein. Diese Konsequenz drückt sich aus im Durchhaltevermögen und Durchsetzungsvermögen.
Was ist denn das, Durchsetzungsvermögen? Durchsetzen heißt, uns durch die Dinge, die uns hindern wollen, hindurchzusetzen, nicht mit Gewalt, sondern mit Bedacht und Geschick sich den Umständen anzupassen. Es ist das vom Bewußtsein, von Weisheit, Wissen und nicht von blinder Brachialgewalt gesteuerte Durchsetzungsvermögen und Durchhaltevermögen. Das Durchsetzungsvermögen ist die Summe des Wollens, des Glaubens und des Verlangens, des Wollens ohne Wenn und Aber, des Verlangens ohne Zögern und des Glaubens ohne jeglichen Zweifel. Wir müssen beseelt sein von der Aufgabe, vom Ziel. Dann sind diese Kräfte des Wollens, Glaubens und Verlangens stärker als alle Widerstände des Lebens. Wenn ich diese Botschaft in meinem Leben erkenne, dann kann ich nie mehr verzagt, nie mehr mutlos sein. Dann kann ich nie mehr allein sein. Dann weiß ich, ich bin stärker, wenn ich diese Kräfte nutze, was immer mir passiert.
Aber wieviele Menschen handeln so? Wenig sind es! Wieviele Menschen kehren um, sobald sie vor den ersten Schwierigkeiten stehen, statt diese gottgegebenen Kräfte einzusetzen? Es sind viele! Und wenn ich das erkannt habe, daß mir diese Kräfte zur Verfügung stehen, dann kann es doch nicht mehr darum gehen, die Hände in den Schoß zu legen, sondern die Kräfte zu verdoppeln. Und diese Kraft, das ist eben die Durchsetzungskraft. Sie muß zu uns gehören, wie unser Kopf zum Rumpf. Der Rumpf kann nicht ohne Kopf leben und der Kopf nicht ohne Rumpf. Beide gehören zusammen, um einen lebendigen Körper zu formen.
In solchen Augenblicken der Schwierigkeiten muß uns auch immer wieder klar werden, es sind nicht die Schwierigkeiten, die uns zwingen. Wenn wir es nicht zulassen, kann uns nichts zwingen. Eine Schlacht ist erst dann verloren, wenn wir aufgeben.
Der letzte Schritt ist der wichtigste Schritt, und er kann der entscheidenste Schritt sein, der uns ins Ziel führt. Um ihn zu tun, bedarf es der Stärkung und der Durchsetzungskräfte. Wie oft haben es Menschen bewiesen, daß sie im Zustand totaler Erschöpfung mit letzter Kraft noch geschafft haben, ihr Ziel zu erreichen und erst dann total zusammenbrachen. Der hunderprozentige Wille, die Begeisterung haben alles in ihnen mobilisiert, Übermenschliches ermöglicht. Ja, es ist sogar vorgekommen, daß Blinde wieder sehen konnten, daß Lahme wieder laufen konnten, z. B. bei dem großen Erdbeben in San Francisco. Dort sind Menschen aus ihren

Rollstühlen wieder aufgestanden und davongelaufen, hier zwar von der Angst besessen. Aber auch die Angst ist eine geistige Macht, die im entscheidenden Augenblick unheimliche Kräfte freisetzen kann. Genauso kann das auch die positive Kraft des Glaubens und Wollens. Jedesmal, wenn Sie eine Glühbirne sehen, sollten Sie an das hier Gesagte denken. Warum, werden sie fragen. Edison erfand die Glühbirne nach über 1000 erfolglosen Versuchen. Hätte er nach dem 999. erfolglosen Versuch Schluß gemacht, bei Gott, man hätte es menschlich verstehen können. Aber in ihm wirkten die Kräfte des Wollens, Verlangens und Glaubens. So machte er weiter, bis er sein Ziel erreichte. Er setzte sich gegenüber allen Schwierigkeiten durch. Was man von Herzen bar jeden Zweifels will, das wird sich erfüllen.
Um all diese Lebensweisheiten in unserem Leben umzusetzen, müssen wir uns mit ihnen beschäftigen. Wir müssen in ruhigen Stunden, in der Muße darüber nachdenken. Wir müssen aktiv werden und dieses Wissen umsetzen, konsequent und zielstrebig. Wir müssen unser Leben mit Bewußtsein führen. Dann erst wird aus dem leeren Wissen geistiges Eigentum, das sich zur Einstellung weiter formt. Ein Motor läuft erst dann richtig rund und harmonisch, wenn er die richtige Einstellung hat. Und genauso können wir den Motor unseres Lebens zu kraftvollem, harmonischem, aktivem Funktionieren bringen, wenn wir dieser Aufforderung zur Arbeit an uns selbst folgen und diesen Erkenntnissen folgen.

Aphorismen

Ein Spatz in der Hand ist besser als zehn Grillen im Kopf.

Im Leben zählen nicht die Pläne, sondern die Schritte auf dem Weg zu ihrer Realisierung.

Die Tanne zeigt uns, daß es auch im Winter grüne Bäume gibt.

Wenn wir heute das Nötige tun, haben wir morgen Zeit, das Schwierige anzupacken und können uns übermorgen die Muße lassen, das zu tun, was Spaß macht.

Deine Zukunft ist so, wie Du sie heute gestaltest.

Der hohe Pfad zu einem besseren Bewußtsein

Gedanken soll man nicht einfach denken. Sie sollen sich im Tun widerspiegeln, und das Tun prägt wieder die Gedanken. Unser tägliches Verhalten, unser Moralkodex, unsere Wertmaßstäbe, Leitlinien sind wichtig für unsere Gedanken. Die Zusammenhänge werden hier anhand von Lebensregeln in praktischer Form verdeutlicht. In ihnen sind die geistigen Kräfte lebendig, die uns zur Mitte und zur Ganzheit führen. Die goldenen Lebensregeln sind Trainingsaufgaben, diese Kräfte immer zu stärken, wenn wir sie praktizieren: auf dem Acker des Alltags, legen wir mit jedem Mal ein Samenkorn, das in uns eine Erkenntnis und Stärke erwachsen läßt.

Viele von Ihnen haben sicherlich schon die Ausdrücke gehört: Sisyphusarbeit und das Faß der Danaiden. Beide Begriffe werden symbolhaft zur Beschreibung einer scheinbar erfolglosen Arbeit verwendet.

Das Faß der Danaiden ist ein bodenloses Faß, in das Hypermnestra Wasser hineinschöpfen muß. Hypermnestra ist eine der 50 Töchter des Danaos, der mit seinen Töchtern vor seinem Zwillingsbruder Ägyptos nach Argos floh. In Argos vermählten sich die Töchter des Danaos, die Danaiden, mit den 50 Söhnen des Ägyptos. Sie waren den hübschen Töchtern des Danaos nach Argos gefolgt. Danaos befahl seinen Töchtern, die Söhne in der Brautnacht zu töten. Alle Danaiden taten es mit Ausnahme von Hypermnestra. Sie rettete ihren Bräutigam und wurde deswegen als Strafe für ihre Ungehorsamkeit in die Unterwelt verbannt, wo sie die Danaidenarbeit des ständigen Wasserschöpfens in ein bodenloses Faß vollbringen mußte. Die Geschichte von der Danaiden-Arbeit trägt einen hohen Symbolwert, widerspiegelt sie doch ein Abbild des Loses aller jener, die Gutes tun und Böses ernten.

Sie wissen doch, lächelt man, schilt man ihn katzenfreundlich zu sein, zeigt man ein brummiges Gesicht, gilt man als unfreundliches Ekel, beides ist dem Neider unrecht.

Es ist ein Weg einer ständigen Prüfung, der dem scheinbar sinnlosen Schöpfen von Wasser in ein bodenloses Faß gleichkommt. Wer diesen Weg geht, mag sich manchmal fragen, ob es Sinn hat, diese ständige Plackerei durchzustehen und manche von Zweifeln geplagte Nacht durchzuwachen, ob er jemals den Zustand eines vollen Fasses erreichen kann.

Man kommt sich manchmal so vor als würde man ständig hineinschöpfen und doch seinem Ziel keinen Deut näherkommen. Fragen und Zweifel, Verzweiflung und Mutlosigkeit sind die Stationen der Prüfung auf dem Wege zu einem höheren Bewußtsein. Wer anfängt, nach dem Sinn zu fragen und wer den Erfolg nur an dem gefüllten Faß messen will, wird an diesem Weg zerbrechen. Der Blick auf das Faß und auf das Element Wasser verrät eine Denkweise, die im Materiellen verhaftet ist und die sich nicht mit dem Geist des höheren Bewußtseins vergleichen läßt. Erst wenn wir uns von dem Faß der Danaiden und dem Stofflichen des Wassers gelöst haben, sind wir frei für die geistige Ebene eines höheren Bewußtseins. Erst dann lösen wir uns von der Begrenztheit materiellen Denkens und sprengen unsere Fesseln, ziehen den Vorhang vor unserem geistigen Auge weg und machen den Weg frei zu der unendlichen Freiheit geistigen Seins.

Das Faß der Danaiden schleppt auch ein Freund von mir mit sich herum, der immer wieder verzweifelte, weil all seine Bemühungen, den Menschen die Wahrheit näherzubringen, mit Enttäuschung endeten. Er konnte nicht begreifen, daß die Menschen nicht erkannten, daß sie mit ihrem Streben nach materiellem Besitztum jenen Weg zur Zerstörung und Ausbeutung unserer Erde gegangen waren und damit ins Verderben rennen mußten. Er versuchte in seiner Arbeit als Mediziner immer wieder, den Menschen klar zu machen, daß sie krank wurden durch ihre falsche Lebensweise. Er versuchte, ihnen ihren Blick für diese Dinge zu öffnen, um ihnen wirklich zu helfen. Doch mußte er immer wieder feststellen, daß diese Menschen nur die Medizin suchten, die ihnen Erlösung von der Krankheit gab, aber den Weg der inneren Umkehr nicht gehen wollten.

Doch müssen wir uns als Mediziner damit abfinden, daß das Gros der Patienten einfach nicht erkennen kann, daß Krankheit eine Botschaft ist, daß nur der gesunden wird, der diese Botschaft versteht und sie in seinem Leben umsetzt. Für die meisten ist Krankheit ein stoffliches Geschehen, das sich im Stofflichen zeigt und durch Stoffliches verändert werden muß. So wird es uns ja auch eingetrichtert durch Berichterstattung in Medien, durch die Werbung. Hast Du Kopfschmerzen, nimm XY, gegen Rheuma hilft Z und willst Du schlafen, so mußt Du mit X Dir ein U vormachen. Wer so denkt, ist einfach nicht bereit, die Verantwortung für seine Krankheit in der Weise zu übernehmen, daß er sich Gedanken über den Sinn der Krankheit überhaupt macht, daß er seine Vergangenheit kritisch überdenkt und Fehler in seiner Lebensgestaltung, in seiner Geisteshaltung, in seinem äußeren Verhalten sucht. Wer die Problemlösung seiner

Krankheit der kleinen roten Pille überantwortet, kommt mit der Forderung zum Arzt, sich gefälligst Gedanken zu machen über die richtige handwerkliche Verrichtung, mit dem geistigen Schraubenschlüssel die richtigen Schrauben im Körper zu richten und das richtige Rezept für die richtige Medizin auszuschreiben. Er will nicht belastet werden mit der Verantwortung eines eigenen Weges und Tuns. Er kommt nach dem Motto: Hier stehe ich und nun tu Du was für mich, dazu bezahle ich Dich ja schließlich. Dieser Mensch kann wohl eine Besserung erfahren. Aber er wird niemals heil werden. Jedem kann nur auf der Ebene seines Bewußtseins geholfen werden. Diese Einstellung ist die unterste Stufe des Bewußtseins.

Als ich dieses Buch schrieb, sah ich zufällig eine Sendung im Fernsehen über China. Dort trat ein uralter Chinese auf und berichtete von seinem schweren Leben und wie er seine Krankheiten heilte. Er war 87 Jahre alt geworden und hatte nie Geld für einen Arzt gehabt. Seine Familie, in der er mit vielen Geschwistern aufwuchs, war arm, so arm, daß sie sich niemals Medizin verschreiben lassen konnten. Er hatte in seinem ganzen Leben somit keinen Arzt gesehen. Er war niemals richtig krank gewesen, hatte mithin nie ein Krankenhaus von innen erlebt. Krankheit war für ihn immer ein Zustand gewesen, mit dem er sich selbst auseinandersetzen mußte. Seine Mutter hatte ihm früh eingetrichtert, daß ein bescheidenes Leben gut für den Geist und gut für den Körper und für die Seele sei. Niemals sattessen, sondern immer nur gesättigt vom Tisch aufstehen, den Durst mit Wasser löschen, früh ins Bett gehen, früh aufstehen, auf die Stimme der Natur achten, das waren Maximen, mit denen er groß geworden war. Wenn er Magenschmerzen hatte, dann fastete er eine zeitlang. Und siehe da, die Schmerzen schwanden. Hatte er andere Krankheiten, suchte er sich Kräuter in der Natur und heilte sich damit. Hatte er Schmerzen, meditierte er. So war er 87 Jahre alt geworden und gesund geblieben. Er hatte sich in seinem ganzen Leben jene Einstellung bewahrt, die dem Sinn der Krankheit entspricht, nämlich uns des Körpers und unserer Verantwortung diesem Körper gegenüber bewußt zu werden. Er ging den einzig richtigen Weg, Krankheiten aus dem Geist heraus zu heilen. Denn auch vor dem Fasten steht die Aktivität dieses Geistes, vor dem Suchen der richtigen Kräuter steht der Entschluß und das Bewußtsein der Verantwortung, die man selbst zu tragen hat. Die falsche geistige Einstellung hätte ihn sicherlich längst sterben lassen können, hätte ihm Mutlosigkeit, Verzagtheit beschert und die Vorstellung, daß er doch nichts tun könne, vielleicht in einem Groll darüber, daß er vor lauter Armut sich keinen Arzt leisten könne, wie es die Nachbarn nebenan

konnten. Er hat das Beste aus seiner Situation gemacht und war nicht schlecht dabei gefahren.
Wir, die wir alle „Segnungen" der Medizin zur Verfügung haben, werden krank und kränker. Das ist nicht nur dadurch bedingt, daß die Medizin Krankheit und Körper auseinander dividiert und versucht, Symptome zu heilen, sondern auch dadurch, daß der Patient die Krankheit als Feind ansieht, sich somit in ein Freund-Feind-Verhältnis der Konfrontation drängt, daß er Krankheit als etwas Fremdes ansieht, losgelöst von seinem eigenen Körper und sie bekämpft, statt sie für den Moment anzunehmen als einen Teil von sich selbst und sich aus dieser inneren Gelassenheit mit der Krankheit aktiv auseinanderzusetzen. Es hat damit zu tun, daß ganze Krankheits- und Heilungsprozesse materieller geworden sind. Man sucht die Ursache in dem Stofflichen des Bakteriums, in dem Stofflichen des entarteten Gewebes und behandelt es mit dem Stofflichen der Injektion oder der rosaroten Tablette. Der Geist und das Seelische bleiben dabei unberührt. Die Gedanken richten sich auf Kampf und somit Konfrontation und nicht auf Ganzheit, Geduld, etwas anzunehmen, aus Einsicht erfahren, lernen nachzudenken, heilzuwerden, geschehenzulassen, Demut, Sinn- und Seinserfahrung. All das sind Begriffe, die die andere Betrachtungsweise des Lebensabschnitts Krankheit verdeutlichen sollen.
Ich muß in diesem Zusammenhang an einen Bekannten denken, dessen ganzes Leben darauf ausgerichtet ist, sein Besitztum zu mehren, koste es, was es wolle. Wenn es nötig war, machte er die Nacht zum Tag. Er trachtete danach, immer neue Verbindungen aufzubauen und daraus seine Vorteile zu ziehen. Er jagte der Macht nach, war bereit, andere zu opfern, um das eigene Ziel zu erreichen. Er sprach heute so, weil es opportun war und morgen ganz anders. Er versprach das Blaue vom Himmel und hielt nichts. Er verriet andere, wenn es ihm diente, war die Liebenswürdigkeit in Person, wenn es so sein mußte, umschwärmte jene, die ihm helfen konnten und ließ sie im selben Moment fallen, wenn er entdeckte, daß sie nichts mehr wert waren. Eines Tages hatte er einen schweren Unfall. Um Haaresbreite entging er dem Tode. Wochenlang lag er schmerzgeplagt in Kliniken. Mühsam war sein Weg zurück an den Schreibtisch, zunächst stundenweise, von Schmerzen gemartert. Ich sah in diesem Lebenseinschnitt keinen Zufall, wie ich sowieso nicht an Zufälle glaube. Das Schicksal hat ihm eine Denkpause verschafft. Wenn ich dem Tod einmal ins Auge gesehen habe, dann wühlt mich das bis ins Innerste auf. Wer sich noch ein wenig die Fähigkeit zum Denken bewahrt hat, erkennt, daß er mit diesem Unfall ein neues Leben, ein geschenktes Leben beginnt. Die Zeit in den Kliniken, in der man nichts tun kann als

nachzudenken, ist eine Chance der kritischen Analyse seines Lebens. Wer die Chance nutzt, wird daraus seine Schlüsse ziehen und sein neues Leben anders gestalten. Der Verstockte wird wüten gegen diese Zwangspause, seine Abwehr schwächen und manchmal deswegen daran sterben. Der, der lernt, wird zu sich kommen, wird innerlich ruhig werden und seine Kräfte schonen für den Heilungsprozeß. Er wird zu ganz neuen Einsichten und Ansichten kommen, die seinem neuen Leben neue Akzente setzen. Er wird Fehler erkennen und die Konsequenzen daraus ziehen, zu denen er nie gelangt war, weil die Hektik seiner Tage ihm nie die Muße gab, diese Dinge zu überdenken und zu jener Ebene der Stille und der Einsichtsfähigkeit zu kommen, auf der solche Erkenntnisse wachsen können. Der Stil seines vorherigen Lebens ließ es gar nicht zu, Unrecht zu erkennen. Für ihn heiligte der Zweck die Mittel und seine Erfolge betrachtete er als Selbstverständlichkeiten für die Mühen und Plackereien. So sah er jedenfalls seine Arbeit. Die anderen waren die Dummen und hatten es nicht besser verdient, übertölpelt zu werden. Die eigene Schlauheit war die Rechtfertigung für das ständig wachsende Bankkonto.

Mit einem Mal bedeuteten aber all diese Dinge nichts mehr. Da wollte er nur noch gesund werden und erkannte, daß Glück und Erfolg keine Selbstverständlichkeiten sind und daß er sich im Grunde genommen all dieser Dinge gar nicht freuen konnte, weil er sich keine Zeit dazu ließ. Plötzlich erkannte er, wie er anderen weh getan hatte, ihm wurde bewußt, daß menschliches Zusammenleben nur auf der Basis von Vertrauen, von Geben und Nehmen funktionieren kann, daß es manchmal viel weiser ist, auf Dinge zu verzichten und der Lohn, der sich daran mißt, unendlich viel größer ist, daß sich dieser Lohn in ganz anderen Dingen ausdrückt. Solch ein Lohn kann z. B. eine Freundschaft aus dem Herzen heraus sein, wenn man jemand geholfen hat, statt gleich einen Anwalt zu bemühen, um die letzte Mark aus dem anderen herauszuholen. Weil man gewartet hat und sie ihm gelassen hat, damit er in Ruhe seine Schulden abbezahlen kann, erntete man Dankbarkeit und Freundschaft. Man erfährt ins solchen Augenblicken, daß man der Familie unendliche Opfer aufgebürdet hat, weil man nur dem beruflichen Erfolg nachjagte, Opfer, die sie unglücklich gemacht hat, die zwischenmenschliche Bande zerfallen ließen. Plötzlich ist das Weniger mehr, plötzlich kommen ganz andere Gedanken. Harmonie breitet sich aus. Man erfährt ein Glücksgefühl, das man vorher nie kannte, weil es von Hetze, Streß und Eigensucht überdeckt war.

Mir selbst erging es ähnlich, als ich nach einem Jahr Selbständigkeit plötzlich durch den Stich mit einer gebrauchten Injektionsnadel eine

schwere Hepatitis bekam. In der Einsamkeit der Isolierstation wütete ich zunächst gegen dieses Schicksal. Ich wollte doch den Erfolg, wollte doch eine große Praxis aufbauen. Ich klagte Gott und die Welt an, daß mir das geschehen mußte, bis ich dann langsam ruhiger wurde, weil ich erkannte, daß das mir alles nur schadete aber nicht half, gesund zu werden. Ich hatte das Glück, diesen Zwischenfall ohne körperlichen Schaden zu überstehen. Nachdem alles vorüber war, erkannte ich, wie wertvoll diese Monate gewesen waren, in der ich Zeit hatte, nachzudenken, mein Leben kritisch zu überprüfen. Ich habe aus dieser Zeit Impulse bezogen, für die ich heute noch dankbar bin. Und auch, daß ich dieses Buch schreiben kann, hängt mit den Erkenntnissen zusammen, die ich damals in der Einsamkeit meines Krankenzimmers reifen ließ und sie später in meinem Leben umsetzte. Seitdem habe ich zwar manches Faß der Danaiden schöpfen müssen. Aber das Schicksal fragt uns immer wieder, was uns unsere Erkenntnisse und unsere Wertmaßstäbe wirklich wert sind. Wenn sie uns der Sache wegen wert sind, werden wir nicht nach Lohn und Anerkennung fragen, so, wie es mein Bekannter tut, der immer wieder den Erfolg seiner Arbeit erwartet. Erwartungshaltung ist der sichere Keim für die Enttäuschung. Wenn ich etwas gebe und nicht den Dank bekomme, den ich erwartet habe, bin ich enttäuscht. Wenn ich aber aus dem Herzen heraus gebe, werde ich diesen Dank nicht erwarten, und die Freude des Gebens, die ins eigene Herz zurückkehrt, bleibt mir. Die Bitternis der Enttäuschung ist mir erspart geblieben.
Ich habe über den Wert des wirklichen Gebens aus dem Herzen heraus an anderer Stelle in diesem Buch geschrieben. Wenn ich meine Überzeugung in meinem Leben durch Taten und Worte umsetze, dann werde ich niemals aufhören, dann ist eine Enttäuschung für mich Ansporn, noch mehr meinen Zielen gemäß zu leben. Abbringen von diesem Ziel wird sie mich nicht. Jede Enttäuschung wird so zu einer Befreiung von einer Täuschung und damit zu einer neuen wertvollen Erkenntnis. Sie wird mich stärker machen, statt mich zu schwächen. Ich werde wissender durch sie. So wird eine Enttäuschung zu einer größeren Klarheit, zu einer größeren inneren Stärke, zu einer tieferen Reife, zu einem höheren Bewußtsein. Nur für den Menschen niederen Bewußtseins wird dieser Weg zu einer Sisyphusarbeit. Sisyphus überlistete die Götter und erzürnte sie dadurch. Sie rächten sich an ihm, indem sie ihn in die Unterwelt verbannten. Hier mußte er einen Felsblock einen Berg hinaufwälzen. Sobald er jedoch oben ankam, rollte der Stein immer wieder herunter und er mußte wieder von vorn anfangen. So ist es auch für jene, die sich um mehr Wahrheit in ihrem Leben und mehr Erkenntnis bemühen. Kaum

haben sie den Stein des Weisen oben, so rollt er ihnen wieder herunter. Und sie müssen erneut anfangen, den Stein den Berg hinaufzuwälzen. Aber wenn immer sie beginnen, den Stein neu hinaufzuwälzen, sind sie nicht mehr der, der diesen Stein vorher herunterrollen ließ. Sie sind durch die vorherige Arbeit stärker geworden. Irgendwann erkennen sie auch, daß es in den meisten Fällen gar nicht derselbe Berg ist, den sie erneut mit ihrem Stein hinaufklettern müssen, sondern daß es vielfach ein ganz anderer Berg ist, ein neuer Gipfel, den sie erklimmen müssen. Wollen wir höher hinauf, müssen wir diese Sisyphusarbeit tun. Und es bleibt uns auch nicht erspart, wieder von vorn anzufangen, wenn uns das Leben den Stein wieder an den Ausgangspunkt hinuntergeworfen hat, es sei denn, wir akzeptieren, daß wir auf einer niederen Stufe verbleiben wollen. Ich würde es so ausdrücken: Erfolg zu erreichen heißt, aus den Mißerfolgen zu lernen und hart zu arbeiten. Das heißt, Erfolg zu haben. Im Leben wird nur der aufsteigen, der die Herausforderung des Berges annimmt und solange trainiert, bis er den Abhang schafft und sich nicht entmutigen läßt, wenn ihn die Stürme des Lebens zwingen, auch einmal wieder umzukehren und dann neu anzufangen. Das Leben hat nicht nur Höhen, es hat auch Tiefen. Und manchmal ist es eine Form der Weisheit, einen Schritt zurückzugehen, wenn wir erkennen, daß unsere Kräfte noch nicht ausreichen, um sich auf dem höchsten Punkt der Höhe zu behaupten.
Wie können wir aber nun dahinkommen, diese Kräfte zu stärken? Indem wir uns freimachen für die offenbarenden Kräfte des Kosmos, indem wir uns innerlich reinigen, indem wir unsere inneren Energiebahnen stärken, frei machen für eine Zirkulation jener feinstofflichen Schwingungen kosmischer Kräfte. Diese Arbeit hört nimmer auf. Und sie hat mit ganz Alltäglichem zu tun. Sie muß jeden Tag neu getan werden. Wir müssen uns jeden Tag wieder neu qualifizieren für den Zufluß dieser feinstofflichen Kräfte. So, wie wir jeden Tag neu Toilette machen und uns nicht zufrieden geben mit Zähneputzen, Gesichtreinigen und Körperwaschung einmal in der Woche, so müssen wir auch jeden Tag unser Inneres aufs neue reinigen. Dies tun wir, indem wir uns durch richtiges Verhalten, durch Selbstdisziplin, durch Selbstzucht in einen Schwingungszustand versetzen, in dem wir in der Lage sind, gleichartige Schwingungen aufzunehmen. Lesen Sie hierüber nach in dem Kapitel über die hermetischen Gesetze.

So ehrlich, wie Sie sind, so ehrlich wird Ihnen das Leben entgegentreten. So gut, wie Sie sind, so werden Sie Gutes empfangen. Gutes artikuliert sich in entsprechendem Verhalten, in konkretem Tun und Denken. Was das ist, sollen Sie im folgenden erfahren.

Es sind goldene Lebensregeln, die Sie an jedem Platz, an jedem Tag praktizieren sollen. Wann immer Sie etwas für Ihre innere Entwicklung tun wollen, sollten Sie diese Verhaltensmaßregeln durchlesen, darüber nachdenken, noch besser, darüber meditieren. Sie sollten sich für jeden Tag einzelne Regeln heraussuchen und sich am Abend darüber Rechenschaft ablegen, inwieweit Sie diesen Regeln gerecht wurden. Darüber sollten Sie sich regelrecht Zensuren geben, z. B. in dem Ihnen bereits anempfohlenen Tagebuch. Sie werden erkennen, wie sehr sich Ihr Leben dann zum Guten verändert, wenn Sie diese Lebensregeln beachten.

1. Regel:
Ich werde mich von nun an bemühen, die Zusammenhänge zwischen scheinbaren Gegensätzen zu erkennen, indem ich sie als Ganzheit akzeptiere. Ich erkenne, daß alles Leiden aufhört, indem ich beide Seiten als Ganzheit akzeptiere. Glück ist genauso ein Bestandteil meines Lebens wie das Unglück.

2. Regel:
Ich werde mich um Unabhängigkeit vom materiellen Denken bemühen und erkenne jede Form der Abhängigkeit als Hindernis für geistige Bewußtseinsbildung.

3. Regel:
Ich werde von nun an der Angst bewußt entgegentreten und ihr nicht mehr unterliegen, weil jede Angst aus einseitiger Betrachtungsweise entsteht und eine Aufforderung zu mehr Erkenntnis und Objektivität ist.

4. Regel:
Ich werde es nicht mehr zulassen, Spielball der Macht anderer zu sein. Ich bin meinem Wesen nach göttlich und werde dieser Macht mit Offenheit, Tugend und Aufrichtigkeit begegnen.

5. Regel:
Ich werde meine Emotionen unter Kontrolle halten, denn ich habe erkannt, daß blinde Emotionen uns wehrlos machen, mich schwächen, mich angreifbar machen und meine Gesundheit zerstören.

6. Regel:
Ich will Bescheidenheit üben in jeder Weise, denn ich habe erkannt, daß Unzufriedenheit mir den Blick für die Chancen des Jetzt nimmt und verhindert, daß ich mich über das, was ich jetzt besitze, freuen kann.

7. Regel:
Ich will andere nicht unnötig und blindlings kritisieren. Jeder hat seine Bestimmung, entsprechend seinem Bewußtsein. Und jeder hat das Recht, so zu sein und zu leben, wie er will. In diesem Sinne will ich mich aufrichtig um Toleranz bemühen.

8. Regel:
Ich will niemanden um seinen Erfolg und sein Besitztum beneiden. Ich erkenne, daß Neid auf andere mein eigenes Glück zerstört, mich blind macht für meine Chancen und mich so an eigenem Erfolg hindert.

9. Regel:
Ich will nicht unaufrichtig sein, denn nach dem Gesetz widerfährt mir durch meine eigene Unaufrichtigkeit gegenüber anderen ebensolche von anderen. Ich will mein Wissen mit jedem Tag erweitern. Ich will nicht voreingenommen sein, weil ich damit meine eigene Erkenntnisfähigkeit blockiere.

10. Regel:
Ich will weder mich noch andere hassen. Haß zerstört meine Gesundheit und meine eigene Freiheit. Ich will mich nicht als besser und auch nicht als schlechter als andere betrachten. Ich will mich zu mir selbst bekennen, so, wie ich bin, an mich glauben. Ich will meiner Überzeugung gemäß leben, auch wenn ich dadurch vorübergehend Nachteile in Kauf nehmen muß.

11. Regel:
Ich will den Ratschlag anderer prüfen und annehmen, wenn ich ihn als richtig erkenne. Ich werde von nun an ehrlichen Herzens die Zusammenarbeit mit anderen anstreben.

12. Regel:
Ich will niemandem meine Meinungen aufzwingen, sondern tolerant und flexibel sein.

13. Regel:
Tabus sind geistige Zwangsjacken, die mich dran hindern, offen zu sein für Neues. Bevor ich etwas ablehne, will ich sicher sein, daß ich es verstanden habe.

14. Regel:
Ich will nicht abergläubisch sein. Aberglaube heißt, durch Unwissenheit Dingen zwanghaft zu unterliegen. Unwissenheit ist Mangel an Erkenntnis. Sie bringt mich in Abhängigkeit. Abhängigkeit heißt, seine eigene Göttlichkeit aufgeben.

15. Regel:
Mein Leben sei einfach und gut und diene der Menschheit.

16. Regel:
Ich will mich nicht über das Unglück anderer freuen, sondern helfen, daß andere erfolgreich und glücklich werden.

17. Regel:
Ich will mich davor bewahren, abhängig von Wünschen, Geld, Anerkennung, Ruhm und Erfolg zu werden. Es bringt mich durch Abhängigkeit in geistige Unfreiheit und hindert mich an meiner geistigen Weiterentwicklung.

18. Regel:
Ich will die Verantwortung für eigenes Tun und Schicksal übernehmen.

19. Regel:
Alles, was ich tue, will ich vorher sorgsam überlegen. Ich will mir selbst treu bleiben, wenn man mich tadelt und nicht stolz werden durch Lob. Mein Verhalten sei nicht abhängig von Äußerlichkeiten.

20. Regel:
Ich will nicht eifersüchtig werden auf die Anerkennung anderer. Ich will andere loben für ihre Leistungen. Ich will nicht entmutigt werden durch Enttäuschung.

21. Regel:
Ich will Gutes tun und keinen Dank dafür erwarten.

22. Regel:
Ich will niemand verurteilen, weil ich erkenne, daß ich andere immer nur so sehen kann, wie ich es vermag. Dies ist ein subjektives Abbild von dem anderen.

23. Regel:
Ich will niemals fanatisch sein. Jede Übertreibung verkehrt sich ins Gegenteil.

24. Regel:
Ich will niemandes Knecht sein und niemand zum Knecht machen.

25. Regel:
Pessimismus sei mir fremd. In jeder Situation ist auch etwas Gutes. Und das Schlechte ist eine Chance, das Gute zu erkennen.

26. Regel:
Ich meide Sturheit und Unvernunft, um meinen Blick für das Wesentliche nicht einzuengen. Ich will nicht launisch sein und nicht aufgeregt. Beides bringt mich in Abhängigkeit. Alles was ich tue, werde ich überlegt tun und rücksichtsvoll, sodaß niemand verletzt und geschädigt wird. Bei allem, was ich tue, werde ich nicht nur an mich denken, sondern darauf achten, daß andere dadurch nicht leiden.

27. Regel:
Ich will mich an die Wahrheit halten. Ich werde, wo es nötig ist, die Wahrheit rücksichtsvoll sagen und vermeiden zu verletzen. Ich werde mit der Wahrheit dort schweigen, wo es notwendig erscheint.

28. Regel:
Ich werde keine Versprechungen abgeben, die ich nicht halten kann, auch nicht Voraussagen tätigen, die ich nicht vertreten kann.

29. Regel:
Ich werde vorsichtig mit Worten umgehen.

30. Regel:
Die Bitten in meinen Gebeten seien weder anmaßend noch egoistisch noch unnötig.

31. Regel:
Ich werde den Ruf anderer wahren und mich verantwortungsbewußt verhalten. Ich werde mich nicht selbst loben und meine Taten, Besitztümer und Leistungen preisen. Mein Wirken sei im Stillen mit guten Zielen.

32. Regel:
Ich werde keine Gerüchte und nichts Böses ausstreuen und auch nicht auf die Gerüchte anderer reagieren.

33. Regel:
Ich werde über das schweigen, was man mir vertraulich sagt.

34. Regel:
Ich werde die Schwächen anderer nicht verbreiten und daraus keinen Nutzen ziehen.

35. Regel:
Ich werde nicht schwatzhaft sein und nicht auf das Geschwätz und auf die Verleumdung anderer reagieren.

36. Regel:
Ich werde andere nicht verletzen. Denn wer andere verletzt, verletzt sich selbst.

37. Regel:
Ich werde andere nicht durch Schmeicheleien beeinflussen, werde Gutes loben und anderen helfen, ihre Fehler einzusehen.

38. Regel:
Ich werde andere nicht mit meinem eigenen Gejammer belasten, weil ich weiß, daß jammern niemals ein Problem lösen wird.

39. Regel:
Ich werde von anderen nicht verlangen, was ich nicht von mir selbst verlangen kann.

40. Regel:
Ich werde niemanden zwingen, sondern um Verständnis werben und überzeugen.

41. Regel:
Ich werde niemanden verfluchen, denn der Fluch trifft mich letztendlich selbst.

42. Regel:
Ich werde mich nicht über Fehler oder Schicksal anderer lustig machen.

43. Regel:
Ich werde nicht unhöflich sein, denn wer seine Zunge nicht im Zaum hat, verursacht sich selbst Kummer.

44. Regel:
Ich werde mich nicht als Lehrmeister aufschwingen, wenn ich die Dinge selbst nicht verstehe.

45. Regel:
Ich werde meine Probleme selbst lösen.

46. Regel:
Meine Sprache sei natürlich und offen. Sie soll mich nicht künstlich erhöhen und andere nicht herabsetzen.

47. Regel:
Ich meide obszöne Worte und obszönes Verhalten.

48. Regel:
Ich bin aufrichtig mir selbst gegenüber.

49. Regel:
Ich respektiere die Entscheidungen anderer und versuche nicht, ihnen den eigenen Willen aufzuzwingen.

50. Regel:
Ich achte und schütze jede Form von Leben, die Umwelt und unseren Planeten Erde.

51. Regel:
Mein Leben ist heilig, allein der Schöpfer bestimmt Anfang und Ende.

52. Regel:
Ich meide alle Orte, die meiner Gesundheit und meiner Lebensenergie nicht zuträglich sind.

53. Regel:
Ich helfe allen jenen, die reinen Herzens sind und vor allen Dingen jenen, die noch unwissend sind.

54. Regel:
Ich bin offen für alle Dinge, Meinungen, Neuerungen. Ich bleibe meiner Überzeugung treu, aber mache die eigene Meinung und Haltung niemals zum Maß aller Dinge.

55. Regel:
Ich bestimme das Gesetz des Handelns, aber reagiere nicht auf jemanden, der mich wider besseren Wissens in unrechtmäßiger Weise anklagt.

56. Regel:
In allem will ich Vorbild sein.

57. Regel:
Ich will auf Rache verzichten, wenn man mir Unrecht tut und stattdessen helfen, daß der andere das Unrecht einsieht. Die Kraft des Vergebens ist eine Quelle der Erkenntnis und des Wachsens.

58. Regel:
Aufrichtigkeit im Zusammenleben mit anderen sei mein Ziel.

59. Regel:
Zu meiner Überzeugung und zu meinen Lebensgrundsätzen gibt es keinen Kompromiß. Wer sich selbst untreu wird, verliert das Selbstvertrauen und das Vertrauen anderer. Ich bin bereit, hierfür auch Nachteile hinzunehmen.

60. Regel:
Ich werde meine eigene Macht und mein Wissen nicht dazu nutzen, anderen zu schaden.

61. Regel:
Ich werde keine Bestechung annehmen, denn das macht abhängig.

62. Regel:
Ich werde die aufrichtigen und ehrlichen Ziele anderer unterstützen.

63. Regel:
Innerliche und äußerliche Sauberkeit seien mir selbstverständlich. Die eine bedingt die andere.

64. Regel:
Ich werde die Beziehungen und die Freundschaften zwischen anderen achten, sie nicht zu eigenen Vorteilen nutzen.

65. Regel:
Ich werde meine Sexualität nicht nutzen zum Vergnügen und niemand damit täuschen.

66. Regel:
Mein Essen und Trinken sei einfach und nicht übermäßig und soll nicht der Lust frönen.

67. Regel:
Ich werde mich immer angemessen und ohne Prunksucht kleiden.

68. Regel:
Zeit und Energie sind heilig. Ich achte sie, indem ich sie lebensrichtig nutze.

69. Regel:
Ich werde die Freundschaft und den Kontakt zu niemandem suchen, nur weil es meinem eigenen Ansehen oder meinem Wohlergehen dienen könnte. Basis meiner Beziehungen zu anderen seien Tugend und Respekt.

70. Regel:
Ich versuche niemals, mich dadurch zu erhöhen, indem ich andere erniedrige.

71. Regel:
Ich mache mich nicht zum Werkzeug von Verrat und unsauberen Geschäften. Dadurch verliere ich meine geistige Unabhängigkeit, zerstöre meine Energie und hindere mich an meiner Weiterentwicklung.

72. Regel:
Ich schmücke mich nicht mit fremden Federn, sondern erhöhe mich durch eigene Leistung.

73. Regel:
Ich mißbrauche Schwächere nicht zu eigenen Zielen.

74. Regel:
Wer mir vertraut, den werde ich nie enttäuschen. Wer mir leiht, dem werde ich zurückgeben.

75. Regel:
Ich werde niemanden gefügig machen. Aufrichtigkeit sei der Geist meiner Worte und Hilfe für andere mein Motiv.

76. Regel:
Liebe und Hingabe seien die Basis jeder körperlichen Beziehung.

77. Regel:
Ich werde das Eigentum anderer achten.

78. Regel:
Ich werde meine eigene Sicherheit nicht dadurch zu erreichen versuchen, indem ich andere gefährde.

79. Regel:
Ich achte die Privatsphäre aller Mitmenschen und nutze deren Kenntnis nicht aus zu eigenem Vorteil.

80. Regel:
Ich werde niemanden schrecken und in Angst versetzen, sondern im Gegenteil, ihm helfen, Schreck und Angst zu überwinden.

81. Regel:
Meine Hilfe gehört allen Wesen dieser Erde, Tiere und Pflanzen eingeschlossen. Nur indem ich sie liebe, werden sie sich mir offenbaren, ich erkenne in ihnen das Wesen der Schöpfung.

82. Regel:
Ich werde Alt und Jung schützen, ihnen helfen und ihnen dienen.

83. Regel:
Ich werde mein eigenes Wissen stets zu mehren versuchen und anderen helfen, ihr Wissen zu mehren. Ich werde niemanden daran hindern, sein Wissen zu erweitern mit der Absicht, meine eigene Stärke dadurch auszubauen.

84. Regel:
Ich werde keine Gewalt anwenden, um Einfluß auf andere zu bekommen oder etwas in Besitz zu nehmen.

85. Regel:
Ich werde anderen nicht zur Last fallen.

86. Regel:
Ich werde Gutes mit Gutem vergelten.

87. Regel:
Ich will niemals Wohltäter aus Berechnung sein. Niemand soll dadurch erhöht, entehrt, erniedrigt, bloßgestellt werden. Ich will nichts von dem vergeuden, was mir gehört, was die Schöpfung wachsen oder leben läßt.

88. Regel:
Ich ehre die Sitten und Gebräuche anderer. Was ich nicht verstehe, werde ich respektieren und alles tun, um die Zusammenhänge zu erkennen. Ich werde dort schweigen über diese Dinge, wo mein Wissen nicht ausreicht, ein Urteil zu fällen.

89. Regel:
Ich werde die Lebenselemente Wasser, Luft und Erde nicht vergeuden, nicht zu meinem Vorteil auf Kosten anderer verwenden. Denn wer Wasser, Luft, Erde zerstört, zerstört Leben.

90. Regel:
Ich bin bereit, zu teilen. Ich meide die Völlerei, den Überfluß.

91. Regel:
Ich werde meine Eltern ehren, meine Brüder und Schwestern und alle, die mir nahestehen, was immer sie sind, was immer sie tun, auch dann, wenn sie aus Unkenntnis oder mangelndem Verständnis mich verletzen.

92. Regel:
Ich werde nichts tun, was das Licht der Öffentlichkeit scheuen muß oder das Gesetz der Wahrheit verletzt, das Vertrauen anderer mißbraucht oder ihren Glauben an mich erschüttert.

93. Regel:
Ich werde meine Zeit sinnvoll nutzen und mich nicht abhängig machen von Nervenkitzel, fremder Unterhaltung, oberflächlichem Vergnügen, körperlicher Lust, Sucht, Drogen und anderen Dingen, die mich blenden, mir meine Urteilsfähigkeit nehmen, mich mir selbst entfremden.

94. Regel:
Ich will fleißig sein, aufrichtig und zielstrebig, kreativ, aktiv und dynamisch auf allen Gebieten, die lebensrichtig sind, die mir selbst dienen im Sinne der Bewußtseinsbildung und geistigen Entwicklung und dem Geist der Schöpfung entsprechen.

95. Regel:
Hektik, Ruhelosigkeit, Ziellosigkeit sollen niemals mein Verhalten bestimmen. Ich werde meinen Tag bewußt erleben und verbringen. Ich will nicht leichtfertig und verantwortungslos handeln, sondern mir stets meiner Verpflichtung als vernunftbegabtes Wesen bewußt sein.

96. Regel:
Ich will mir stets bewußt sein, daß die Schöpfung mir Augen gab, zu sehen, um die Wunder des Lebens zu erkennen, Ohren, zu hören, damit ich das Wissen der Schöpfung empfange, einen Mund, zu reden, damit ich mich mitteilen kann und andere erfreue, den Verstand, zu begreifen und eine Nase, zu riechen. Ich weiß, daß diese Organe die Brücke meines Ichs zum Du sind und mich zusätzlich in die Lage versetzen, die Wunder und das Wirken der Schöpfung zu erfahren. Sie sind Eingang und Ausgang. Durch sie empfange und gebe ich.
Ich will jeden Tag dankbar sein für diese Kostbarkeiten und diese Organe pflegen und hüten nach bestem Wissen und Gewissen. Sie dienen dazu, die Qualität meiner Energie zu verbessern. Und ich weiß, daß jede mißbräuchliche Benutzung meiner Sinne mir schaden wird, meine Energie und mein Bewußtsein stört und so meine Lebensqualität mindert.
So werden meine Augen alles das meiden, was die niederen Instinkte reizt, was Lüste und Verlangen in der Weise stimulieren, daß meine

Urteilsfähigkeit beeinträchtigt wird. Hierzu zählen Pornographie, Gewalt und all das, was sich gegen das Leben richtet.

97. Regel:
Ich wähle meine Worte mit Bedacht, weil ich weiß, daß unbedachte grobe Worte meine Geistesenergie schädigen und andere verletzen.

98. Regel:
Ich werde so wenig Fleisch wie möglich essen. Ich werde vor jeder Mahlzeit der Schöpfung für die Speise durch Stillwerden danken.

99. Regel:
Ich werde meine Ohren nutzen, um damit nicht Geschwätz aufzunehmen, sie keinem lauten Getöse aussetzen und störender Musik minderer Qualität.

100. Regel:
Ich werde meinen Körper jeden Tag innerlich und äußerlich reinigen, ihn nicht zerstören mit betäubenden Genußmitteln, mit Medizin, die mir meine Identität als denkendes und fühlendes Wesen nehmen.

101. Regel:
Ich werde meine Nase nicht schlechter Luft und schlechten Gerüchen aussetzen, denn dies stört meine Lebenskraft. Ich werde bewußt atmen und all das, was ich rieche, bewußt in mir aufnehmen.

102. Regel:
Ich werde meinen Geist jeden Tag reinigen durch Stillewerden und in der Stille die Verbindung mit der Schöpfung suchen. Ich werde meinen Geist läutern, indem ich in Demut all das in meinem Herzen annehme, was das Leben mir bringt. Ich werde darüber nachdenken und die Botschaft studieren.

103. Regel:
Für den Fall, daß ich krank bin, werde ich:
a) nicht über mein Los klagen und negativ darüber denken,
b) an Gesundheit denken und meine Gedanken nicht mit dem Zustand der Krankheit belasten,
c) mich in meinen Gedanken nicht mit möglichen Verschlimmerungen beschäftigen,

d) in Ruhe über die Ursachen nachdenken und die Konsequenzen daraus für mein Leben ziehen,
e) die Krankheit annehmen als einen Teil meines Lebens,
f) anderen aus einer Laune heraus nicht Unrecht tun,
g) meine Krankheit nicht als Druckmittel nutzen,
h) in der Krankheit die Tugend der Geduld und Bescheidenheit üben,
i) wenigstens siebenmal am Tag anderen ein Lächeln schenken,
j) andere trösten und nicht danach trachten, selbst getröstet zu werden,
k) anderen Mut machen und sie loben,
l) nicht anderen die Last meines Loses auferlegen,
m) mir keine Sorgen machen,
n) lernen, auf meine innere Stimme zu horchen,
o) bewußt jede Kleinigkeit der Besserung erfahren und dafür Dank sagen,
p) mich im Sinne des „Dein Wille geschehe" demütig verhalten.

Vielleicht haben Sie zwischenzeitlich schon gedacht, wenn ich all das tue, bin ich ein wahrer Heiliger. Dabei bedenken Sie eins: diese Dinge sind nicht dazu da, uns heilig zu machen, sondern um Ihnen das Leben zu erleichtern. Nach dem Gesetz der Resonanz werden diese guten Eigenschaften durch Gutes aus Ihrem Umfeld wieder auf Sie zurückkommen. Deswegen dienen Sie sich selbst am meisten damit, wenn Sie sich bemühen, möglichst viel davon zu beachten und in Ihrem Leben umzusetzen. Haben Sie erstmal mit einigen Regeln angefangen, werden Sie feststellen, daß die anderen Regeln wie von selbst integriert werden, ohne daß Sie sich zielstrebig darum bemühen müssen. Dies erklärt sich einfach daraus, daß alle Regeln Teil desselben Geistes sind. Haben Sie erst einmal Teile davon in Ihrem Leben umgesetzt, folgen die anderen Teile zwangsläufig, weil immer alle Teile eines Ganzen zusammenstreben.

Das Umfeld unseres Lebens ist disharmonisch und macht es uns schwer, diese Einzelheiten des Verhaltenskodex konsequent umzusetzen. Wir werden immer wieder auf die Probe gestellt. Doch je mehr und je konsequenter Sie an sich arbeiten, umso mehr werden diese hier geschilderten Eigenschaften Bestandteil Ihres Denkens und Handelns. Als Folge dessen wird Ihr Leben schöner, reicher und angenehmer werden. So winkt ein schöner Lohn.

Aphorismen

Jeder trägt den Keim neuer Ideen in sich.

Steht das Leben mit der Wissenschaft im Widerspruch, so hat stets das Leben recht.

Justus von Liebig

Jeder trägt eine Maske. So lange, wie sie zum Gesicht paßt, ist sie ehrlich.

Größe gewinnt durch Verzeihen und Verzichten.

Keine Zukunft vermag gutzumachen, was Du in der Gegenwart versäumst.

Albert Schweitzer

Was für den Körper das Immunsystem, ist für den Geist das Gewissen, Mahner und Heiler zugleich.

Anmut ist Ausströmen innerer Harmonie.

Marie von Ebner Eschenbach

Zweifler werden nicht durch Erwägungen, sondern durch Tatsachen überzeugt.

Wagner von Jauregg

Leidenszeiten sind Erweckungszeiten.

Der Glaube hat mächtige Flügel, um uns emporzutragen.

Hat man den Wind gegen sich, so ist das nur ein Grund umso stärker voranzuschreiten.

Julius Langbehn

Regeln müssen dort ersatzweise aushelfen, wo es Verstand mangelt.

Zeig mir die Hand und ich sage Dir, wie Du denkst

Gedanken prägen unseren Körper. Das ist insbesondere beim Gesicht und bei den Händen der Fall. Um Gedanken und Gedankenqualität zu trainieren, bedarf es einiger Techniken. Gedankenführung und Gedankenkonzentration sind nötig, um uns kosmischen Energien zu erschließen, die wieder die Gedankenkraft prägen, die Transformation der Schwingung unserer Geistesenergie beeinflussen. Und um all das geht es im folgenden Kapitel, das die Aussagen in den vorherigen vertiefen soll. Zur Theorie kommt hier die Praxis.

Es ist immer wieder faszinierend zu erleben, wie sehr ein Vortrag durch die Gestik der Hand gewinnt. Es ist nicht minder faszinierend zu beobachten, wie unterschiedlich und individuell geprägt diese Handgesten sind. Der begabte Rhetoriker und die starke Persönlichkeit manifestieren sich in hohem Maße in der Ausdrucksfähigkeit durch die Hand. Allein mit der Hand kann man reden, wie es Taubstumme tun. Der Händedruck verrät viel über den Menschen. Der Energieaustausch beim Handschlag zeigt sich nicht nur durch Druck und Handführung. Man spürt auch Energie. Die Hand als Sender von Energie? Die Hand als Empfänger von Signalen aus unserer Umwelt?

Jeder hat seine Hand. Individuell geprägt sind Form und Bewegungsführung. Konstitution, Ausbildung und berufliche Tätigkeit prägen die Erscheinungsform der Hand. So wird der Musiker eine andere Hand haben als der Waldarbeiter. Von den inneren Einflüssen auf die Gestaltung der Hand wußten schon die Chinesen und auch die Ägypter. Auch die Handlesekunst der Zigeuner soll man nicht mit einer abfälligen Bemerkung abtun.

Naturheilkundler lesen aus der Hand Charakter, Veranlagung zu Krankheiten, die Spuren durchgemachter Krankheiten und Schicksale. Es gibt also „handfeste" Beweise für den Zusammenhang zwischen Erscheinungsform der Hand, Umwelteinflüssen, Körperfunktionen, Seelenverfassung und Bewußtsein.

Was in der einen Richtung möglich ist, muß auch in der anderen Richtung möglich sein, die Einflußnahme durch Handtraining auf Bewußtsein und Konzentration zum Beispiel. Darum geht es in diesem Kapitel.

Wenn man weiß, wie überproportional groß das Aktionsfeld der Hand auf der Hirnrinde ist, überrascht dies alles nicht. Die Hand ist auch in unserer Sprache symbolhaft verankert. Da ist vom „Handeln" die Rede, wie der

Therapeut „behandelt". Die Hand erspürt Krankheiten. Mit „Handschlag" begrüßt man den anderen. Man wird „hand"greiflich. „Hand"feste Tatsachen zählen. „Hand" aufs Herz, sagt man. Der Verzweifelte legt „Hand" an sich an. Die „Hand"lung kann fesselnd sein oder kommerziell gemeint sein. „Hand"werk hat goldenen Boden und man muß aller"hand" wissen, auch als „Hand"langer. Auch Worte wie „begreifen", „Fingerspitzengefühl" weisen auf die Hand hin oder Sprichworte wie „den kleinen Finger geben und die ganze Hand nehmen"; „an den fünf Fingern abzählen". Das alles macht vieles verständlich, ebenso wie der Ausspruch von Stefan Zweig, „daß der Mensch sich im Spiele verrät aber ihn noch mehr die Hand im Spiel verrate". Da kann man nur sagen, nicht nur im Wein liegt Wahrheit, auch in der Hand. Mit ihr verrät man sich irgendwann genauso, wie mit dem Gesicht. Beides kann man auf Dauer nicht so verstellen, als daß die Wahrheit nicht an den Tag käme.

Die Hand zur Faust geballt, drückt innere Anspannung, Verbissenheit und Verschlossenheit aus. Wer die Hand zur Faust ballt und den Daumen umschließt, verbirgt etwas und ist unsicher.

Die Hand ist ein Instrument, mit dem wir die Welt erfahren. Das kleine Kind ertastet sich die Welt. Der Blinde ersetzt das Augenlicht durch das Feingefühl der Hand. Der Maler setzt das Bild im Geiste mittels der Hand zum gemalten Kunstwerk um. Niemals würde das gleiche innere Bild, mehrmals gemalt, dem anderen gleichen. Und schon gar nicht gleichen sich zwei Bilder zweier Künstler, die nach denselben Vorgaben gemalt worden sind. Oder nehmen Sie die sprechenden Hände von Schauspielern, Sängern, insbesondere von Pantomimen. Beredte Beispiele für die Ausdrucksfähigkeit der Hand.

Die Kirlianfotografie beweist es, daß die Hand Energie abstrahlt. Dabei ergeben unterschiedliche körperliche und seelische Verfassung unterschiedliche Bilder. Auch die Kirlianfotografie ist ein Beweis für die Zusammenhänge zwischen Hand und Aktivität des Kraftquells Gedanke. Die Hand ist also nicht nur Ausdrucksphänomen, sondern auch eine Brücke zur Welt, in der wir leben. Wir können uns dieser Welt verständlich machen. Wir können sie umgekehrt uns verständlich machen, indem wir sie begreifen. Die Hand ist Spiegelbild unseres Talents, unseres Temperaments, unserer Konstituion. Sie ist Sprachrohr für Körper, Seele und Geist und Bindeglied gleichermaßen. Die Impulse aus allen drei Ebenen, Körper, Seele und Geist, steuern die Hand. Die Hand steuert umgekehrt die Aktivität von Seele, Geist und Körper. Das werden Sie nutzen können durch die Übungen, die ich hier in diesem Kapitel angebe.

Diese Mittlerfunktion der Hand wird in vielen kultischen Handlungen verwendet, wie z. B. bei der segnenden Hand des Pfarrers, bei der Gebetshaltung, wird als Medium der Bewußtseinsschulung bei Tai Chi und Qigong eingesetzt, den chinesischen Techniken. Die tröstende Hand der Mutter ist ebenso bekannt, wie die heilende Hand des Therapeuten. Auch wenn man für viele Dinge heute noch keine Erklärung hat, sollten wir getreu des Shakespeare'schen Zitats „Es gibt mehr Dinge zwischen Himmel und Erde als Eure Schulweisheit Euch träumen läßt" dies nicht als Okkultismus abtun. Es hat Zeiten gegeben, da verbrannte man Astronomen, weil sie behaupteten, die Erde sei eine Kugel. Die Wissenschaft ist voll von Märtyrern, die ihrer Zeit voraus waren. Warum sollte nicht eines Tages auch energetische Verbindung zwischen Geist und Hand gesichertes Erkenntnisgut der Wissenschaft sein. Es gibt soviele Übereinstimmungen in den vielen Büchern über Handlesekunst, was Handform, Gewebskonsistenz, Hautmerkmale, Handlinien, Fingerform betrifft, um nur einige Merkmale zu nennen, daß man nicht von Zufällen reden kann. Diese Dinge sollte man beachten, wenn es am Schluß dieses Kapitels um praktische Übungen geht. Diese Übungen stammen aus dem uralten Wissen des Taoismus und haben die Stärkung der Gedankenkraft zum Ziel, sowie deren Harmonisierung.
Bei der Beurteilung der Hand unterscheidet man nach dem Wissen der ägyptischen Mythologie drei Prinzipien:

1. Das Geistesprinzip
   Hier widerspiegeln sich die Geistes- und Verstandeskräfte.
2. Das seelische Prinzip
   Es ist Spiegelbild des Emotionellen.
3. Das körperliche Prinzip
   Hier zeigt sich das Materiell-Körperliche.

Dies soll kein Lehrbuch sein über die Beurteilung der Hand. Das würde den Rahmen sprengen. Aber stichwortartig sollen jene Merkmale kurz aufgezählt werden, wie sich diese Prinzipien in der Hand zeigen.

Das 1. Prinzip, das Geistesprinzip, zeigt sich in der Form, der Schönheit, in den harmonischen Proportionen, in der Ästhetik der Hand, sowie in den Endgliedern der einzelnen Finger.
Das 2. Prinzip, das seelische Prinzip, drückt sich aus in der Zartgliedrigkeit der Hand, sowie in den mittleren Fingergliedern.

Das 3. Prinzip, das körperliche Prinzip, zeigt sich in der Struktur der Hand, d. h., in den Knochen und im Gewebe an sich, hier besonders im Daumenballen, Bereich des Handtellers. Kräftige Knochen, kräftiges, grob strukturiertes Gewebe sind Zeichen für Körperlichkeit.

Das dominierende Prinzip prägt vordergründig die Wesensmerkmale des Menschen. Steht die Zartgliedrigkeit im Vordergrund, wird er in erster Linie ein gefühlsbetonter Mensch sein. Ist die Formschönheit vordergründig sichtbar, wird es ein Verstandesmensch sein. Und ist die Hand grob geformt, wird er materiell-körperlich reagieren. (Beispiel 1: Hand Abbildung Nr. 3).

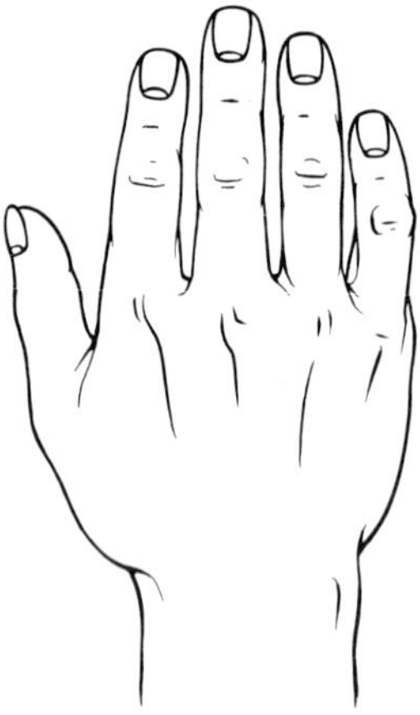

Abbildung Nr. 3

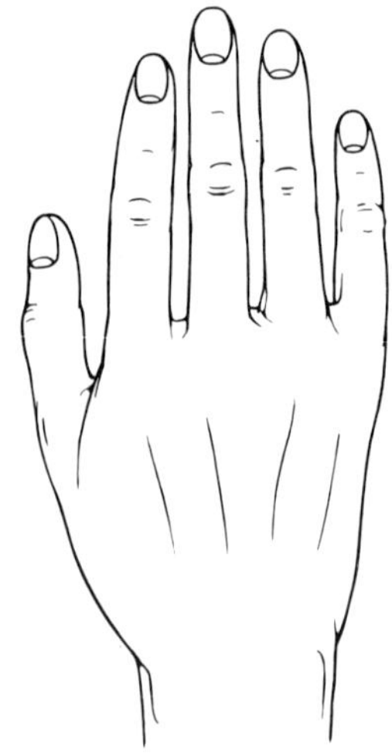

Abbildung Nr. 4

Die Hand, Beispiel 2: Hand Abbildung Nr. 4, ist dagegen ein Beispiel für das seelisch-körperliche Prinzip. Die Zartgliedrigkeit fällt auf. Grundsätzlich kann man sich merken, das dominierende Prinzip herrscht, das zweitwichtigste Prinzip steuert und das am wenigsten ausgeprägte Prinzip dient. Bei unserem Beispiel 2 steuert das körperliche Prinzip, ausgedrückt durch den ausgeprägten Handteller. Die seelischen Impulse wirken sich also hier voll im Körperlichen aus und zeichnen sich in Form von Stimmungsschwankungen und Unbeherrschtheit. Hier müßte also das geistige Prinzip gestärkt werden. Je mehr der Mensch im Körperlichen steckt, umso niederfrequenter werden die Schwingungen. Je mehr er zum Geistigen aufsteigt, umso höherfrequenter werden seine Schwingungen. Das heißt im Klartext, weg von allem Müßiggang, der bloßen Befriedigung der Körperlichkeit, dafür Hinwendung zu geistigen Interessen. Das reinigt den Kraftquell Gedanken, stärkt die Geisteskräfte und macht weniger abhängig vom rein Körperlichen.

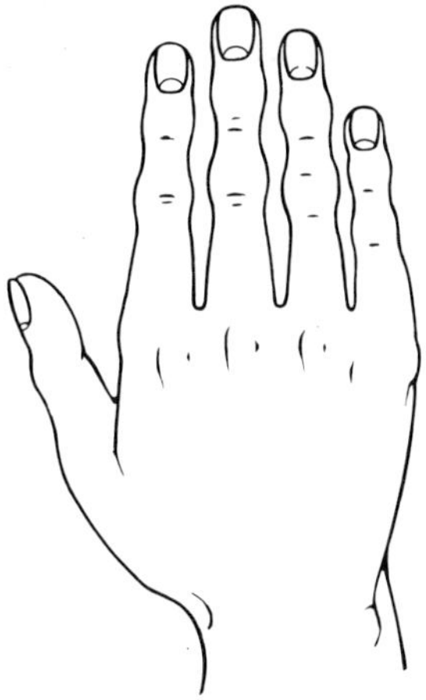

Abbildung Nr. 5

Die Hand in Abbildung Nr. 5 gibt uns ein weiteres Beispiel. Hier fallen uns relativ gute Proportionen auf. Es fehlt jedoch die Harmonie. Wir haben es also hier, dank der relativ guten Proportionen, in erster Linie mit dem geistigen Prinzip zu tun, in zweiter Linie mit dem seelischen Prinzip. Die Knorrigkeit ist dabei Ausdruck einer gewissen Unbeweglichkeit, die aber durch das seelische Prinzip an erster Stelle harmonisiert wird.
Dies waren einige Beispiele für den Zusammenhang zwischen Kraftquell Gedanke und Hand.
Nun zu den Fingern, von denen man sagt, daß ein Finger einer Frau einen Mann mehr zieht als zehn Ochsen es vermögen. Jeder Finger hat seine eigene Bedeutung.
Der Daumen symbolisiert Persönlichkeit, Charakterstärke, Willen und Gesundheit. Wer also mit erhobenem Daumen redet, will seine ganze Persönlichkeit in die Waagschale werfen. Zeigt er aber mit dem Zei–

gefinger beim Sprechen, so deutet dies auf verstärktes Bemühen, seine Gedanken zu verdeutlichen. Denn der Zeigefinger ist Mittler der Gedankenartikulierung. Der Mittelfinger symbolisiert die Einstellung zur materiellen Welt. Der Ringfinger zeigt die Begeisterungsfähigkeit, den Idealismus, das Emotionelle, die Offenheit an, der Kleinfinger die Fähigkeit zur objektiven Beurteilung.

Jetzt wissen Sie, warum der Ehering am Ringfinger ist. Und Sie wissen künftig genau, was Sie von jemandem zu halten haben, der Ihnen den Daumen zeigt. Er will Sie beherrschen.

Die Finger an sich symbolisieren wieder das körperlich–seelische und geistige Prinzip, und zwar

das untere Drittel des Fingers ist die Zone für das 3. Prinzip = Körper,

das mittlere Glied für das 2. Prinzip = Seele,

das obere Glied mit dem Fingernagel für das 1. Prinzip = Geist.

Studieren Sie Ihre Finger. Sie werden sehen, welches Glied dominiert.

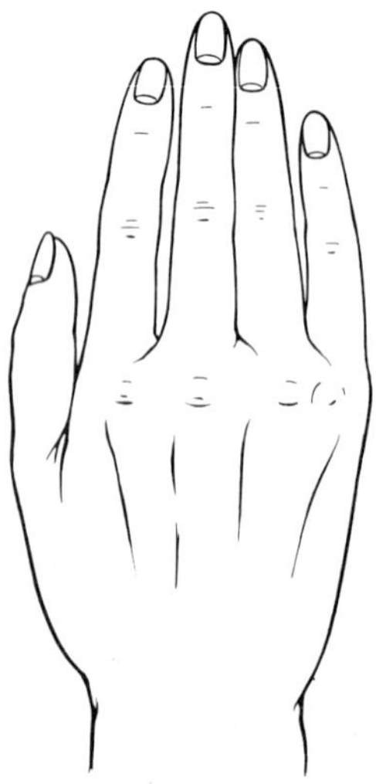

Abbildung Nr. 6

Sehen Sie sich die Abbildung 6 an als Beispiel für die Unterteilung der Finger, und Sie werden sehen, daß die drei Fingerglieder in Relation zueinander unterschiedlich stark sind. Wir haben es hier beim Materiellen mit einem relativ starken unteren Drittel zu tun.

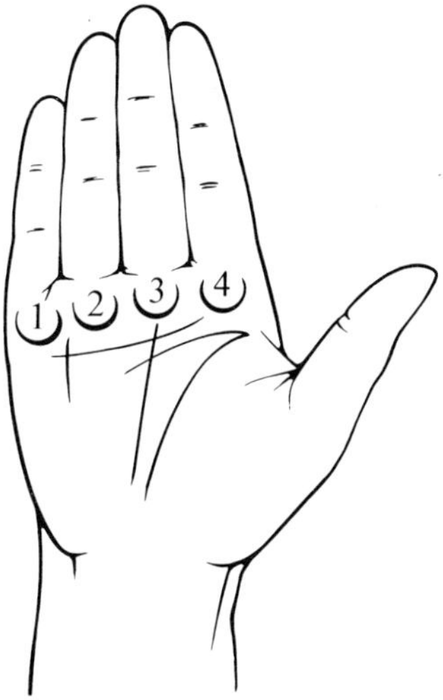

Abbildung Nr. 7

Die Berge 1 bis 4 unter den Fingern, Abbildung 7, stellen eine Verstärkung der Fingersymbole in der Charakterstruktur des Menschen dar. Achten Sie darauf, welcher von den Bergen dominiert.
Trifft dies im Falle des Ringfingers zu, so wird es ein Mensch sein, der sehr von Gefühlen geprägt ist.

1 Geisteslinie
2 Seelenlinie
3 Körperlinie
4 Intuitionsareal
5 Verbindungslinie

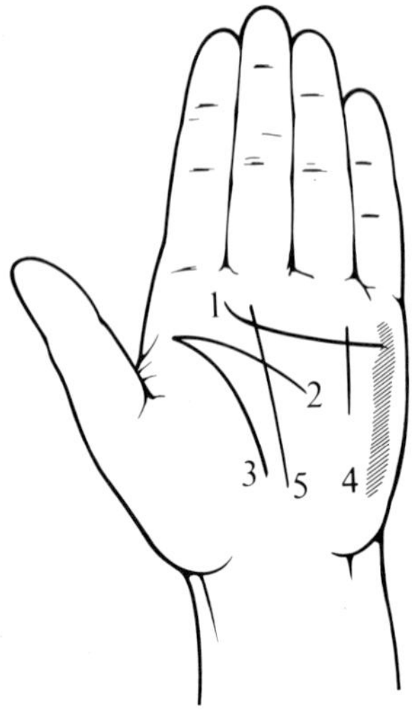

Abbildung Nr. 8

In Abbildung Nr. 8 finden Sie die Handlinien, die Ich– und die Du–Seite sowie den Daumenballen und die Intuitionszone unter Nr. 4. Wenn die Handlinien auf der Ich–Seite stärker sind, so ist dies ein Zeichen für Egozentrik. Ist z. B. die Linie 1 auf der Du–Seite stärker als unterhalb des Mittelfingers, dann ist das ein Zeichen für Partnerschaftsfähigkeit, der Fähigkeit der Hingabe zum Du. Wer einen kräftigen Handwulst unterhalb des kleinen Fingers hat, hat Phantasie und Intuition. Ein kräftiger Daumenballen ist wieder ein Hinweis auf Körperlichkeit.
In dem nun folgenden letzten Teil des Kapitels haben Sie die Möglichkeit, die Theorie der Hand praktisch umzusetzen zur Aktivierung der Gedankenkraft und zur Schulung des Bewußtseins, die Intuition und Handsensibilität zu schulen. Das gibt Ihnen die Möglichkeit, Talente zu vertiefen und Ihre Persönlichkeit zu stärken. Deswegen habe ich das Kapitel „Hand" mit in dieses Buch hineingenommen.

Beginnen wir mit den 5 Fingerübungen.

Bei diesen Übungen wird jeweils mit einem Finger trainiert. Dabei werden die Merkmale Ihres Wesens geschult, die dieser Finger symbolisiert. Zum Beispiel schulen Sie durch Daumentraining Ihre Persönlichkeit. Die Übungen werden abwechselnd mit den Fingern der linken und rechten Hand durchgeführt. Sind Sie Linkshänder, so ist die Übung mit der linken Hand die wichtigste. Sind Sie Rechtshänder, so ist es die rechte Hand.
Manchmal stellt man fest, daß es Schwierigkeiten bereitet, einzelne Finger unabhängig von den übrigen Fingern zu bewegen. Dies ist bereits ein diagnostischer Hinweis. Schwierigkeiten zeigen sich besonders oft im Falle der Mittel-, Ring- und Kleinfinger und sind Ausdruck von Schwächen in dem Symbolbereich dieser Finger.

1. Daumenübung
Beginnen wir mit dem Daumen. Formen Sie mit den Fingern eine Faust, und richten Sie den Daumen steil auf. Blicken Sie den Daumen an und rezitieren Sie die Silbe „OM". Indem Sie „OM" rezitieren, werden Sie Schwingungen im ganzen Körper spüren. Je länger Sie rezitieren und je mehr Sie sich diesen Schwingungen hingeben, je mehr Sie sich also von Ihrer Umgebung lösen und sich verinnerlichen, spüren Sie die Wirkung der „OM"-Schwingungen. Versuchen Sie, sich ganz auf diese Schwingungen zu konzentrieren. Lassen Sie sich nicht durch Gedanken ablenken, sondern erfahren Sie das Wesen dieses Mantrams „OM".

Alternativübung:
Visualisieren Sie sich als Redner vor einer Zuhörerschaft. Stellen Sie sich ein Anliegen vor, das Sie diesen Zuhörern nahebringen möchten. Halten Sie eine kleine Rede und unterstreichen Sie Ihre Ausführungen mit dem erhobenen Daumen. Sie werden erfahren, welche Stärkung des Selbstbewußtseins, welche Vehemenz in der Rhetorik, welche Kreativität mit dieser Übung verbunden ist. Beide Übungen stärken Ihre Persönlichkeit.

2. Zeigefinger
Richten Sie den Zeigefinger mit der Kuppe des Fingers in daumenbreitem Abstand auf den Punkt Yintang. Er liegt genau in der Mitte zwischen den beiden inneren Augenbrauenenden und entspricht dem dritten Auge. Konzentrieren Sie sich auf Fingerkuppe und Stirn. Erspüren Sie die Wärme zwischen Fingerkuppe und Stirn. Je mehr Sie sich konzentrieren

können, je mehr werden Sie auch eine Energie spüren, die zwischen Fingerkuppe und Stirn fließt. Das Konzentrieren muß entspannt erfolgen, niemals verkrampfen. Damit blockieren Sie diesen Energiefluß. Diese Übung stärkt Ihre geistigen Kräfte. Der Punkt Yintang gilt als das dritte Auge. Dieser Punkt hat Bezug zu den Geisteskräften.
Alternativübung:
Richten Sie den Zeigefinger auf ein entferntes Ziel. Sie stellen sich vor, dieser Zeigefinger sei eine Antenne und Sie würden jetzt Ihre Gedankenkräfte über diese Antenne auf das entfernte Ziel richten. Stellen Sie sich einen ganz bestimmten Gedanken vor, nicht irgendeinen nebulösen, sondern einen konkreten, den Sie so übertragen möchten. Diese Übung steigert die Klarheit der Gedanken.

3. Mittelfinger
Drücken Sie den Mittelfinger auf die Tischplatte. Verstärken Sie den Druck und lassen Sie wieder nach im Druck, jeweils langsam an- und abschwellend. Wiederholen Sie die Übung mehrmals. Dann denken Sie beim Anschwellen des Druckes über die Materie nach. Was ist Materie? Was verursacht feste Materie? Sie setzt uns Grenzen. Sie setzt uns einen Widerstand entgegen, um nur zwei Beispiele zu nennen. Lassen Sie Ihrer Phantasie freien Lauf. Diese Übung prägt Ihr Bewußtsein gegenüber der Materie.

4. Ringfinger
Visualisieren Sie eine Situation, ein Thema, ein Anliegen, für das Sie sich wirklich von Herzen begeistern. Schauen Sie dabei auf Ihren Ringfinger. Versuchen Sie jetzt wortlos nur mit Gesten des Ringfingers dieses Anliegen stumm nach außen hin zu verdeutlichen. Sie können sich dabei eine imaginäre Zuschauermenge vorstellen, auf die Sie diese Gesten mit dem Ringfinger richten. Diese Übung aktiviert Ihre Begeisterungsfähigkeit.

5. Kleinfinger
Visualisieren Sie sich ein konkretes Problem, das zur Entscheidung ansteht. Wägen Sie das Pro und Kontra ab. Stellen Sie sich die Konsequenzen vor. Schauen Sie dabei auf Ihren kleinen Finger. Spielen Sie auch mit diesem kleinen Finger Pantomime, um das imaginäre Problem zu beschreiben und das Für und Wider zu verdeutlichen. Diese Übung stärkt Ihre Fähigkeit, zu objektivieren.

Der nächste Übungskomplex wird mit jeweils einem Finger, einem zweiten als Widerpart durchgeführt und mit zweien, die unabhängig voneinander agieren, sowie mit mehreren Fingern gleichzeitig, die synergistisch und konträr agieren.
Lassen Sie hierbei Ihrer Phantasie freien Lauf. Berühren Sie z. B. mit der Kleinfingerkuppe die Kuppe des Daumens. Trennen Sie beide Finger wieder und bewegen sie gleichzeitig vorwärts und rückwärts. Dann gegenläufig, bewegen Sie den Daumen nach vorne und gleichzeitig den Kleinfinger nach hinten. Bewegen Sie den Ringfinger in Richtung Handfläche und gleichzeitig den Mittelfinger in Richtung Handrücken derselben Hand. Dann wechseln Sie. Der Mittelfinger geht in Richtung Handfläche, der Ringfinger in Richtung Handrücken. Oder Daumen, Ringfinger und Kleinfinger gehen in Richtung Handrücken und Zeige- und Mittelfinger in Richtung Handfläche. Wechseln Sie die Übungen untereinander ab. Hierbei werden Sie feststellen, daß Sie Schwierigkeiten haben, mit bestimmten Fingern diese Übungen zu vollziehen. Sie weisen auf eine Schwäche innerhalb der Symbolik dieser Finger hin.
Führen Sie beide Hände zusammen. Die Finger berühren sich nur mit den Fingerkuppen. Lassen Sie den Druck an- und abschwellen. Legen Sie die Handflächen aneinander und spüren Sie den Wärmeaustausch und konzentrieren sich auf den Wärmeaustausch.
Ich gebe hier bewußt nur einige Beispiele an, um Ihnen das Verständnis für diese Übungen zu bringen. Diese Übungen sollen Sie weitgehendst selbst, nach eigener Phantasie und Kreativität, durchführen. Es sind Übungen, die Ihre Phantasie, die Konzentrationsfähigkeit stärken, die Handgeschicklichkeit erweitern, das Bewußtsein für die Hand vertiefen sollen. Sie werden eine größere Ausdrucksfähigkeit mit der Handsprache durch diese Übungen erreichen können. Aus der Geriatrie-Forschung wissen wir, daß solche Fingerübungen die Gehirndurchblutung um bis zu 15 % steigern können. Die Übungen sind insofern auch gut zur Verbesserung der Gehirndurchblutung, zur Stärkung der Leistung des zentralen Nervensystems, sie verbessern die Fingermotorik.
Der nächste Übungskomplex wird ebenfalls mit Fingern durchgeführt. Er dient dazu, das Bewußtsein zu erweitern, die Kreativität, Konzentrationsfähigkeit, Phantasie zu verbessern und bringt als Nebeneffekt ebenfalls eine Verbesserung der Gehirndurchblutung, sowie der Funktion des zentralen Nervensystems.

1. Übung
Mit Daumen und Zeigefinger der linken Hand bilden Sie einen Kreis und mit Daumen und Zeigefinger der rechten Hand bilden Sie einen zweiten Kreis. Sie halten diese Kreise nebeneinander, sich berührend in Nasenhöhe und konzentrieren sich auf diese Kreise. Zwingen Sie sich nicht zur Konzentration, lassen Sie die Gedanken zur Ruhe kommen. Diesen Zustand der inneren Ruhe werden Sie nicht ad hoc erreichen, sie müssen hier einige Zeit üben. Versuchen Sie sich vorzustellen, wie alles, was Sie beschäftigt, zurückbleibt und Sie mit diesen Kreisen vor Ihrem Gesicht in einen Raum absoluter Ruhe eintreten. Zählen Sie z. B. von 12 rückwärts bis null und stellen Sie sich vor, wie Sie mit jeder Sprosse dieser Zahlenleiter tiefer in die Entspannung hineinsteigen, bis Sie die Null erreicht haben, die ein Nichts ist, die absolute Leere symbolisiert, eine Leere, in der Sie nur mit sich selbst im Jetzt sind.
Jetzt beginnen Sie, über diese Kreise zu meditieren. Was bedeuten diese Kreise? Zum Beispiel Unendlichkeit. Ein Kreis hat weder Anfang noch Ende. Jeder Punkt ist Anfang und Ende auf diesem Kreis. Der Kreis ist eine Begrenzung. Es ist eine Lebensaufgabe, diese Begrenzung zu erweitern. Ein Kreis, in alle Richtungen um denselben Mittelpunkt geführt, formt sich zur Kugel. Die Kugel ist Symbol höchster Harmonie. Sie ist Symbol für den kleinsten Bauteil der Materie, das Atom, für das Universum, für die Erde, auf der wir leben. Dies sind nur einige Beispiele. Sie sollen Ihnen Anregungen geben aber kein starrer Rahmen für Ihre Phantasie sein. Sie sollen Ihnen nur Möglichkeiten aufdecken, in welcher Weise Sie sich durch diese Meditation über den Kreis anregen lassen können.

2. Übung
Daumen und Zeigefinger der linken und rechten Hand formen ein Dreieck. Daumenkuppe berührt Daumenkuppe und Zeigefingerkuppe die Zeigefingerkuppe des Zeigefingers der anderen Hand. Sie halten dieses Dreieck wieder auf Gesichtshöhe, gehen genauso vor, wie bei den Kreisen und senken sich ab in die totale Entspannung. Sie philosophieren jetzt über das Dreieck. Was ist ein Dreieck? Ein gleichschenkliges Dreieck? Es ist das Symbol der Dreiheit Leib, Seele, Geist, der Dreifaltigkeit: Vater, Sohn und Heiliger Geist. Es ist das magische Dreieck, von dem in diesem Buch schon einmal die Rede war. Es symbolisiert Glaube, Wollen, Verlangen. Es ist das Symbol für das Aufstreben zu einem höheren Bewußtsein, zur Weiterentwicklung. Es ist das Symbol des Lebens, das an der Basis mit breiten Möglichkeiten beginnt. Je länger wir

leben, werden diese Möglichkeiten enger, bis wir an der Spitze des Dreiecks das Tor zum Jenseits passieren. Aber es ist nicht das Ende. Denn auf der Spitze dieses Dreiecks, wenn wir die Schenkel verlängern, bildet sich ein neues Dreieck, das auf dem Kopf mit der Spitze auf der Spitze des unteren Dreiecks steht. So ist das Dreieck ein Symbol der jenseitigen Welt, denn das zweite Dreieck können wir nicht sehen, es nur ahnen, und so ist es mit diesem unsichtbaren Dreieck zusammen ein Symbol der Unsterblichkeit.
Auch diese Hinweise mögen genügen, um Ihnen Anregungen zu geben, über dieses Dreieck zu philosophieren.

3. Übung
Formen Sie mit allen Fingern der linken und rechten Hand einen Kreis. Kleinfinger berührt Kleinfinger, Daumen berührt Daumen, die übrigen Finger entsprechend. Daumen und Kleinfinger bilden den unteren Kreisanteil, die übrigen Finger dachartig den oberen Kreisanteil. Stellen Sie eine Kerze auf den Tisch und halten jetzt die Hände, die einen Kreis bilden, vor die Kerzenflamme. Schauen Sie durch diesen Kreis, der jetzt mehr fast eine Röhre ist, hindurch in die Flamme hinein. Der Raum sollte dabei dunkel sein, so daß Sie außer dem Kerzenlicht nichts sehen. Lassen Sie Ihren Gedanken einen freien Lauf. Lassen Sie sich inspirieren von dem warmen Licht dieser Kerze, von der tanzenden Flamme.

4. Übung
Halten Sie je einen Finger der linken und rechten Hand Fingerspitze zu Fingerspitze in Gesichtshöhe. Es sollten immer gleichartige Finger sein, also Zeigefinger der linken Hand zum Zeigefinger der rechten Hand oder Kleinfinger der linken Hand zum Kleinfinger der rechten Hand. Welchen Finger Sie wählen, spielt hierbei keine Rolle. Meditieren Sie, indem Sie diese Finger anschauen. Was könnten diese zwei Finger aussagen? Sie könnten Symbol sein für die Dualität. Immer zwei Dinge formen ein Ganzes. Erst durch Tag und Nacht wird der Tag ganz. Geburt und Tod sind die Pole des Lebens. Das ganze Sein, der ganze Kosmos ist aufgebaut nach dem Gesetz der Polarität. Lassen Sie die Gedanken, die Ihnen einfallen durch das Spannungsfeld dieser zwei gegenüberliegenden Finger einfach kommen. Suchen Sie nicht verkrampft nach Deutungen und Ideen. Die Ideen und Gedanken müssen unwillkürlich, unbeeinflußt, wie von selbst auftauchen. Sie sollen nicht gesteuert werden durch den Willen, sondern frei, unbeeinflußt, wie von selbst aus dem Unterbewußt-

sein erscheinen. Der Wille hat hier nichts zu suchen. Er stört nur. Haben Sie Geduld und warten Sie darauf, was sich spontan zeigt.

5. Übung

Stellen Sie sich ganz realistisch eine Situation vor, die Sie geändert wissen möchten. Stellen Sie sich vor, wie die Situation jetzt ist, mit allen Konsequenzen, Vor- und Nachteilen. Dann stellen Sie sich die Situation so vor, wie Sie sie haben möchten, wiederum ganz plastisch, eindringlich und deutlich. Je deutlicher Sie sich diese beiden Bilder vorstellen können, je besser funktioniert diese Übung.

Dann praktizieren Sie den Löscheffekt. Hierzu eine Erklärung. Sie haben sicherlich im Fernsehen schon erlebt, wie ein Bild aus dem Hintergrund erscheint, größer wird, bis es die ganze Mattscheibe erfüllt, und das erste gleichzeitig, immer kleiner werdend, in den Hintergrund von der Mattscheibe verschwindet. Stellen Sie sich solch eine Fernsehmattscheibe vor und projizieren Sie das kleine Bild des Zustandes rechts unten ganz klein vor, den Sie erreichen möchten, während auf der Mattscheibe jetzt noch das Bild des Zustandes, der jetzt herrscht, groß flimmert. Dann lassen Sie dieses große Fernsehbild schwinden und holen gleichzeitig von rechts unten das gewünschte, immer größer werdende Bild hervor. Wenn es die ganze Mattscheibe füllt, kneifen Sie sich kurz in die Hand und atmen tief ein und halten es und den Atem eine Weile. Dann lassen Sie das Negativ-Bild wieder kurz kommen und gleich wieder verschwinden und dafür das Positiv-Bild wieder kommen, kneifen sich wieder, atmen tief ein, halten Bild und Atem. Dies wiederholen Sie mehrere Male. Zuletzt lassen Sie das Positiv-Bild stehen und kehren mit diesem Bild in Ihrem Inneren ins Bewußtsein des Zustandes, den Sie erreichen möchten, zurück.

6. Übung

Es ist ein Wortspiel. Schreiben Sie sich drei Worte auf, z. B. Friede, Freude, frei oder lieben, loben, lassen oder Angst, Enge, Ende. Dies seien nur Beispiele. Versuchen Sie jetzt, einen Zusammenhang herzustellen zwischen diesen Worten. Zum Beispiel, wenn ich Frieden mit mir selbst habe, dann kann ich mich freuen. Wenn ich mich freue, dann bin ich innerlich frei. Oder wenn ich Angst habe, dann ist mir eng. Die Enge behindert mich. Es kann immer enger werden, so daß mein Weg durch die Enge zu Ende sein kann. Denken Sie über diese Worte nach. Machen Sie sich die Bedeutung eines jeden Wortes klar. Hinterfragen Sie diese Worte. Sie werden staunen, was Sie bei diesen Übungen an Zusammenhängen erfahren, welche Klarheit des Denkens Sie bewirken, welche

Kreativität dadurch geweckt wird. Wenn Sie später einmal diese Gedanken nachvollziehen können, werden Sie es kaum glauben, daß es Ihre eigenen Aussagen sind. Es ist, als hätte jemand durch Sie gesprochen. Ich rate Ihnen deswegen, lassen Sie bei diesen Übungen ein Tonband laufen. Hören Sie sich später dieses Tonband noch einmal an und gönnen Sie sich diese Überraschung, die Sie dabei erleben. Schauen Sie dabei auf die Handfläche und schreiben in Gedanken die Worte auf die Handfläche.

7. Übung
Stellen Sie sich vor den Spiegel und versuchen, mit Mienenspiel und Händen Abneigung, Zuneigung, Freude, Trauer, Haß, Leid, Rachegedanken auszudrücken. Wo es möglich ist, machen Sie diese Übungen vor laufender Video–Kamera. Schauen Sie sich hinterher den Film an. Machen Sie dieselbe Übung nur mit den Augen oder nur mit dem Mund. Decken Sie das übrige Gesicht ab. Der Wert dieser Übung liegt in der Kontrollmöglichkeit. Deswegen kann man die Übung mit dem Mund nur durch die Video–Kamera machen, da man den Mund bei abgedeckten Augen ja nicht sehen kann. Die Gefühle mit der Mimik auszudrücken, ist erheblich leichter als sie nur mit dem Auge oder nur mit dem Mund zu verdeutlichen. Dies erfordert erheblich mehr seelisch–geistige Leistung. Je mehr Sie ins Detail gehen, je mehr müssen Sie detailgenau arbeiten. Machen Sie dieselbe Übung auch nur mit der Hand. Versuchen Sie einmal, mit der Hand Trauer, innere Anspannung, Abneigung auszudrücken. Gerade diese letzte Übung fördert Ihre innere Erlebnisfähigkeit, Ihre Persönlichkeitsausstrahlung, die Lebendigkeit Ihres Vortrages. Sie fördert Ihre Kreativität, Ihre Ausdrucksfähigkeit. Es sind Übungen von großer Wichtigkeit, Eindringlichkeit. Es sind Übungen, die uns wieder „Ich selbst" sein lassen, uns hinausführen aus den Manipulationen durch Massenmedien und Werbung.Diese Übungen führen uns wieder zurück zu uns selbst, lassen uns unser eigenes Selbst erleben, bringen Selbsterkenntnis, helfen, die Spannungen abzubauen, seelisches Gleichgewicht zu erreichen, uns innerlich zu harmonisieren und freizumachen.

8. Übung mit den Qigong–Kugeln
Die Qigong–Kugeln werden wechselweise in der linken und rechten Hand paarweise gedreht (siehe Abbildung Nr. 9a und 9b).

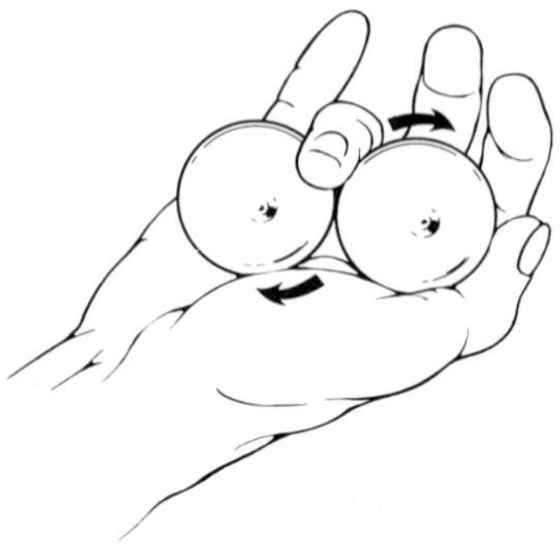

Abbildung Nr. 9a

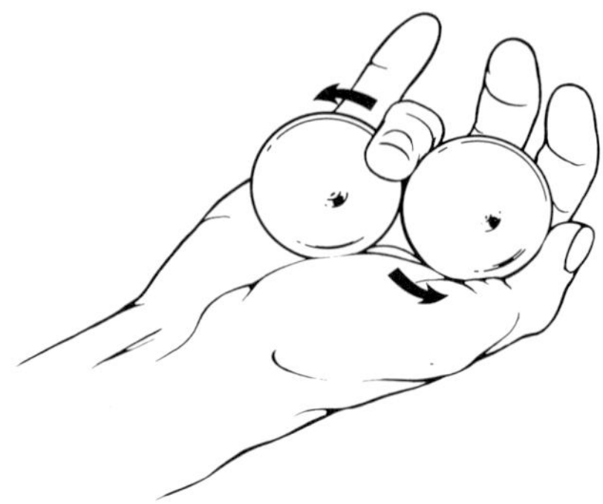

Abbildung Nr. 9b

Mit anderen Worten: immer zwei Kugeln ruhen in der Hand und werden durch die Finger und Handtellerbewegung zum Rotieren im Uhrzeigersinn und entgegen dem Uhrzeigersinn gebracht. Dabei massieren Sie die Handfläche mit folgender Wirkung:

1. Massage der Handmuskulatur durch das Eigengewicht der Kugeln. In der Handfläche sind Reaktionszonen für alle Organe des Körpers, ähnlich den Reaktionszonen an den Füßen.
   Nach dem cutiviszeralen Reiz, dies ist ein Reiz, der von der Haut zu den Organen geht, werden die jeweiligen Organe stimuliert.
2. Werden die Akupunkturpunkte und Akupunkturmeridiane in der Handfläche stimuliert. Damit wird auch die Lebenskraft Qi aktiviert, die nach chinesischer Darstellung in diesen Punkten und Meridianen zirkuliert.
   Es gibt ein grundlegendes Gesetz in der Naturheilkunde. Nach diesem Gesetz heilen kleinste Reize, regen kleine Reize an, blockieren mittlere Reize und zerstören starke Reize. Der Reiz durch die Qigong–Kugeln ist ein kleinster bis kleiner Reiz, der seine Wirkung z. B. im Kreislaufsystem zeigt. Durch die Bewegungen der Hand–flächen und Finger erzielt man eine Pumpwirkung zum Herzen hin, die sich im Sinne der Kreislaufstimulierung auswirkt.

Mit den Kugeln erzielt man ein isometrisches Training, indem sich das Gewicht der Kugeln auf Unterarm- und Oberarmmuskulatur auswirkt. Es ist ein Geschicklichkeitstraining. Vor allen Dingen aber wird das zentrale Nervensystem hinsichtlich Gleichgewichtssinn und Konzentrationsfähigkeit gestärkt. Streß wird abgebaut. Eine Beruhigung des vegetativen Nervensystems erfolgt. Die Gedanken können wieder geordnet fließen, der Kraftquell Gedanke ebenfalls.
Beide Kugeln symbolisieren Yin und Yang, ausgedrückt in einem unterschiedlichen Klang, den sie erzeugen. Es sind nämlich Hohlkugeln, in denen eine zweite Kugel rotiert. So erklärt sich die akustische Wirkung. Aber diese innere Kugel bewirkt noch eine zweite Besonderheit, nämlich das Vibrieren der Außenschale. Dieses zarte Vibrieren regt die Nervenendigungen der Hand an und stimuliert die feinen Blut- und Lymphgefäße der Hand. Es ist also eine vielfältige Wirkung im Sinne eines Körpertrainingsprogrammes, ausgedrückt in besserer Durchblutung, Training der Handmuskulatur, Geschicklichkeitstraining der Hand, Verbesserung der Reaktionsfähigkeit und der Konzentrationsfähigkeit. Über diese Wirkungen haben Sie auch einen Effekt auf die Gedankenführung.

Grundsätzliches zu den nächsten Übungen

Die Hände sind Sender und Antennen. Sie senden Energie aus. Und über die Hände können wir kosmische Energie empfangen. Indem wir aussenden und empfangen, gelingt es uns, die eigene Körperenergie zu harmonisieren, zu ergänzen, auszugleichen. Wenn wir innerlich ausgeglichen sind, ist auch unser Denken und Empfinden harmonisch. Hier schließt sich der Kreis in der Feststellung, daß die Hände ein wichtiges Instrument sind, um den inneren Frieden und die innere Harmonie zu erreichen.
Ich sprach bereits darüber in diesem Buch. Die Energie in unserem Körper unterteilt sich nach Yin und Yang-Energie. Die Yang-Energie ist dem Tag zugeordnet. Die Yin-Energie ist der Nacht zugeordnet. An der Hand tragen wir Energiefelder für das Yang. Dieses Energiefeld findet sich am oberen Teil des Mittelfingers, und zwar an der Taststelle gegenüber dem Nagel. Es ist das Wu-Feld. Es ist der Mittagszeit zugeordnet.
Das Yin-Feld finden wir unterhalb des Ringfingers. Es ist der Mitternacht zugeordnet und wird als Tzu-Feld bezeichnet. Indem wir durch eine Fingerübung das Wu-Feld mit dem Tzu-Feld verbinden, schließen wir

das höchste Yin mit dem höchsten Yang kurz. Die Folge ist ein intensiver Energieaustausch (siehe Abbildung Nr. 10).

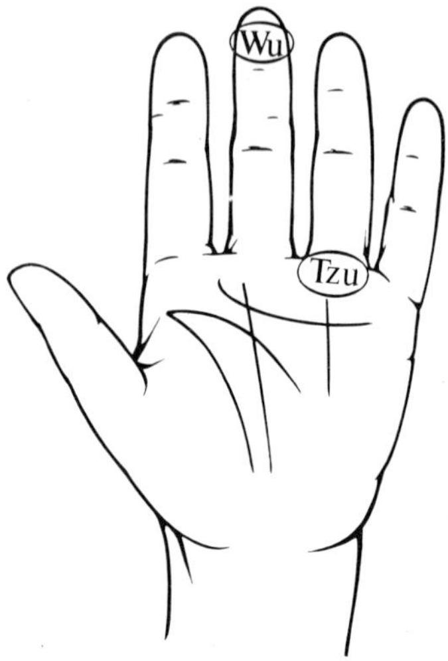

Abbildung Nr. 10

9. Übung
Man umgreift mit der einen Hand die daumenseitige Kante der anderen Hand und zwar soweit, daß die Daumenkuppe das Tzu–Feld unterhalb des Ringfingers der umgriffenen Innenhand erreicht und sich auf das Tzu–Feld unterhalb des Ringfingers der umgriffenen Hand auf der Handinnenseite legen kann. Das Wu–Feld des Mittelfingers legt sich auf den Knöchel des Ringfingers. Die Finger der umgriffenen Hand umschließen den Daumen auf der Handinnenseite. So ist das Wu–Feld der einen Hand mit dem Tzu–Feld der anderen Hand verbunden (siehe Abbildung Nr. 11).

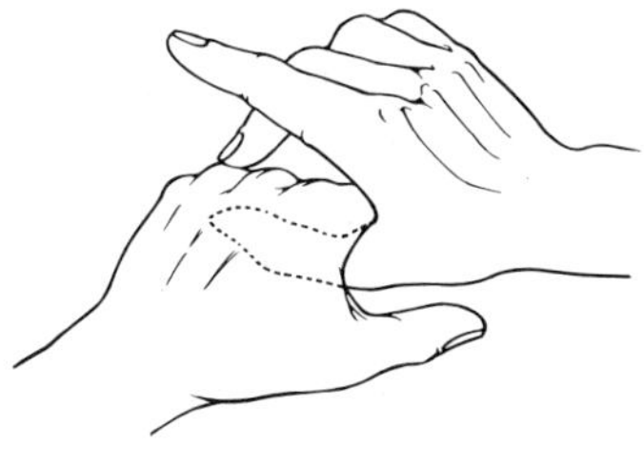

Abbildung Nr. 11

Die so verbundenen Hände werden jetzt auf das untere Dantien, unterhalb des Nabels gelegt. Der Punkt Dantien liegt etwa eine halbe Querhand direkt lotrecht unterhalb des Nabels. Wenn möglich, sollte diese Übung in Sitzhaltung erfolgen. Diese sieht wie folgt aus: Man kniet auf dem Boden nieder. Der rechte Fuß sollte über dem linken Fuß liegen. Man sitzt auf beiden Hacken. Bei dieser Übung kann man zwischen Unter- und Oberschenkel ein Meditationskissen legen, so daß die Knie nicht so stark gebeugt werden müssen. Oder aber man verwendet eine Meditationsbank. Dadurch ruht nicht das gesamte Körpergewicht auf den Hacken und Unterschenkeln. Die Wirbelsäule sollte gestreckt sein. Der Kopf ist etwas nach vorne gebeugt. Die Augen sind halb geschlossen, die Zungenspitze ruht am Gaumen. Die Aufmerksamkeit richtet sich auf die Atmung. Diese Übung kann auch mit Reverstechnik durchgeführt werden. Bei der Reverstechnik zieht man die Bauchdecke bei der Einatmung ein und führt sie bei der Ausatmung nach vorne. Hierdurch wird eine besonders intensive Wirkung auf die Bauchorgane im Sinne der Aktivierung erzielt. Diese Übung gleicht nicht nur die Energie im Körper aus. Sie stärkt auch die geistige Energie Shen. Damit harmonisiert sie die Gedankenführung. Sie stärkt besonders den Kraftquell Gedanken.

10. Übung

Sie kann wieder in Sitzhaltung durchgeführt werden oder aber in Bewegung. Die Bewegungsübungen werden am Schluß beschrieben. Zunächst also die Handübung. Die Hände halten Sie in Höhe des Bauchnabels. Sie legen die Fingerendglieder von Zeige-, Mittel-, Ring- und Kleinfinger handrückenseitig zusammen (Abbildung Nr. 12).

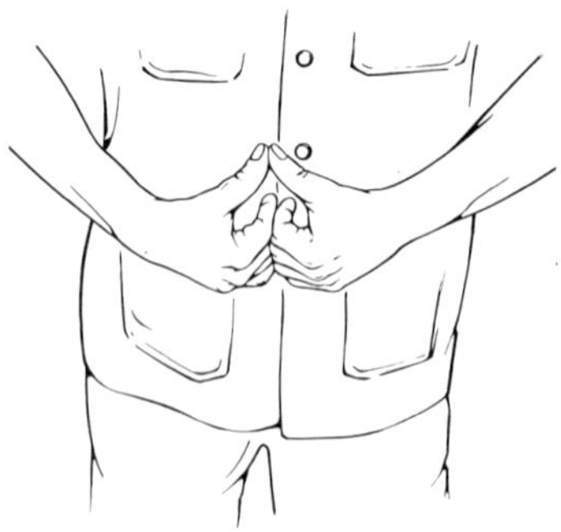

Abbildung Nr. 12

So ruht Fingernagel auf Fingernagel. Die Tastflächen des Daumenendgliedes des linken und rechten Daumens liegen aneinander. Die Daumenspitzen zeigen also nach oben. Die Fingerkuppen der übrigen Finger zeigen in Richtung Bauch. Sie berühren die Bauchdecke in Höhe des Punktes Dantien unterhalb des Nabels. Sie führen wieder Bauchatmung durch, normal oder in Reverstechnik. In Bewegungshaltung ist diese wie folgt: Sie stehen normal, die Füße leicht getrennt. Die Hände sind vor dem Punkt Dantien. Jetzt führen Sie den linken oder rechten Fuß nach vorn und setzen mit dem Hacken auf, rollen dann langsam den Fuß über die Außenkante ab bis zu den Zehen. Während Sie den vorderen Fuß von den Hacken zu den Zehen hin abrollen, hebt sich der hintere Fuß im gleichen Maße vom Hacken zu den Zehen hin ab. Mit gleicher Geschwindigkeit, wie Sie den ersten Fuß vorne abgesetzt haben, holen Sie jetzt den hinteren Fuß nach und setzen hier wieder mit den Hacken auf, rollen wiederum zu den Fußspitzen ab. Und gleichzeitig wird das Gewicht vom hinteren Fuß durch Abheben der Ferse auf den Vorderfuß verlagert. Das Voransetzen und Nachholen des einzelnen Fußes erfolgt mit gleicher Geschwindigkeit. Diese Gehübung erfordert ein hohes Maß an Konzentration und fördert dadurch die Gedankendisziplin und stärkt den Kraftquell Gedanke.

11. Übung
Diese Übung heißt Anbetung. Sie wird im Knien durchgeführt. Der rechte Fußrücken liegt an der Fußsohle des linken Fußes (Abbildung Nr. 13).

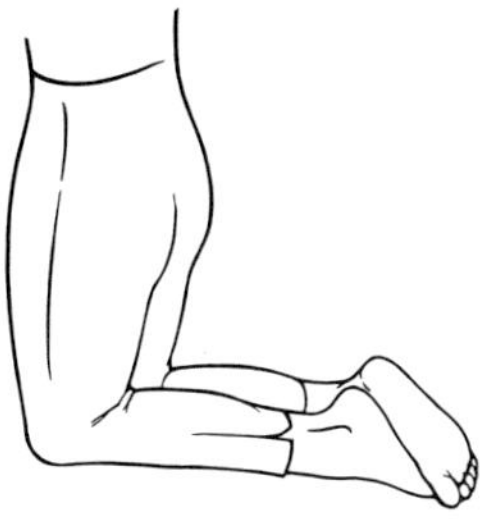

Abbildung Nr. 13

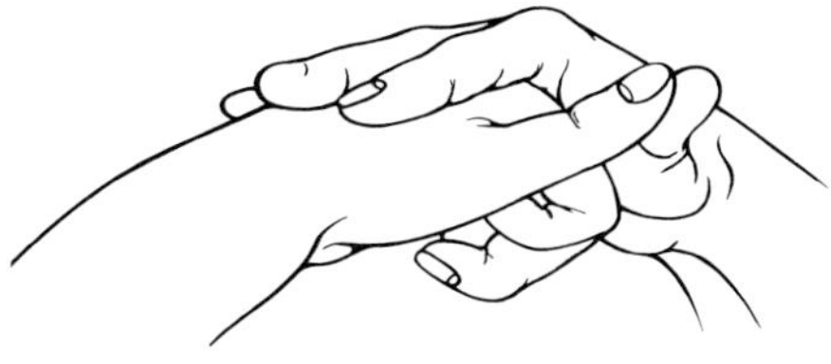

Abbildung Nr. 14

Die rechte Hand bildet eine Faust, der Mittelfinger steht dabei etwas aus der Reihe der übrigen Finger heraus (Abbildung Nr. 14). Der Handrücken der rechten, zur Faust geballten Hand, legt sich in die Handfläche der linken Hand, die Fingerknöchel der rechten Hand zeigen in Richtung Körper, der Handrücken der linken Hand zeigt nach außen vom Körper weg. Die Finger der linken Hand liegen auf dem Handrücken der rechten Hand. Die beiden Daumen zeigen nach aufwärts und berühren sich an den Daumenkuppen. Die Übung besteht aus sieben Schritten.
Der erste Schritt:
Berühren des Kronenchakras (Abbildung Nr. 15), das ist die höchste Stelle des Kopfes, mit Hilfe des Mittelfingers der rechten Hand. Während also das Endglied des Mittelfingers die höchste Stelle des Kopfes berührt, atmen Sie in Gedanken dreimal zum Punkt Dantien unterhalb des Nabels.

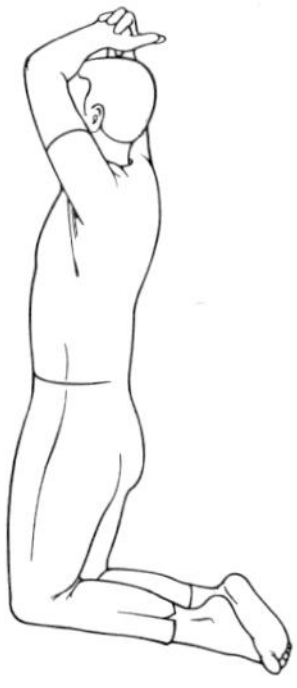

Abbildung Nr. 15

Der zweite Schritt:
Der Mittelfinger der rechten Hand liegt auf dem Punkt Yintang. Dieser Punkt liegt in der Mitte zwischen den beiden Augenbrauen. Wiederum wird dreimal in den Bauch zum Punkt Dantien geatmet.
Der dritte Schritt:
Anlegen vorstehenden Mittelfingers der rechten Hand auf die Oberlippe, direkt unterhalb des Nasensteges. Die Daumenkuppen zeigen nach oben. Wiederum dreimal in den Bauch einatmen.
Der vierte Schritt:
Der Knöchel des Mittelfingers der rechten Hand liegt auf dem Kehlkopf. Die Daumen zeigen in Richtung Kinn. Dreimal Bauchatmung zum Punkt Dantien.
Der fünfte Schritt:
Der Endknöchel des Mittelfingers der rechten Hand liegt auf dem Punkt KG 17 (Mitte Brustbein in Höhe der Brustwarzen). Dreimal Bauchatmung Punkt Dantien.
Der sechste Schritt:
Der Knöchel des Mittelfingers der rechten Hand liegt auf dem Punkt Dantien, unterhalb des Bauchnabels. Die beiden Daumenspitzen zeigen nach oben. Wiederum dreimal Bauchatmung.
Der siebte Schritt:
Sie legen die Hände auf den Boden, so daß Sie mit der Stirn den Knöchel des Mittelfingers der rechten Hand berühren können, deren Handrücken in der linken Handfläche liegt. Der Handrücken der linken Hand liegt auf dem Fußboden. Die Daumenkuppen zeigen nach außen. Wiederum dreimal Bauchatmung. Dieser Übungszyklus wird dreimal wiederholt. Diese Übungen bringen inneres Gleichgewicht, harmonisieren die Energie, verbessern die Konzentration, kultivieren die Gedanken.

Die nun folgenden Übungen werden im Stehen durchgeführt. Bei diesen Übungen kombinieren Sie Fingertraining mit energetisierendem Text. Dieser Text hat eine mantra-ähnliche Wirkung. Er dient der inneren Reinigung und der Energietransformation, aktiviert das kreative, meditative Denken und leitet Impulse aus dem Unterbewußtsein hin zum Kraftquell Gedanken. Sie erfahren Inspiration. Die Gedanken fließen auf einer höheren Ebene und erschließen Ihnen ganz neue Bewußtseinsebenen. Führen Sie die Übungen in einer absolut ruhigen Umgebung aus. Sprechen Sie in besonders langsamer Form, so daß Sie beim Hören der Kassette nachsprechen können (selbst anfertigen).

1. Übung: Die Elemente
Die Übung erfolgt im Sitzen oder besser im Stehen.
Haltung der rechten Hand: Mittelfingerkuppe und Daumenkuppe berühren sich. Der Ringfinger und der Zeigefinger legen sich über den Mittelfinger. Der Kleinfinger legt sich über den Ringfinger (Abbildung Nr. 16).

Abbildung Nr. 16

In der linken Hand legen sich Ring- und Kleinfinger in Richtung Handfläche und berühren diese. Der Daumen legt sich über Ring- und Kleinfinger. Zeige- und Mittelfinger zeigen nach vorne. Beide Oberarme hängen senkrecht. Beide Unterarme bilden zum Oberarm einen Winkel von 45 Grad. Gesichtshaltung gegen Süden. Die Augen sind halb geschlossen. Sie sprechen den folgenden Text:
"Ein reiner Geist öffnet mich der kosmischen Kraft. Zu meiner rechten Seite wacht der grüne Drache über die regenerierende Kraft der Leber. Vor mir verteidigt der weiße Tiger die reinigende Kraft der Lunge. Zu meiner Linken achtet der bunte Fasan auf die lebensspendende Kraft meines Herzens. Hinter mir schützt die blaue Schildkröte die durchfeuchtende, lebensspendende Wasserkraft meiner Nieren. Und in der Mitte meines Körpers beschützt der gelbe Phönix die energiespendende Kraft meiner Milz.
Zufriedenheit und Fröhlichkeit spendet meine Milz. Zu forschen und unabhängig zu bleiben ist die Aufgabe meines Geistes. Aktiv sei mein Körper und das Licht des Himmels öffne mir die Augen und mache sie sehend. Zu hören sei die Aufgabe der Ohren, den Körper zu nähren die des Mundes und der Zähne sowie der Nase. Die Zunge verbreite die lautere Wahrheit. Die Galle sorge für den Entschluß. Die Hände sollen schaffen und kreativ sein. Die Füße sollen Bewegung schaffen.

Unsere Wünsche dienen der Ganzheit. Mein Haar wachse kräftig wie Baum und Strauch im Frühling. Die Asche fließe in meinem Darm kräftig wie das Wasser im Fluß zur Mündung. Die Speise nähre den Körper, wie das Wasser des Sees die Felder.
Die Energie sammle sich im Dantien, so daß alle Organe gesund sind. Alle Teile meines Körpers empfangen die Kraft des Universums und das violette Licht des Polarsterns und das rote Licht des Himmelwagens.
Mein Leben wurde geschaffen aus der Kraft des einen Geistes. Deswegen ist es meine Pflicht, den Gesetzen dieses einen Geistes zu folgen, damit ich eins mit ihm bleibe.
Ich weihe mein Leben dieser Aufgabe mit ganzem Herzen und empfange Kraft und Hilfe meines Schöpfers, wenn ich derer bedarf.
Ich achte die Gesetze des Kosmos und bin unter ihrem Schutz, wenn ich des Schutzes bedarf. Auf diesem Wege gehe ich reinen Herzens. Und indem ich nicht abweiche von ihm, werde ich ganz und erfahre immer aufs Neue das Wissen meiner eigenen Göttlichkeit."

2. Übung (Dies ist ebenfalls eine Übung in Verbindung mit einem energetisierenden Mantra-Text) (Abbildung Nr. 17)

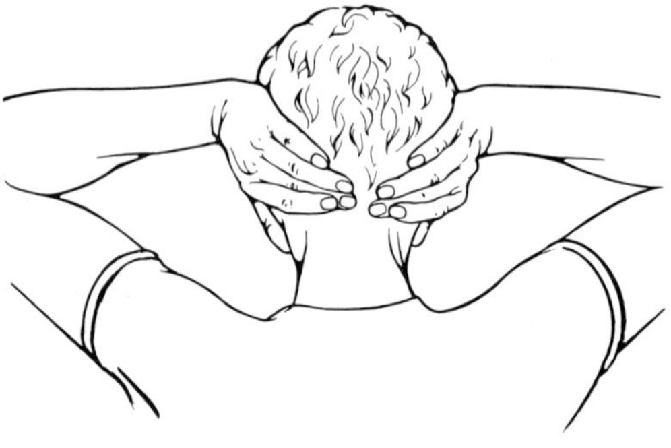

Abbildung Nr. 17

Legen Sie die Handflächen auf die Ohren und die Finger auf den Hinterkopf. Die Daumen liegen etwa in Höhe des unteren Kieferwinkels. Der Zeigefinger liegt auf dem Mittelfinger. Schnippen Sie den Zeigefinger über den Mittelfinger, so daß der Zeigefinger auf dem Schädel aufschlägt. Dies gibt einen trommelartigen Effekt. Deswegen nennt man diese Übung auch die Trommel-Übung. Sie können die Übung gemäß Zeichnung auch mit dem Mittelfinger auf dem Zeigefinger machen. Diese Übung aktiviert

das Gehirn und damit wieder den Kraftquell Gedanken. Sie stärkt aber auch die Hörfähigkeit und über den Reiz des Gehöres auch die Wahrnehmungsfähigkeit. Die Übung verbessert die Blutzirkulation im Gehirn. Und über die Verbesserung der Zirkulation aktiviert sie letzten Endes alle Sinne.
Ein zusätzlicher Reiz erfolgt durch das Aufeinanderschlagen des Oberkiefers und Unterkiefers. Hierbei bildet sich intensiv Speichel. Schlucken Sie diesen Speichel nicht während der Übung herunter. Am Schluß der Übung bewegen Sie diesen Speichel in Ihrem Mund mehrmals mit der Zunge und schlucken ihn dann in drei Portionen. Nach diesen Übungen sprechen Sie den folgenden Text:
"Die Gesetze des Kosmos heißen Ehrlichkeit. Das Gesetz der Erde heißt Innigkeit. Das Gesetz der Menschheit verlangt Achtung und gegenseitige Hilfe. Achtet diese Gesetze, denn in ihnen wirken Himmel und Erde gleichermaßen. Vor ihnen sind alle Dinge eins. Indem ich sie achte, werde ich heil und ganz. Alle Dinge und Wesen des Kosmos und der Erde sind Geschöpfe des einen Geistes. Ich bete darum, daß diese Erkenntnis alle Wesen miteinander verbinde und auch in mir stets lebendig bleibe. Dieser Geist ist die Quelle allen Lebens. Und nur die Verbindung zur Quelle vermag Harmonie zwischen zwei Teilen einer Ganzheit bewirken. Ist diese Harmonie erreicht, dann vermögen Wasser und Feuer Freunde zu werden. Alle Wesen und Dinge erwachsen aus dieser einen Quelle und schöpfen ein Leben lang daraus, bis sie zu ihr zurückkehren. Der Sturm der Leidenschaft und das ewig strebende Verlangen gehorchen dem Geist, so, wie der in allen Dingen lebendigen Kraft.
Ich hüte meine Zunge und meine rastlos fließenden Gedanken, damit sie der göttlichen Ordnung in allem folgen. Nur so erreiche ich Einklang mit dem kosmischen Gesetz. Dadurch weicht das Böse der Harmonie in mir. Und dadurch empfange ich das Wort des Schöpfers. Alle Kraft hierzu ist in mir, durch die Reinheit des Wollens und das Licht des Glaubens. In ihnen finde ich den Pfad zur Unsterblichkeit und zum lichtvollen Frieden. Glaube ist der Pfad zurück zur Quelle, aus der ich ins Leben kam."

3. Übung: Sammlung
Bei dieser Übung liegen Daumen und Zeigefinger derselben Hand an den Fingerkuppen aneinander. Es ist eine modifizierte Gebetshaltung. Beide Hände ruhen auf den Knien. Die Übung wird somit im Sitzen durchgeführt. Während des Sitzens und mit der Hand auf den Knien, sprechen Sie bitte folgenden Text:

"Gottes Schöpfung ließ Himmel und Erde entstehen und alle Wesen die darauf leben. Gott ist der Schöpfer der höchsten, reinen und harmonischen Energie, die in allen Dingen und Wesen wirkt. Ihm gehorchen alle Wesen und Dinge im Kosmos und auf der Erde. Seine göttliche Kraft wirkt auch in mir, denn ich bin ein Kind seines Geistes und er führt mich auf allen Ebenen und Wegen. Ich bin nichts ohne ihn und mit ihm kann mir nichts geschehen. Das Licht seiner Liebe scheint tausendfach auf mich und stärkt und wärmt mich und macht meine Tage heil. Seine Stimme spricht in mir und leitet mich und gibt mir Trost. Ich bitte Dich Herr um die Gnade, daß sie auch durch mich spricht in meinen Taten und Gedanken. Durch Dich bin ich unsterblich und überwinde meine irdische Körperlichkeit, indem ich die positive Energie Deiner Göttlichkeit empfange.
Bei meinem Streben nach Erkenntnis und Licht bekomme ich die Hilfe aller himmlischen Wesen. Das göttliche Licht, das Du in mir entzündest, vertreibt die Dunkelheit und führt mich zurück zur Quelle, aus der ich geschaffen wurde und in die ich wieder eintauche am Ende meines irdischen Weges. Laß mich niemals abweichen von diesem Weg zur Quelle. Das göttliche Licht reinigt mein Bewußtsein und läßt es ständig wachsen. Kein Leiden wird mich mehr drücken und kein Hindernis schrecken. Durch dieses Licht in mir bin ich Meister meines Lebens, Herrscher über Luft, Wasser, Feuer, Erde. Keine Not und Gefahr ängstigt mich. Keine Wunde schmerzt mich, denn Du bist bei mir alle Zeit.
Mein Denken ist klar und mein Streben rein, sodaß ich keiner Versuchung nachgebe. Indem ich auf meinem Wege der Liebe und Wahrheit folge, werde ich ganz. Durch das Licht dieser Wahrheit und der Liebe erkenne ich mein Selbst.
Mögen meine Wege weit sein, möge ich an einem fernen Ort weilen, den Frieden finde ich nur in mir selbst. Und in diesem Frieden mit mir selbst finde ich den Frieden mit Gott. Dorthin führt mich der Atem der Stille. Indem ich alles geschehen lassen kann und alles loszulassen vermag, erfahre ich die ganze Fülle und Vollkommenheit meines eigenen Seins. Mit dieser Erkenntnis halte ich den Schlüssel zu meinem eigenen göttlichen Wesen in meiner Hand. Und damit überwinde ich meine sterbliche Leiblichkeit. Göttlichkeit ruht in allen Wesen und Dingen. Deswegen muß ich sie achten und lieben, deswegen muß ich mich selbst achten und lieben. In dieser Achtung und Liebe zu allen Dingen und zu dem eigenen göttlichen Selbst erfahre ich das Wirken meines Schöpfers."

4. Übung
Eine Übung, die Sie gegen Ärger schützt und Ärger neutralisiert. Sie wird in Sitzhaltung durchgeführt. Strecken Sie beide Arme aus. Überkreuzen Sie die Arme an den Handgelenken und berühren mit der linken Handfläche die Handfläche der rechten Hand. Kreuzen Sie die Finger wie zum Gebet und legen Sie die Finger der linken Hand über die Grundgelenke der rechten Finger auf den Handrücken der rechten Hand und umgekehrt. Der Daumen der rechten Hand liegt über dem linken Zeigefinger. Der linke Daumen liegt über dem rechten Daumen. Dann legen Sie die Hände mit der äußeren Handkante auf das Brustbein. Dann führen Sie die verschränkten Finger hinunter zum Punkt Dantien unterhalb des Nabels. Jetzt liegt die Daumenseite auf dem Bauch. Atmen Sie jeweils dreimal zum Punkt Dantien, wenn die Hand in Höhe des Punktes Dantien liegt.
Führen Sie die Gedanken mit dem Atem zum Punkt Dantien. Diese Übung wird Sie vom Ärger befreien und damit Ihre Gedanken reinigen. So kann der Kraftquell Gedanke wieder mit sauberen Gedanken sprudeln (Abbildung Nr. 18.1 bis Abbildung 18.3).

Abbildung Nr. 18.1

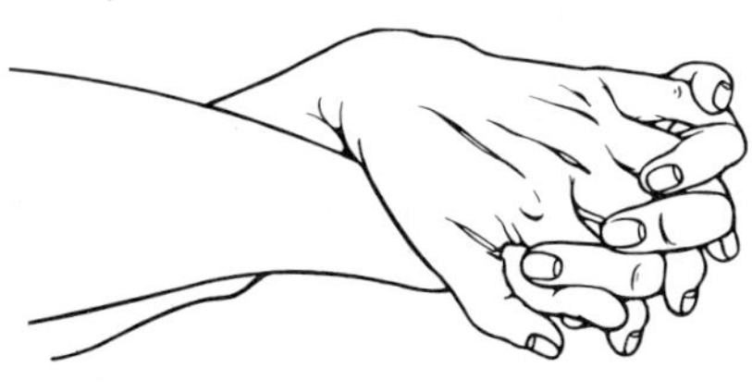

Abbildung Nr. 18.2

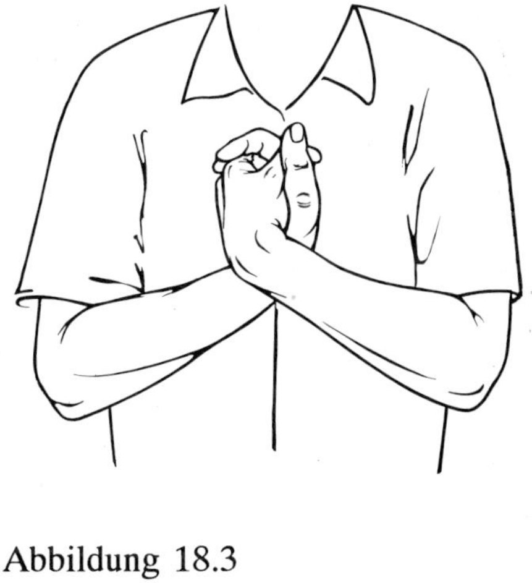

Abbildung 18.3

5. Übung.
So schützen Sie sich vor schlechten Gedanken anderer und halten Ihre eigene Gedankenquelle frei.
Schreiben Sie mit der rechten Hand in die Handfläche der linken Hand das folgende Zeichen (oder bei Linkshändern umgekehrt):

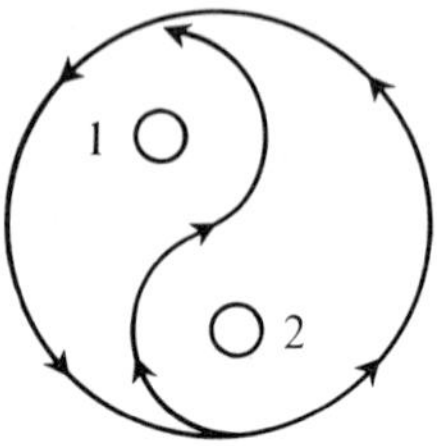

1 + 2 werden mit dem Finger getippt.

Abbildung Nr. 19

Legen Sie den Daumen der rechten Hand in die Handfläche der linken Hand, indem Sie sie anwinkeln und halten den Daumen mit den Fingern umklammert, mit anderen Worten, bilden Sie eine Faust. Atmen Sie dreimal zum Punkt Dantien und stellen sich vor, daß Sie den Atem aus der linken Handfläche holen, ihn entlang dem Arm und dem Brustbein zum Punkt Dantien führen. Dort speichern Sie die Kraft des Himmels. Atmen Sie durch die Nase aus, durch den Mund ein.

6. Übung
So stärken Sie Ihre positiven Gedankenkräfte.
Morgens, wenn Sie aufwachen, massieren Sie mit dem Daumen und Zeigefinger der linken Hand den unteren Teil der Nasenscheidewand, indem Sie 21 mal drücken und loslassen. Zum Abschluß massieren Sie wiederum mit Daumen und Zeigefinger der linken Hand die inneren Augenwinkel.

Was nützt Ihnen jede Übung, wenn die Leitungen zu den Sammlungsstellen verstopft sind. Diese Sammlungsstellen sind die 6 Chia-Zentren und die 3 Dantien. Mit denen werden wir uns jetzt beschäftigen.

Um die innere Energie fließen zu lassen, können Sie die 6 Heiligen Laute einsetzen. Hiermit beschäftigt sich mein Buch „Die 6 Heiligen Laute" aus dem Bauer-Verlag. Mit den hier genannten Übungen öffnen Sie die Ventile der drei Dantiens und der 6 Chia-Zentren, damit die kosmische Energie einfließen kann. Aus dem hier Gesagten folgert, daß die Technik der 6 Heiligen Laute beherrscht werden muß, um die Reservoire aus den

Organen aufzumachen und Energie anzuzapfen. Sie müssen die hier genannten Fingerübungen einsetzen, um die Kanäle frei zu machen. Sie sollten hierzu auch Qigong oder Tai Chi erlernen. Und last but not least sind Sie über diese Übungen in der Lage, das kosmische Energienetz anzuzapfen. Hierzu dienen die Taochi-Laute und die Schlüsselübungen der drei Dantien und der 6 Chia-Zentren. Sie öffnen die Eintrittspforten.
Beschäftigen wir uns mit der 1. Übung und den drei Dantiens. Das obere Dantien nennt sich Chia, es liegt auf der Verbindungslinie zwischen den beiden inneren Enden der Augenbrauen, genau auf der Mitte der Stirn.
Das mittlere Dantien liegt auf einer Verbindungslinie zwischen den beiden Brustwarzen, genau auf dem Brustbein und nennt sich Shen.
Das untere Dantien liegt eine Querhand lotrecht unterhalb des Bauchnabels, genau auf der Mittellinie und nennt sich Yeo.
Geübt wird in sitzender Position. Wenn möglich, sollten Sie auf den Hacken sitzen. Der rechte Fuß wird über die linke Achillessehne gelegt. Wenn dies nicht möglich ist, können Sie auch auf einem Stuhl sitzen. Legen Sie die linke Hand geöffnet vor sich, ballen Sie die rechte Hand zur Faust, indem Sie den Daumen umklammern. Jetzt legen Sie beide Hände in Höhe des oberen Dantiens zwischen die Augenbrauen, wobei die rechte Faust in der linken Hand diesen Punkt berührt. Visualisieren Sie die Schriftzüge „Chia" und rezitieren mit einer hohen Stimme dieses Wort in Gedanken oder laut vor sich hin. Wiederholen Sie dreimal. Mit derselben Handhaltung gehen Sie auf den Punkt Shen zwischen den Brustwarzen auf dem Brustbein und visualisieren Sie das Wort SHEN. Dabei sprechen Sie mit einer mittleren Tonhöhe dreimal das Wort SHEN. Anschließend wechseln Sie auf den unteren Punkt, unterhalb des Nabels, das untere Dantien, mit derselben Handhaltung, d. h. die in der linken Hand liegende Faust der rechten Hand berührt diesen Punkt und Sie rezitieren das Wort YEO mit tiefer Stimme und visualisieren gleichzeitig den Schriftzug YEO. Wiederholen Sie das ganze dreimal.
Damit haben Sie diese Zentren geöffnet.

Übung Nr. 2 zur Öffnung der 6 Chia-Zentren:
Sie öffnen diese Zentren indem Sie das Wortsymbol:

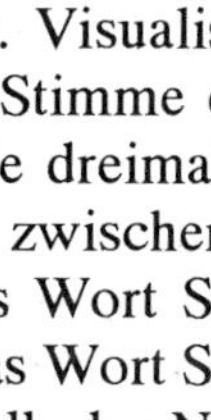

für Chia mit den Fingern in Höhe eines jeden der Zentren 1 bis 4 schreiben.

Die Lage der Zentren:
1. Zentrum auf der Höhe des Schädeldaches, genau in der Mitte der Schädelplatte.
2. Zentrum zwischen den Augenbrauen, genau in der Mitte dazwischen.
3. Zentrum unterhalb des Nasensteges.
4. Zentrum in Höhe des Kehlkopfes.
5. Zentrum auf dem Brustbein zwischen den beiden Brustwarzen und entspricht dem Shen der vorhergehenden Übung. Das Wortsymbol ist:

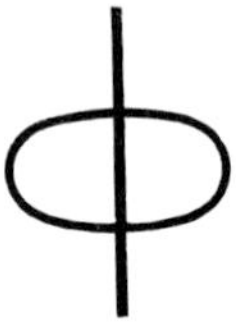

6. Zentrum eine Querhand unter dem Bauchnabel und entspricht dem Yeo-Punkt in der vorhergehenden Übung. Das Wortsymbol ist:

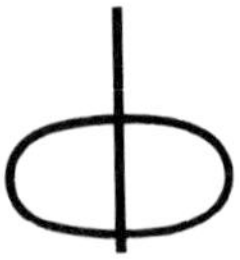

Schauen Sie sich die bildliche Darstellung an, um die Schreibweise dieses Symbols genau zu erfassen. Sie schreiben dieses Symbol mit dem Mittelfinger der rechten Hand, genau über den jeweiligen Zentren, jeweils einmal.
Die Energie ist nun in der Lage, einzutreten und ihre Energie nicht nur zu ergänzen, sondern auch zu einer höheren Schwingungsebene zu transformieren. Die himmlische-kosmische Energie hat eine wesentlich höhere Schwingungsenergie als unsere eigene und beeinflußt somit unsere Energie positiv.

Übung Nr. 3:
Bringen Sie Ihre Geistesenergie auf Schwung und ordnen Sie diese. Die folgende Übung ermöglicht es Ihnen.
Die Übung sollte möglichst in einem dunklen Raum durchgeführt werden. Sie schaffen sich die richtige Raumschwingung dazu, indem Sie sie vor einer Kerze praktizieren und vorher in diesem Raum Räucherstäbchen abgebrannt haben oder ätherische Öle in einer entsprechenden Verdunsterlampe vernebelten.

Legen Sie die Fingerkuppen von Zeige-, Mittel-, Ring- und Kleinfinger an die Fingerkuppe des Daumens, so, als würden Sie einige Teeblätter aus einer Teedose entnehmen. Fangen Sie jetzt von der rechten Brustwarze an, ein eiförmiges Kreisgebilde zu schreiben, indem Sie die Fingerspitzen von der rechten Brustwarze leicht kreisförmig erhöhend zur linken Brustwarze hinüberführen, von hieraus, etwas abwärts gerichtet Richtung Bauchnabel zurück zur rechten Brustwarze führen, von hier aus leicht in Richtung oberes Brustbeinende führen und von dort aus senkrecht abwärts zum Punkt Dantien unter den Nabel. Wiederholen Sie dies dreimal. Ihre Augen sollten dabei geschlossen sein oder aber halb geschlossen auf die Kerze gerichtet sein (Abbildung Nr. 20).

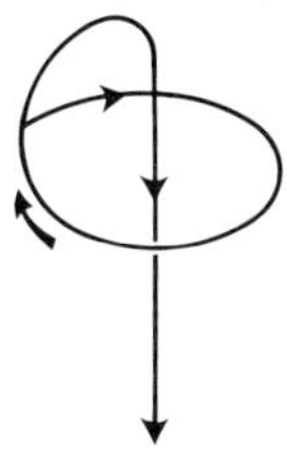

Abbildung Nr. 20

Übung Nr. 4:
Schützen Sie sich mit dieser Übung vor der schlechten Energie Ihrer Umgebung, vor Unglück und vor dem schlechten Einfluß anderer. Oder aber wenn Sie eigene schlechte Gedanken neutralisieren möchten oder negative Gefühle, dann nehmen Sie den Mittelfinger der rechten Hand und schreiben dieses Zeichen auf Ihre Stirn (Abwehr schlechter Gedanken), auf Ihr Brustbein (Abwehr schlechter Gefühle) oder in die Luft (Abwehr eines schlechten Einflusses von außen).

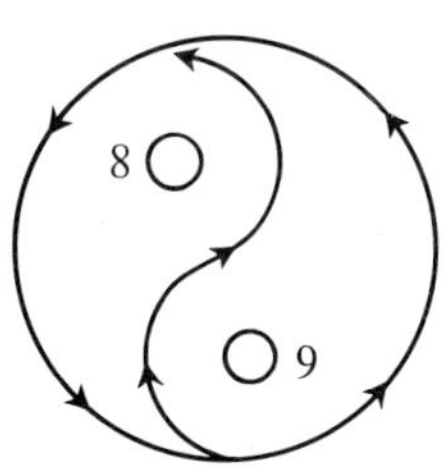

Abbildung Nr. 21

Die Punkte 8 und 9 dieses Zeichens werden mit der Spitze des Mittelfingers getippt. So reinigen Sie Ihren Kraftquell Gedanken und wehren negativen Einfluß auf diesen Kraftquell ab.

Übung Nr. 5:
Haben Sie Angst vor möglichem Unglück?
Versuchen Sie, es wie folgt abzuwehren und Sie beruhigen wiederum Ihre Gedanken.
Richten Sie Ihr Gesicht gen Osten, atmen Sie tief durch die Nase ein, beißen Unter- und Oberkiefer dreimal fest zusammen, drehen sich dann nach Westen und atmen durch den Mund aus. Diese Übung sollte dreimal wiederholt werden.

Ein paar Witze zum Schluß

Der berühmte Schauspieler bemühte sich vergeblich, seiner schweigsamen, unhöflichen Tischdame ein Wort zu entlocken. Als alles nichts fruchtete, versuchte er es mit der Waffe der Komplimente und sagte liebenswürdig lächelnd: „Gnädige Frau, ich bewundere Ihre Schönheit" Aber auch das konnte sie nicht ermuntern. Vielmehr erwiderte sie bissig: „Bedaure außerordentlich, daß ich das gleiche Kompliment nicht zurückgeben kann". Aber auch dieser Tiefschlag entmutigte den Schauspieler nicht, und er antwortete: „Da gibt es eine wunderbare Methode. Machen Sie es wie ich, lügen Sie".

Kritik in einer Zeitschrift über eine Opernsängerin: „Die Nachtigall in ihrer Brust ist sehr witzig aber sie wohnt fürstlich".

Ein berühmter Mann wurde dereinst gefragt, welchen Eindruck er denn von der Einweihung seiner eigenen Statue habe. Sein Kommentar: „Nun verstehe ich die Tauben besser".

Gedanken zum Abschluß

Die Pantomime ist eigentlich das interessanteste Studienobjekt. Sie hat als Ausdrucksform für den Gedanken nur die Bewegung und Mimik. Hierbei kann man am besten beobachten, wie sich Gedankenenergie im Körperäußeren manifestiert.
Genauso im Alltag. Der selbstbewußte, kämpferische Mensch wird sich aufrichten, einen entschlossenen Gesichtsausdruck bekommen. Der sprechende Mensch verdeutlicht sich zusätzlich durch Gestik zum Wort. Der Pantomime tut das gleiche wortlos mit Mimik und Gesten. Der Verzagte wird seine Schultern hängen lassen und in sich zusammensinken. Das äußere Erscheinungsbild wird zum Ausdruck der inneren Einstellung, ja, die Haltung ist Spiegelbild einer ganzen Lebenseinstellung. Glaubensgrundsätze prägen die Lebenseinstellung. Die Lebenseinstellung prägt die Gedanken. Und diese strahlen nach außen. Umgekehrt beeinflußt die Haltung wieder das Stimmungsbild und damit die Gedanken.
Der Mensch ist ein ganzheitlicher Organismus. Aufbau, Zusammensetzung und Funktion der Teile werden vom Ganzen bestimmt. Der Mensch nimmt Einfluß auf das Weltenschicksal. Aber das Weltenschicksal wirkt auf den Menschen zurück. Dabei ist der Mensch noch zusätzlich eingebunden in das Spannungsfeld zwischen Erde und Kosmos. Der Mensch als Mikrokosmos ist Kind des Kosmos Erde und die Erde Teil des großen Kosmos. Im Menschen wirken die beiden Lebenskräfte Yin und Yang als Symbol der Polarität. Yin und Yang können nicht sein, ohne das Leben. Das Leben kann nicht existieren ohne Yin und Yang. Hier haben wir die Verzahnung zwischen Leben und Energie. Flieht die Energie, stirbt das Leben. Solange das Leben pulsiert, wirkt die Energie im Menschen. Der Mensch bewegt sich, denkt und schafft. Aktivität, Haltung und Position sind nicht nur Ausdruck dieser Energie, sondern gleichzeitig auch ein Prozeß der Transformation, der Reinigung, der Zirkulation. Das Denken steuert diesen Prozeß. Je niedriger die Schwingungsebene dieser Energie ist, je weniger differenziert und sensibel werden die Denk- und Handlungsprozesse sein. Das wieder drückt sich aus im Sprachgebrauch und in der Gestik. Je mehr diese im Körperlichen verhaftet ist und je weniger im Geistigen, je mehr unterliegen sie einem Abstumpfungsprozeß.

Rein materielle Denkweise hat dabei die geringste Schwingung. Je geringer die Schwingung ist, je intensiver ist die Beeinflussung von äußeren Energie-Einwirkungen.
Der Mensch ist ein offenes Ordnungssystem, das sich nur halten kann auf dieser Bewußtseinsebene, wenn es ständig aus seinem Umfeld Ordnung aufsaugt. Daraus folgt messerscharf, daß sich dieses Ordnungssystem nur auf ein höheres Niveau anheben kann, wenn es höherwertige Ordnungsimpulse aufnimmt. Hinzu kommt, daß ein Ordnungssystem umsomehr auf das Aufsaugen von Ordnungsimpulsen angewiesen ist, je höherwertig es ist. Und je höherwertiger es ist, umso störanfälliger wird es auch. Auch der Mensch ist solch ein hochwertiges Ordnungssystem, das empfindlich auf höherwertige und niederwertige Ordnungsimpulse reagiert. Deswegen sollten wir besonders sorgfältig auf unsere Umgebung und auf unseren Umgang achten. Wird uns doch klar, welch ein Informationssmog uns ohnehin schon negativ belastet und uns hinabzieht. Je mehr der Mensch in seinem Bewußtsein steigt, umso kritischer und damit eigenständiger und unabhängiger wird er. Unser Ziel muß sein, die Körperlichkeit durch geistige Betrachtungsweise zu überwinden; Seelenschmerz muß der geistigen Botschaft zu erkennen weichen. Der körperliche Schmerz darf nicht zur Fessel für Denken und Empfinden werden. Daß dieses möglich ist, den körperlichen Schmerz geistig zu überwinden, beweisen uns die Yogis, die sich mit Nägeln spicken lassen, ohne Schmerz zu empfinden. Das ist eine Form der Weisheit, den körperlichen Schmerz durch geistige Betrachtungsweise zu überwinden, indem wir uns der Herausforderung stellen und durch die Schau nach innen die Erkenntnisfähigkeit eines solchen Wandlungsprozesses erreichen. Für den Weisen ist Schmerz eine Gelegenheit, sich selbst zu erfahren. Schmerz ist eine Chance, uns über das Körperliche hinaus zu einer Betrachtungsweise auf höherer Bewußtseinsebene zu heben.
Der dem Körperlichen verhaftete Mensch wird zur Tablette greifen, das Körperliche mit Substanz zu vertreiben versuchen. Der Weise wird die Kraft des Visualisierens und die Kraft der Gedanken nutzen. Daraus geht ganz klar hervor, daß es wichtig ist, die eigene Schwingungsebene durch Veränderung des Kraftquells Gedanke zu verfeinern. Das ist Umgang mit der Energie im Sinne der Bewußtseinsveränderung. Erst wenn wir diese Energie erkennen, ist der richtige Umgang möglich und damit geistiges Wachstum schlechthin.
Diese Energie bewußt zu erleben, indem man aktiv ruhig und ruhig aktiv ist, das ist der Weg. Dabei pflegen wir die gegensätzlichen Energien Yin und Yang zur gleichen Zeit. Wir werden mehrdimensional und arbeiten

auf mehreren Ebenen. Unser Denken ist dadurch bewußtseinsgeprägt und nicht mehr ein primitives, animalisches, einseitiges, materiell bestimmtes Denken. Das wäre nicht nur leicht beeinflußbar. Es gibt überhaupt nichts destruktiveres als unkontrollierte, geistlose Gedankenträumerei. Solche Gedanken sind wie ein Blatt im Herbststurm der Emotionen. Solch ein Mensch wird immer vom Schicksal manipulierbar sein und sich stets als Opfer betrachten und andere anklagen. Er fühlt sich dem Zufall ausgeliefert und unterliegt einer passiven Erwartungshaltung.
Dabei ist Glück kein Zufall. Glück wird verdient durch die Qualität der Gedanken und Taten. Wir müssen lernen, der Stimme des Herzens zu folgen, die Stimme des Geistes ist. Dieser Stimme zu folgen, heißt, sich selbst treu zu bleiben. Denn was aus unserem innersten Herzen tönt, ist die Sprache des eigenen Selbst. Dieses Selbst vermag einen weitaus größeren Raum des Ordnungssystems zu überblicken, als der enge Blickwinkel unserer Augen aus der Froschperspektive unseres Daseins es je vermag. So mögen unsere von Verstand getrimmten Sinne im Moment das nicht verstehen, was das innere Selbst uns rät. Ratio denkt in engen Grenzen. Das Selbst erkennt Zusammenhänge auf einer hohen Bewußtseinsebene. Haben wir deswegen Vertrauen zu ihm und folgen dem Rat des Selbst, auch wenn es vom Verstand her als unvernünftig erscheint. Man muß sich erst daran gewöhnen, mit der inneren Stimme zu arbeiten, statt den Verstandeskräften zu folgen.
So ist es einzusehen, daß wir uns täglich bemühen müssen, diesen Kraftquell Gedanken kristallklar zu erhalten, d. h., sich von jeder Abhängigkeit zu befreien. Der Mensch trainiert seinen Körper auf unterschiedlichste Art. Aber wieviele Menschen trainieren Seele, Geist und Körper? Es kommt nicht darauf an, sich nur körperliche Muskeln zu schaffen, sondern auch darauf, sich im Seelischen und Geistigen zu stärken. Joggen ist zwar eine wunderbare Sache und schafft sicherlich auch grobe Energie. Aber das geistige Training in der Stille der Meditation, die Nahrung der Seele über Freude und Liebe, ist genauso wichtig. Geben wir Freude, damit wir Freude bekommen und suchen uns ein ruhiges Plätzchen für die Meditation. Solche Plätze sollten von Bäumen umgeben sein, möglichst nahe einer Quelle und gen Osten ausgerichtet oder auf Bergen sein. Wir finden ein günstiges Klima, uns geistig und seelisch zu stärken auch in der Umgebung von Menschen mit guter Energie. Gute Energie ist dort, wo reine Herzen und reines Denken sind oder Streben nach Wahrheit und Dienst am Nächsten sich manifestiert.
Energie fließt uns zu, wenn wir uns weniger vom Verstand und mehr von der Intuition leiten lassen, wenn wir ein einfaches Leben jenseits jeglicher

Völlerei führen. Unabhängig und eigenständig zu sein heißt, immer wieder aufs neue die eigne Energie einzuregulieren, in Übereinstimmung zu bringen mit den kosmischen Kräften und Wollen, Ziel und Weg eine Einheit werden zu lassen. Die kosmischen Kräfte wirken in uns, und sie wirken durch uns. Wir müssen uns nur auf ihre Schwingungsebene einstellen, indem wir Herz, Sinne und Körper rein halten.
Der Weg zu einem höheren Bewußtsein ist mit vielen Prüfungen gepflastert und, weiß Gott, nicht leicht. Unsere Umgebung ist zudem voller negativer Energie, die uns hindert. Denken wir an all die Schimpfkanonaden, Flüche und Miesepetrigkeit, Kleingeistigkeit, an die Rücksichtslosigkeit. Man verteufelt, schimpft über das Wetter, gebraucht den Ellenbogen, ist mit sich und der Welt unzufrieden und klagt die anderen als die Schuldigen an. Gift und Galle, Neid und Rache werden gespuckt. Es wird gelogen, hintergangen, gemeuchelt und geheuchelt. Alles nur, um Macht und Besitz zu erreichen. Man sieht das schon halbleere Glas und kann sich nicht an dem noch halbvollen Glas erfreuen. Das Leben ist übervoll und für viele dennoch leer vor lauter Fülle materieller Dinge. Die Menschen sehen die einzige Regenwolke am sonst blauen Himmel und freuen sich nicht der Sonnenstrahlen. Selbstsucht, Eigennutz und Kampfbereitschaft regieren die Welt. Das ist negative Energie. Und die Menschen, die ihr ausgeliefert sind, reagieren als Marionetten an den Fäden ihres eigenen, selbstgemachten, selbstgestrickten Schicksals. Nur sie erkennen es nicht. Leben bewußt steuern ist nur möglich durch Erkennen der Tatsache, daß die Realität unseres eigenen Lebens durch uns selbst geschaffen wird. Fangen wir endlich an, Licht in unser Leben zu bringen, indem wir das Gute verwirklichen und die Verantwortung für unser Leben selbst übernehmen. Wollen wir Licht erkennen, wenn unsere Augen geschlossen sind? Wie wollen wir die Botschaft vernehmen, wenn wir taub sind, weil wir unseren Kopf in Vogel-Strauß-Manier in den Sand gesteckt haben. Abhängigkeit ist wie eine Kette.
Auch die Ernährung spielt eine wichtige Rolle. Es gibt Untersuchungen über den negativen Einfluß der fabrikmäßig hergestellten Nahrungsmittel. Ein mit Liebe zubereitetes Essen nährt nicht nur den Körper, sondern auch die Seele. Enthaltsam leben, Vollwertkost essen, wenig Fleisch, das ist vernünftig. Auch wenn uns Werbespots etwas anderes eintrichtern wollen. Denken Sie daran, daß ein Vielfaches an Energie notwendig ist, um den gleichen Nährwert an Fleisch zu produzieren, verglichen mit pflanzlicher Nahrung. Damit kein Irrtum entsteht, ich bin nicht gegen Fleisch als Ernährungsbestandteil. Ich bin nur gegen zuviel Fleisch. Zuviel Fleisch verursacht nämlich die sogenannten Eiweißspeicherkrank-

heiten nach Wendt. Die Rinderherden, die uns die Steaks bescheren, sind auch mit am Sterben der Regenwälder beteiligt, in denen durch Brandrodung Weiden für diese Rinderherden geschaffen werden. Jedes Jahr sterben 16 Millionen Hektar Regenwald.
Bei der Zusammenstellung Ihres Speisezettels berücksichtigen Sie auch die Jahreszeit. Essen Sie im Sommer leicht und im Winter deftiger. Gehen Sie früh schlafen und stehen Sie früh auf, so, wie es unsere Vorfahren rieten, mit den Hühnern ins Bett zu gehen und mit dem ersten Hahnenschrei aufzustehen. Schlafen Sie im Frühjahr und Winter mit dem Kopf zum Osten, im Sommer und Herbst mit dem Kopf zum Westen, wenn es Ihnen möglich ist. So richten Sie sich auf den natürlichen Energiefluß aus.
Ihre größte Sexualkraft haben Sie am 2. Tag des Vollmondes, Ihren niedrigsten Energiepegel zur Zeit des Neumondes. Enthaltsamkeit zu Zeiten des Neumondes schont also Lebenskraft. Früh schlafen zu gehen, wie ich eben riet, heißt, sich dem natürlichen Lebensrhythmus anzupassen und als Frühaufsteher mit Bewußtsein den neuen Tag wachsen zu sehen und dadurch die Zeit bewußter zu erleben.
Es gibt eine wunderbare Übung zur Stärkung der Lebenskraft. Kurz nach Sonnenaufgang stellen Sie sich mit dem Gesicht in Richtung Sonne, selbstverständlich bei geschlossenen Augen und lassen die Sonnenstrahlen in den geöffneten Mund hineinscheinen. Den Speichel schlucken Sie dann hinunter. Man soll darüber nicht lachen, denn wer sagt uns denn, ob nicht die in den Mund hineinscheinenden Sonnenstrahlen eine biochemische Veränderung des Speichels herbeiführen, die unserer Gesundheit besonders zuträglich ist. Legen Sie Ihre Zunge im Laufe des Tages auch häufiger an den Gaumen. Warum ist das gut? Der moderne Mensch speichert zuviel Energie im Kopf. Was stürmt nicht alles auf ihn ein, die abendlichen aufregenden Fernsehsendungen, das Kino, der Verkehrslärm, die Informationsflut, der Streß an der Arbeitsstelle, der Telefonstreß, der Streß hinter dem Steuer. All das erfordert höchste Konzentration und führt zu innerer Anspannung und zu einem Energiestau im Kopfbereich. Kopfschmerzen, Schwindel, Migräne, ein Gefühl wie zum Platzen sind die Folgen. Leiten sie diesen Energiestau aus dem Kopf ab, indem Sie die Zunge an den Gaumen legen. Dadurch bildet sich Speichel. Speichel ist Lebenselixier, der dringend von den Verdauungsorganen benötigt wird. Schlucken Sie ihn herunter. Als Therapeut fragt man sich ohnehin, ob nicht der Mangel an Speichel oft die Ursache von Magen- und Darmstörungen ist. Wenn man sieht, wie wenig Zeit die Menschen sich

noch fürs Essen nehmen und wie wenig sie noch kauen, ist das kein Wunder.
Unser Zentrum liegt nicht im Kopf, sondern im Bauch, genauer gesagt, unterhalb des Bauchnabels. Das haben moderne Computerforschungen bestätigt. Die Chinesen sagen dies schon seit Jahrtausenden. Richten Sie Ihre Gedanken auf diesen Mittelpunkt. Deswegen müssen Sie nicht kopflos werden und aufhören, mit dem Kopf zu denken, obwohl die Chinesen und die Japaner sagen, man soll mit dem Bauch denken. Es ist gut, wenn in diesem Kopf nicht nur schwere Gedanken gepflegt werden, sondern ab und zu auch mal ein leichter Gedanke die Muse des Lächelns, die Sonne des Frohsinns herbeizaubert. Denken Sie daran, daß Sie nur zwei Muskeln bewegen müssen, um zu lächeln aber 13 Muskeln, um die Stirn zu runzeln. Und da finde ich es schön, was Karl Julius Weber in „Demokritos" sagt: „Nie wird man so schnell bekannt und vertraut, als wenn man erst herzlich miteinander gelacht hat. Und ich finde den Grund, daß Jugendfreundschaften bis ins Greisenalter dauern, in diesem jugendlichen Frohsinn". Die Sprache des Lachens ist international und verbindet die unterschiedlichsten Menschen auf der ganzen Welt.
Lassen Sie mich schließen mit einer Episode.
Zwei Engländer begegnen sich auf der Straße. Der eine haut dem anderen ohne Vorwarnung eins hinter die Ohren. „War das ein Scherz oder Ernst" fragt der so Malträtierte. „Natürlich Ernst" antwortete der Schläger. „Dann ist es in Ordnung", erwiderte der Geschlagene. „Ein für allemal, Scherze dieser Art liebe ich nämlich nicht". Sprach's und ließ den völlig verdatterten Schläger stehen.
Warum ich gerade diese Episode als Schluß wähle? Weil sie etwas von der Weisheit des Humors ausstrahlt, sich selbst nicht so wichtig zu nehmen und sich ganz aus innerer Souveränität über die Dinge zu stellen, aus der Freiheit der Mitte heraus zu handeln, jener Mitte, aus der auch unser Gedankenquell schöpferisch sprudeln sollte.
Mit einer heiteren Episode schloß das letzte Kapitel. Mit einigen heiteren Spots soll das Buch enden, getreu dem Motto, das Ende aller Dinge sollte ein Lächeln sein:

Egon hat sich auf dem Lande ein völlig verwildertes Grundstück in jahrelanger Arbeit zu einem herrlichen Garten hergerichtet. Kommt der Pfarrer vorbei und meint: „Sie und der liebe Gott haben hier großartige Arbeit geleistet". Erwidert Egon: „Sie hätten den Garten mal sehen sollen als sich der liebe Gott noch allein darum gekümmert hat, Herr Pfarrer".

Oma sitzt in der Straßenbahn, ihr gegenüber ein amerikanischer Soldat, der Kaugummi kaut. Schließlich wird es der Oma zu dumm, und sie sagt: „Guter Mann, es hat doch überhaupt keinen Zweck, daß Sie mir all diese interessanten Sachen erzählen. 1. verstehe ich kein Englisch und 2. bin ich schwerhörig".

Nachsatz und Danksagung

Ich hätte diese Buch nicht schreiben können ohne die Hilfe und Hinweise meiner Lehrer und Freunde aus vielen Diskussionen, Vorträgen und Gesprächen. Ihre Anregungen und Informationen reiften weiter zu eigenen Erkenntnissen und Aussagen, z. B. dieses Buches. Angesichts des Umfangs diese Personenkreises muß ich mich auf einen allgemein ausgesprochene Dank beschränken und bitte um Verständnis dafür.

Ein besonderer Dank geht aber an meinen Lehrer, Herrn Prof. Max Bänziger, OSIRIS AG, CH-6028 Herlisberg-Oberreinach, Schweiz. Aus seinen Kursen "PRAKTISCHE MENSCHENKENNTNIS" habe ich für meinen Beruf als Heilpraktiker und für mich persönlich viel profitiert. Das Einverständnis von Herrn Prof. Bänziger, nach den Informationen aus seinem Kurs das Kapitel "Zeige mir die Hand und ich sage Dir, was Du denkst" zu schreiben und die erklärenden Zeichnungen nach Kursunterlagen zu fertigen, waren eine große Hilfe. Jedem nach Bewußtseinserweiterung Strebenden seien die Kurse von Herrn Prof. Bänziger empfohlen.

Mein Dank gilt auch meinen Meistern, denen ich in Klöstern Taiwans, Chinas, Japans und Koreas begegnete. Ihre Einweisungen wurden zu Grundlagen dieses Buches, insbesondere für die praktischen Übungen am Schluß des Buches ab Seite 176 und für das Kapitel "Der hohe Pfad zum besseren Bewußtsein". Ich schließe in diesen Dank die Dolmetscher ein, die eine Verständigung mit meinen Meistern ermöglichten. Gerade die in dem Kapitel aufgezeichneten Lebensregeln zeigten mir wieder, daß es ein sogenanntes Urwissen, eine morphogenetische Verbindung gibt, fand ich doch die Lehren meiner Meister an manchen anderen Plätzen dieser Erde und in anderen Werken wieder, nur mit anderen Worten, der gleiche Sinn ausgedrückt, ja, sogar in lange vorher gemachten eigenen Aufzeichnungen. Das gleiche gilt auch für einige Symbole und Übungen dieses Buches.

Ich danke an dieser Stelle ebenso Master Chia und Master Ni in deren Kursen bzw. Büchern ich manch wertvolle Information und Anregung fand. Dies Buch soll nicht nur ein Ausdruck des Dankes und meiner Verehrung für meine Lehrer sein. Es soll auch ein Verpflichtung ablösen, im Sinne meiner Meister zu handeln, Wissen und Maxime weiterzugeben, die für mich lebensbestimmend wurden und mir halfen, mein Bewußtsein zu erweitern im Sinne von mehr Harmonie und Zufriedenheit. Mögen die Worte dieses Buches auch anderen auf diesem Wege helfen.

Hinweis auf weitere Bücher des Autors:

1. „Aktiv und gesund durch die magischen Qigong–Kugeln aus China" Eigenverlag, ISBN 3–88753–097–7.
Das Buch stellt die Qigong–Kugeln vor, ein uraltes chinesisches Hilfsmittel gegen Krankheit und für mehr Gesundheit.. Schon die Kaiser Chinas nutzten sie. Der Leser erfährt alles über die Geschichte der Qigong–Kugeln, Forschungsergebnisse zur Wirksamkeit, medizinische Sachinformationen. Das Buch gibt ausführliche Anwendungsbeispiele und läßt Geheilte und Kugelbegeisterte zu Wort kommen – Ein Erfolgsbuch in der 5. Auflage.

2. „Facelifting chinesisch"
MZ–Verlag H. Schicke, 2110 Buchholz 5,
ISBN 3–89240–004–0 DM 98,––.
Das Fachbuch für alle, die sich für das ganze Spektrum naturheilkundlicher Behandlung von Altersfalten interessieren.

3. „Die sechs heiligen Laute"
Bauer Verlag, Freiburg, ISBN 3–7626–5607–X, DM 29,80
Mit den sechs heiligen Lauten aus dem Taoismus bzw. der traditionellen chinesischen Medizin kann jeder viel für seine Gesundheit tun. Was Taoismus ist, wird erklärt, und wie man mit den 6 heiligen Lauten arbeitet. Hierzu geben der Text und eine dem Buch beiliegende Tonkassette die Anweisungen. Außerdem enthalten Buch und Kassette Übungen zur Bewältigung von Streß und Körperschmerz.

4. In Vorbereitung:
Ein neues Buch zum Thema „Gesundheit aus dem Reich der Mitte". Hugendubel Verlag, München, erscheint: ca. Ende 1992
Dieses Buch ist eine Weiterführung der Thematik des Buches „Aktiv und gesund" zum Thema Qigong–Kugeln. Es gibt die neuesten wissenschaftlichen Erkenntnisse wieder, krankengymnastische Übungen, berichtet über Kinesiologie und Qigong–Kugeln, Heilige Laute, Taichi etc.

5. In Vorbereitung:
„Chinesische Moxa–Therapie".
Ehrenwirt–Verlag, München, erscheint: ca. April 1992;
Die Moxa–Therapie entstammt der jahrtausende alten traditionellen chinesischen Medizin. Sie wird in Asien sehr viel von Laien zur Selbstbehandlung genutzt. Das Buch stellt die Moxa–Therapie in Theorie und Praxis für jeden Laien verständlich vor. Ein ausführliche Bebilderung ermöglicht schnelle Einarbeitung und sichere Anwendung.

Richard Katz/Patricia Kaminski

Blütenessenzen

Repertorium ihrer Wirkungsweisen

Sanfte Therapien nehmen mehr und mehr an Bedeutung zu. In der heutigen Zeit erkennt man dies an einer zunehmenden Anzahl von Veröffentlichungen über »Bach–Blüten«, Blumen die durch die Seele heilen.

Blütenessenzen sind Katalysatoren für die Seele. Sie vermögen durch direkte und ausschließliche Einwirkung auf die Seele von Mensch, Tier und Pflanze, deren physische (körperliche) Leiden zu beeinflussen. Mehrmals am Tag angewendet, können sie unsere inneren Heilkräfte aktivieren.

Zur weiterführenden Forschungsarbeit über das Thema Heilung mit Blütenessenzen hat sich vor mehr als 10 Jahren in Kalifornien eine Gruppe interessierter Menschen unter der Führung eines Psychologen gebildet. Diese Gruppe hat seither eine große Zahl Blütenessenzen erforscht und über die Ergebnisse das »Flower Essence Repertory« geschrieben. Es wurde ein ausführliches Nachschlagewerk mit über 1 400 Eintragungen sowohl über die »Kalifornischen« als auch die 38 Bach–Blüten und ist vorzüglich zur sicheren Auswahl der richtigen Blütenessenzen sowohl für den Therapeuten als auch für den Patienten geeignet.

Teil 1 des Repertoriums in deutscher Sprache gibt einen generellen Überblick über ca. 200 Symptomstichworte. Jeweils in kurzen Sätzen werden die »positiven« wie auch die »negativen« Qualitäten beschrieben.

Teil 2 enthält in alphabetischer Reihenfolge ca. 120 Blütenessenzen, sowie die Stichworte, unter denen sie in Teil 1 zu finden sind und eine kurze Beschreibung ihrer Wirkungen.

ISNB 3–927518–00–X *LAREDO VERLAG*

Dirk Albrodt

Gesund durch Blütenessenzen

Handbuch Kalifornischer Blütenbehandlung

Nach Jahrzehnten der Erforschung und Etablierung der Bach-Blütentherapie ist nun die Zeit gekommen, weitere Erkenntnisse über die Heilkraft der Blüten zu suchen. Wie kann man das Spektrum der Möglichkeiten der Bach-Blüten erweitern? Gibt es Aspekte, die früher einen weniger großen Stellenwert in der Beurteilung von Blüten hatten, die heute aber beachtet werden sollten? Welche von Bach nicht benutzten Pflanzen verfügen dennoch über heilende Kräfte? Und welche sind für die Gegenwart, die Zeit des Umbruchs im Weltgefüge, besonders wichtig?

Das Buch »Gesund durch Blütenessenzen« faßt zum erstenmal die Informationen über die »neuen« Blüten zusammen. Jede einzelne von ihnen wird mit ihren Besonderheiten vorgestellt. Dazu wird ein Sechs-Schritt-Auswahlverfahren beschrieben, mit dessen Hilfe der Anwender schnell und sicher die für ihn selbst oder für andere passenden Blüten herausfinden kann. Kombinationen zueinander passender Essenzen werden vorgeschlagen, aber auch ergänzende Therapievorschläge gemacht, die die Wirkung der Essenzen verstärken können.

Ein Handbuch zum Kennenlernen der Kalifornischen Blütenessenzen, zum Lernen, zum Nachschlagen - ein Versuch, jeden auf die Möglichkeiten, die in ihm ungenutzt ruhen, aufmerksam zu machen und auf die Chance, diese Möglichkeiten leicht und sanft zu nutzen.

ISBN 3-927518-12-3

LAREDO VERLAG

Herbert Thelesklaf

Blüten heilen Kinderseelen

In unserer modernen, technologisch geprägten Zivilisation, erleben die Kinder vermehrt ein Trauma, wenn sie in das Erdendasein eintreten, in dem die Natur zunehmend verändert und gestört ist. Es ist unser aller Aufgabe, Kindern zu helfen, unbefangen und voll Selbstvertrauen durchs Leben zu gehen und die Anforderungen ihrer wechselnden Lebensstationen wie Kindheit, Kindergarten, Schule und Berufsausbildung zu bestehen, um als Erwachsene auf ihre Fundamente bauen zu können und ihr Leben erfüllt zu meistern.
Es gibt viele Wege, Kindern zu helfen, ihre inneren Kräfte in der physischen Welt harmonisch zu entwickeln. Eine natürliche Therapie, die auf der »Muttersprache« der Erde gründet, ist sicherlich eine der sanftesten und angemessensten.
Blütenessenzen sind Bindeglieder zwischen Natur und Mensch sowie zwischen Seele und Körper. Sie können viele körperliche Beschwerden erleichtern, aber ihre besondere Wirkung erfaßt die feinstofflicheren Bereiche des menschlichen Seins, sie wirken über die Seele.
Besonders in der Therapie von Kindern (und des Kindes in jedem von uns) scheint es wichtig zu sein, die Bedeutung der Seele zu verstehen. Kinder sind ja noch so offen und aufnahmefähig für subtile Einflüsse. Deshalb sind Blütenessenzen bei Kindern von so großer Wirksamkeit, und Therapeuten berichten, daß Kinder auf die passende Essenz sehr positiv und außergewöhnlich und häufig in kürzerer Zeit als Erwachsene reagieren.
»Blüten heilen Kinderseelen« richtet sich in erster Linie an die Eltern. Es soll aber auch Therapeuten Hinweise geben, welche Blütenessenzen gerade für Kinder hilfreich sind. Eine Sammlung ausgewählter Fallbeispiele ergänzt das Werk.

ISBN 3-927518-02-6 LAREDO VERLAG

William P. Lambert
M.I.P.T.I., M.A.P.N.T.

Die Aura — Dein Farbenkleid

Das faszinierende Strahlen der menschlichen Aura kann so wunderschön sein, daß es jenseits einer adäquaten Darstellung mit weltlichen Farben durch jeden Künstler liegt. Das kommt daher, daß die Aura in ihrer Erscheinung lebendig ist, schwingt und sich irisierend in regenbogenartig strahlenden Farben entfaltet, die sich bewegen und pulsieren. Die Aura offenbart die Qualität, den Fortschritt und die Entwicklung einer Seele.

Das Buch enthält viele farbige Aurabilder und ist die Geschichte eigener Erfahrungen eines natürlich-sensitiven Menschen, der im Jahr 1983 plötzlich entdeckte, daß er Aurabilder malen konnte. 1985 zeichnete er plötzlich mit geschlossenen Augen ein vollständiges Gesicht — in das Aurabild eines Patienten.

Seither hat man den Autor gebeten, mehrere Tausend Auras aus der Inspiration heraus zu malen. Diese Bilder entstehen in Verbindung mit spiritueller Psychotherapie, um Probleme aus tieferen Ebenen des Bewußtseins zu klären. Berücksichtigt werden auch die kosmischen Gesetze.

William P. Lambert arbeitet seit 1970 als Heiler. 1976 trat er in das College White Lodge (Ausbildungszentrum für Geistheiler in England) ein. 1985 gab er seine damalige berufliche Tätigkeit auf und arbeitet seither als Lehrer für die White Lodge in England, Deutschland und Österreich.

William P. Lambert ist Gründer von »The Triad Center« in Horsham und unterrichtet dort Heilen für den West Sussex County Council. Er ist stellvertretender Vorsitzender der Sussex Spiritual Healers Association mit über 600 Mitgliedern.

ISBN 3-927518-14-X *LAREDO VERLAG*

Maruschi Adamah Magyarosy

Vom Ozean zum Gipfel

Teil 1: Unterwegs mit der Sehnsucht
Teil 2. Der Eremit und Ich

Maruschi Adamah Magyarosy beschreibt das Indien hinter dem Indien, gesehen, gehört, wahrgenommen mit anderen Augen, mit anderen Ohren, denn die Seele Indiens läßt sich weder »touristisch« noch durch »Guru–Shopping« erfassen. Sie will erlebt und erfühlt sein, mit dem ganzen Herzen, nicht nur mit den Augen. Und das ist ein Prozeß, der nicht in einer zweiwöchigen »Sight–Seeing–Tour« geschieht.
Über die Begegnung mit herausragenden spirituellen Persönlichkeiten und Lehrern erlebt M. A. M. ihre persönlichen Prozesse, die sie dem interessierten Leser in ihrer originellen Art und Weise mitteilt. Besonders berührend ist der zweite Teil, die unmittelbare Begegnung mit dem Sannyasin, der ihr in persönlicher Weise das vermittelt, was sie zeitweise bereits auf ihrer äußeren und inneren »Pilgerreise« vom Ozean zum Gipfel erlebt hat. Sie erfährt eine innere Neuwerdung – und das wichtigste: Liebe kommt nicht von außen — sie ist weder an Normen, noch an Konfessionen, noch an Konventionen gebunden. Sie kennt kein Gesetz, kein Alter, kein Geschlecht, keine Rasse. Sie ist kein Spiel für Feiglinge und Schwächlinge. „Sie wird aus unserem Bewußtsein geboren. Sie kann nur in Freiheit bestehen und sich entfalten. Und doch verbindet sie alles... denn um der Liebe willen ist die Schöpfung entstanden und um der Liebe willen wird sie aufrechterhalten..."

ISBN 3–927518–11–5 LAREDO VERLAG

Maruschi Adamah Magyarosy

Surya Namaskar — Der Sonnengruß

Der leichte Weg zur Lebensfreude

Solange es Menschen gibt, sehnten sie sich nach Licht und nach der Wärme der Sonne. Die Sonne symbolisiert das Gesetz des Lebens — Verjüngung, Energie, Lebenskraft.
Die Weisen des alten Indien und anderer früher Kulturen verehrten die Sonne als Lebensspenderin. Am frühen Morgen bei Sonnenaufgang verneigten sie sich vor ihr, um ihren Dank und ihre Verehrung auszudrücken. Aus den entsprechenden Haltungen und aus der Bewegung in Verbindung mit dem Atem entstand ein kompletter Yoga-Zyklus — Surya Namaskar — das sich aus zwölf ineinander übergehenden Stellungen aufbaut.
Surya Namaskar kräftigt die Organe, stärkt die Muskeln, Bänder und Sehnen und stimuliert das Nervensystem, aktiviert und harmonisiert den Hormonhaushalt. Besonders intensiv ist die Wirkung auf die Wirbelsäule. Ihre wiedergewonnene Elastizität und Belastbarkeit ist bei regelmäßigem Üben bald zu spüren.
Den Sonnengruß können wir das ganze Leben hindurch bis ins hohe Alter, überall und jederzeit praktizieren. Surya Namaskar, bewußt als Körpermeditation durchgeführt, schenkt uns neben den oben erwähnten Wirkungen ein Gefühl von Geborgenheit, von Einssein mit dem Universum. Regelmäßig und mit entsprechender geistiger Einstellung geübt, verbessert der Sonnengruß unser körperlich-seelisch-geistiges Wohlbefinden, verbindet, harmonisiert und aktiviert Körper, Seele und Geist. Wir erleben unseren Körper als Mikrokosmos im Makrokosmos, im Universum.
„Surya Namaskar — Der Sonnengruß" ist ein praktisches Übungsbuch mit vielen Illustrationen.

ISBN 3-927518-17-4 *LAREDO VERLAG*

Heiner Kersting

Die Traditionelle Thai–Massage

Das theoretische Fundament der Traditionellen Thai–Massage bildet eine Art Energiebahnen, die sogenannten zehn Sen. In der Yoga-Philosophie heißt es darüber: »Prana« (Lebensenergie) wird mit der Atmung und der Nahrung über ein Netz von feinstofflichen Energielinien (Sen oder Nadis) im Körper verteilt. Kommt es zu Blockaden in diesen Kanälen oder fließt zuviel Energie in diesen Sen, so führt das zum Ungleichgewicht der Körperfunktionen.
Mit ihrer Vielzahl an verschiedenen Techniken und besonderen Bewegungsabläufen gibt die Thai–Massage die Möglichkeit, den Energiefluß des Körpers positiv zu beeinflussen. Das heißt, Energiestauungen können abgebaut, Spannungen ausgeglichen und geschwächte Körperpartien aktiviert werden. So wird eine Massagebehandlung dazu beitragen, die in uns wohnenden Kräfte zu harmonisieren und auszugleichen, was sich in einer Steigerung der Lebenskraft deutlich macht.
Zweifellos ist die besondere Technik der Traditionellen Thai–Massage mit keiner bekannten Massageart zu vergleichen. Sie erfordert vom Massierenden ein bestimmtes Maß an Bewegungsfähigkeit und erinnert in ihrer harmonischen Ausführung an vielen Stellen fast an einen Tanz. Wie bei einem Tanz können aktive Bewegungen des Masseurs mit den passenden Bewegungen des Massierten zu einem Ganzen verschmelzen. Das heißt auch über die herkömmliche „zweckorientierte Massage" hinauszugehen und einen Teil der Grenzen zwischen Therapeut und Klient aufzuheben.
Einfache Basisübungen sind von jedermann leicht nachzuvollziehen. »Die Traditionelle Thai–Massage« ist ein reich bebilderter Leitfaden dazu.

ISBN 3–927518–18–2 LAREDO VERLAG

Dozent Dr. Karl Nowotny

MEDIALE SCHRIFTEN

MITTEILUNGEN EINES ARZTES AUS DEM JENSEITS.

Dr. Karl Nowotny war Facharzt für Psychiatrie, Neurologie und Individualpsychologie an der Universitätsklinik in Wien. Zahlreiche wissenschaftliche Arbeiten wurden von ihm veröffentlicht. Nach seinem Tode meldete er sich über sein Medium Grete Schröder, um seine Vorträge niederzuschreiben.
Die »Medialen Schriften« wenden sich an jeden Menschen. In einfacher und klarer Sprache stellen sie die Zusammenhänge mit dem Jenseits dar und weisen Wege zu einer guten Lebensauffassung im Diesseits.

THEMENSCHWERPUNKTE IN BAND 1

Geistwesen und geistige Tätigkeit.
Die kranke Seele als Ursache jeder Krankheit.
Freiheit des Willens und Persönlichkeit.
Zusammenwirken von Seele, Geist und Körper.
Die Seele, der Sitz des Gefühlslebens und Motor für alle Lebensäußerungen.
Von den äußeren Einflüssen auf die Seele. Besessenheit und ihre Heilungsmethoden.
Grundlagen für die Entfaltung der Lebenskraft.
Vom Hinübergehen ins jenseitige Leben und vom notwendigen Wissen um die Zusammenhänge.
Beschäftigung mit Spiritismus und ihre Gefahren.
Verkehr mit der Geisterwelt und ihre Gefahren.
Die mediale Betätigung und die Berufung dazu.

ISBN 3-927518-04-2

THEMENSCHWERPUNKTE IN BAND 2

Vom Schicksal und vom Schicksalhaften.

Suggestion und Autosuggestion.
Menschenkenntnis und ihre praktische Anwendung.
Wissen um die Zusammenhänge mit dem Jenseits als Grundlage für eine gesunde Lebensauffassung und Erziehung.
Die Einflüsse auf das Seelenleben und ihre Erforschung.
Der Einfluß des Außerirdischen auf die materielle Welt und die Entwicklung der Menschheit.
Erkennen der Ursachen psychischer Leiden und ihre Bekämpfung.

ISBN 3–927518–05–0

Themenschwerpunkte in Band 3

Unrichtige Auffassung vom Wert der triebhaften Liebe, ihre Gefahren und notwendige Aufklärung.
Über die Entartung durch Vererbung. Epilepsie und Multiple Sklerose und ihre Ursachen.
Hellsehen, eine mediale Fähigkeit.
Die Seele als Bindeglied zum geistigen Bereich.
Mut zur Wahrheit und seine Behinderung durch Milieu und Erziehung.
Armut und Reichtum als Basis für die Erfüllung der Lebensaufgaben.
Die Lüge, ein Attribut der Zivilisation.
Über die Irrwege abgeschiedener Geistwesen.
Über den Vorgang der Inkarnation.
Hysterie, ihre richtige Beurteilung und Behandlung.

ISBN 3–927518–06–9

Themenschwerpunkte in Band 4

Grundlegende Gedanken zum Einfluß geistiger Kräfte im materiellen Bereich.
Gedankenübertragung und ihre Wirkung auf jenseitige Geistwesen.
Über das Zustandekommen guter medialer Verbindungen.
Über verschiedene Arten, wie sich Geistwesen bemerkbar machen können.
Mit Hilfe von »Geistärzten« durchgeführte Operationen.
Bewußtes Verlassen des materiellen Körpers.
Erkennen eines fremden geistigen Einflusses.
Besessenheit und Wege zur Befreiung.
Notwendige Umstellung in der medizinischen Wissenschaft, vor allem auf dem Gebiet der psychischen und geistigen Krankheiten.

ISBN 3–927518–07–7